学者与卫士

任白涛新闻思想研究

黎书 著

四川大学出版社

图书在版编目（CIP）数据

学者与卫士：任白涛新闻思想研究 / 黎书著．
成都：四川大学出版社，2025.5．--（博士文库）．
ISBN 978-7-5690-6956-3

Ⅰ．G210

中国国家版本馆 CIP 数据核字第 2024ZK6U90 号

| 书　　　名：学者与卫士：任白涛新闻思想研究
| Xuezhe yu Weishi: Ren Baitao Xinwen Sixiang Yanjiu
| 著　　　者：黎　书
| 丛　书　名：博士文库

丛书策划：张宏辉　欧风偃
选题策划：徐　凯
责任编辑：徐　凯
责任校对：毛张琳
装帧设计：墨创文化
责任印制：李金兰

出版发行：四川大学出版社有限责任公司
　　　　　地址：成都市一环路南一段 24 号（610065）
　　　　　电话：（028）85408311（发行部）、85400276（总编室）
　　　　　电子邮箱：scupress@vip.163.com
　　　　　网址：https://press.scu.edu.cn
印前制作：四川胜翔数码印务设计有限公司
印刷装订：成都金龙印务有限责任公司

成品尺寸：170 mm×240 mm
印　　张：15.5
字　　数：239 千字

版　　次：2025 年 5 月 第 1 版
印　　次：2025 年 5 月 第 1 次印刷
定　　价：76.00 元

本社图书如有印装质量问题，请联系发行部调换

版权所有 ◆ 侵权必究

扫码获取数字资源

四川大学出版社
微信公众号

前　言

任白涛（1890—1952）是活跃于 20 世纪 20—40 年代的"红色报人"，他与徐宝璜、邵飘萍和戈公振一起为中国新闻学的建立与发展做出了较大的历史贡献。但是，学界对任白涛的关注度远不及以上三人，对任白涛的研究也缺乏系统性和完整性，论文零散，且没有专著，史料的挖掘和运用亦不充分。可以说在早期新闻学人研究中，任白涛研究处于"边缘化"，他的新闻思想更是缺乏系统论述。

本书以"打深井"的方式对任白涛进行个案研究，以期拓展中国新闻传播思想史的研究空间。本书试图讨论以下几个核心问题：第一，任白涛为何会被学术研究"边缘化"；第二，任白涛的早期新闻思想对中国新闻学的理论贡献；第三，任白涛抗战时期的新闻思想及对战时新闻学的理论贡献。

本书聚焦于任白涛的新闻思想，将其置于宏观的历史—社会背景之下，以其新闻思想的发展为经，以与徐宝璜等人新闻思想之对比为纬，进行整体观照，从而拓展任白涛研究的学术空间和研究路径。笔者认为，任白涛的新闻思想不仅促成了早期新闻学科观念的生成，还对战时新闻学的初步理论建构有一定的助益，其与邵飘萍一起为中国新闻业务研究做出了开创性的贡献。用"打深井"的方式对任白涛进行个案研究，深入挖掘相关史料，能够"重访、重识、校正"史述的某些既有观点，更好地推动中国新闻传播史的整体发展。

任白涛是一位"红色报人"，其新闻思想不仅促进了中国新闻学的发展，还饱含对中华民族解放与独立的深思。研究任白涛这一典型的新闻人物个案，一方面可以将其融入课程思政教学实践，培养学生的家国情怀、正向价值观以及新闻传播职业道德，帮助学生形成正确的新闻传播史观；另一方面则可以通过案例教学的方式，以任白涛为主角，串联起徐宝璜、邵飘萍、戈公振等进步的革命报人，详细勾勒红色报刊史、新闻传播活动史，坚定学生的初心使命。

目 录

绪 论 …………………………………………………………（1）

第一章 任白涛的新闻活动………………………………（29）
  第一节 民国初年正式涉足新闻界…………………………（29）
  第二节 留日归来开拓中国新闻学…………………………（34）
  第三节 抗战时期投身战时新闻学…………………………（38）

第二章 任白涛新闻思想的生成背景与来源……………（44）
  第一节 任白涛新闻思想的生成背景………………………（45）
  第二节 任白涛新闻思想的来源……………………………（59）

第三章 任白涛的新闻思想………………………………（71）
  第一节 任白涛建构新闻学的动因…………………………（72）
  第二节 任白涛的新闻理论观念……………………………（81）
  第三节 任白涛的新闻业务观念……………………………（97）
  第四节 任白涛新闻思想的主要内涵………………………（105）

第四章 抗战时期任白涛的新闻思想……………………（132）
  第一节 抗战时期任白涛新闻思想的生成动因……………（132）
  第二节 抗战时期任白涛新闻思想的主要内涵……………（147）
  第三节 抗战时期任白涛新闻思想的话语变化……………（166）

第五章　任白涛新闻思想的评价与重估……………………（179）
第一节　任白涛新闻思想的评价……………………………（179）
第二节　任白涛新闻思想的重估……………………………（188）

结　语……………………………………………………………（207）

参考文献…………………………………………………………（213）

附　录……………………………………………………………（235）
一、任白涛新闻学论作概览……………………………………（235）
二、报刊史料照片………………………………………………（236）

后　记……………………………………………………………（241）

绪 论

一、研究的缘起

1922年，任白涛所著的《应用新闻学》出版，这是第二本国人自撰新闻学专著。该书的出版对尚处于草创时期的新闻学而言具有重要的意义。该书具有比较明确的"新闻本位"意识，它开始从"新闻"的视角出发探索新闻事业的相关规律，对20世纪20年代新闻学科观念的生成具有推动作用。虽然任白涛对中国新闻学的发展做出了比较重要的理论贡献，但他却被学术研究"边缘化"，其历史地位也处于"微妙"的境地。那么，任白涛到底是一个什么样的人？

任白涛（1890—1952），河南南阳人，民国时期的新闻学者、报人。他在民国初期就开始涉足新闻业，短暂担任过上海《民立报》《神州日报》《新闻报》《时报》驻河南开封的特约通讯员。1916年，任白涛东渡日本，在早稻田大学政治经济系学习。因为酷爱新闻学，他加入了"日本新闻学会"，成为该学会的首届会员。在日本求学期间，任白涛完成了书稿《应用新闻学》，并于1922年自费出版了该书。1935年，任白涛开始写作《综合新闻学》，并于1938年完稿。这本书总计130万字，是民国时期"最大部头"的新闻学专著。抗日战争爆发以后，任白涛开始从事战时新闻学研究，陆续出版了《抗战时期的新闻宣传》《国际通讯的机构及其作用》《日本对华的新闻宣传政策》三本战时新闻学专著。当他来到陪都重庆后，在周恩来的介绍下担任国民政府"军事委员会政治部第三厅"的设计委员,从事对日宣传工作。抗战胜利后,任白涛在上海继续从事《综合新闻学》的修订工作,直至去世。

通过简要回顾任白涛的新闻活动,可以发现他在中国新闻史上应该具有一席之地。有研究指出,1918—1927 年是中国新闻学研究的第二个高潮,也是新闻学"由术入学"的关键阶段。在这个阶段,一批里程碑式的新闻学著作得以出版,它们分别是徐宝璜的《新闻学》(1919)、任白涛的《应用新闻学》(1922)、邵飘萍的《实际应用新闻学》(1923)、戈公振的《中国报学史》(1927)。[①] 不过,有一个学术研究现象值得注意。任白涛虽然与徐宝璜等人同为中国新闻学的开拓者之一,但笔者通过研究发现,学界对任白涛的重视程度远不如徐宝璜、邵飘萍和戈公振。笔者在"中国知网"里分别以他们的姓名为关键词进行篇名论文检索(截至 2021 年 6 月),结果见表 0—1:

表 0—1 中国早期新闻学人研究现状

排名	论文关键词	论文数量
1	邵飘萍	229
2	戈公振	110
3	徐宝璜	50
4	任白涛	15

从表 0—1 可以看出,在这四位早期新闻学人的研究中,学界对邵飘萍和戈公振的重视程度较高,论文数量均超过了百篇,研究徐宝璜的论文数量则不及前两位,但徐宝璜作为"新闻学界最初开山祖"和"新闻教育界第一位大师"却是研究者无法绕过的对象。而研究任白涛的论文只有十余篇,且没有任何硕士或博士学位论文,可见研究的薄弱程度。换言之,在中国早期新闻学人研究中,徐宝璜、邵飘萍、戈公振都受到了研究者的"热捧",对任白涛的研究则可以用"冷遇"来形容。

---

① 戴元光,等主编;童兵,林涵,著. 20 世纪中国新闻学与传播学·理论新闻学卷[M]. 上海:复旦大学出版社,2001:111.

可见任白涛被学术研究"边缘化"了，但他又是中国新闻史上具有代表性的新闻人。笔者正是看到了这一研究现象，希望借此唤起学界对任白涛的关注，而加强对历史上具有代表性的新闻人的研究，也有利于通过"打深井"的方式推动中国新闻史的发展。

二、研究的问题

任白涛虽然与徐宝璜、邵飘萍和戈公振一起为中国新闻学的建立做出了较大的历史贡献，不过其在学术研究中却被"边缘化"。

一方面，部分学者对任白涛作了比较中肯的评价。例如戴元光教授主编的《20世纪中国新闻学与传播学·理论新闻学卷》指出，任白涛"从西方新闻学著述中移植了不少有助于中国新闻学的东西，又在理论新闻学和应用新闻学以及历史新闻学等三方面均有卓越的建树"[1]。李秀云教授在《中国新闻学术史（1934—1949）》中也认为："在近代中国，能以研究新闻学为终身职业者并不多见，任白涛就是其中的一位。"[2]

另一方面，也有学者对任白涛持不同的看法。比如，朱至刚教授在研究了早期新闻学人后指出："任白涛在历史上虽不至于湮入流沙，但其知名度却不远及被奉为鼻祖的徐、邵、戈三大宗师，也许只有以学科史为研究方向的学界同仁才知晓这个名字。"[3] 某些史述在论及任白涛时也存在着"述而不论"的现象，即只介绍、陈述，而不深入论述。更有甚者，在早期新闻学人群体研究中会出现任白涛"缺位"的现象。比如胡太春教授在其著作《中国近代新闻思想史》中只选取了徐、邵、戈三人作为早期新闻学人的代表。对此，徐培汀教授认为："唯独漏掉了

---

[1] 戴元光，等主编；童兵，林涵，著. 20世纪中国新闻学与传播学·理论新闻学卷[M]. 上海：复旦大学出版社，2001：134.

[2] 李秀云. 中国新闻学术史（1834—1949）[M]. 北京：新华出版社，2004：353.

[3] 朱至刚. 早期中国新闻学的历史面相：从知识史的路径[M]. 厦门：厦门大学出版社，2017：71.

任白涛及中国第一本实用新闻学的代表《应用新闻学》，不能不说是一个遗憾。"①

其实，越有分歧的问题就越有学术研究的价值，本书即以任白涛被学术研究"边缘化"为线索，对以下几个问题进行讨论：

第一，任白涛缘何会被学术研究"边缘化"？他的新闻思想与其他三人相比有何不同？我们是否应该重新评价他在中国新闻史上的地位？这就需要通过研究任白涛的新闻思想审慎地作出回答。

第二，因为任白涛被学术研究"边缘化"，所以学界对他的研究相较于徐宝璜等人来讲异常薄弱。那么任白涛的报人身份应该如何定义？他在中国早期新闻学创立阶段的新闻思想是什么？他在中国新闻学建立时期做了怎样的理论贡献？这些问题至今都没有学者给出明确、系统、完整的回答。

第三，在现有研究以及大多数史述中，任白涛多被列入五四时期新闻学人的行列，将他与徐、邵、戈等人并置。但是，笔者研究发现，任白涛的身份并不那么单一。他不仅是早期新闻学人的代表（1918—1935），还属于战时新闻学人的行列（1936—1945）。只不过他的第二个身份，即战时新闻学人很少被学界提及，这也是当前研究的薄弱环节。那么，抗战时期任白涛新闻思想的内涵是什么？他对战时新闻学的发展有哪些理论贡献？对于这些问题，只有在全面了解任白涛的新闻思想之后，才能客观地作出整体评价。

三、研究现状

任白涛是中国现代新闻史上的一位学人，他的新闻思想及论著对中国新闻学的发展做出了一定的理论贡献，对其进行研究需从中国新闻传播思想史的宏观维度入手。任白涛活跃于20世纪20—40年代，在早期

---

① 徐培汀．二十世纪中国的新闻学与传播学［M］．北京：党建读物出版社，2002：303．

绪 论

新闻学与战时新闻学阶段都做出了自己的贡献。下文将对与其相关的文献进行梳理。

(一) 中国新闻传播思想史研究现状

《中国传播思想史·近代卷》细致梳理了近代以来不同时间段、不同学人群体、不同政治团体的新闻传播思想[①],《中国传播思想史·现当代卷》对现当代的新闻传播思想进行了详细的考察,不仅讨论了五四时期新闻传播思想的嬗变,分析了西方现代新闻传播思想的传入对中国近代以来形成的新闻传播观念的影响,还考察了马克思主义的传入对中国共产党新闻传播思想的奠基性作用[②],可以说是中国新闻传播思想史的重要理论成果之一。《中国近代新闻思想史》将中国近代新闻思想分为孕育期、萌发期、发展期、总结期,展现了具有代表性的报刊活动家、新闻学人对报刊任务性质和新闻工作的论述,不过在讨论现代新闻学专著的时候,该书唯独忽略了任白涛及其《应用新闻学》这本著作。[③]《中国现代新闻思想史》以国民党、共产党、民营报业的新闻思潮为逻辑理路,分析了不同派别的代表人物的新闻观点。与《中国近代新闻思想史》相同,在讨论"中国民营报业新闻思想"时,该书论述了徐、邵、戈等人,同样忽略了任白涛及其新闻思想。[④]《中国近代新闻思想的嬗变》以"本土化"和"近代化"为考察视角,从社会角度考察了中国近代新闻思想的发展。[⑤] 当然,关于中国共产党的新闻传播思想史研究也取得了相当重要的理论成果,其中具有代表性的就是《中国共产党新闻思想史》,该书详细、全面地总结了中国共产党80多年来的新

---

① 戴元光,金冠军,主编;徐培汀,著. 中国传播思想史·近代卷 [M]. 上海:上海交通大学出版社,2005.
② 金冠军,戴元光,主编;戴元光,著. 中国传播思想史·现当代卷 [M]. 上海:上海交通大学出版社,2005.
③ 胡太春. 中国近代新闻思想史 [M]. 北京:东方出版社,2015.
④ 阳海洪. 中国现代新闻思想史 [M]. 长沙:湖南人民出版社,2015.
⑤ 李滨. 中国近代新闻思想的嬗变 [M]. 北京:人民出版社,2017.

闻思想发展以及历史经验教训，也客观评价了中共领导人的新闻思想。[1]

另外，也有中国新闻传播思想史著作部分涉及了任白涛的新闻思想。如《20世纪中国新闻学与传播学·理论新闻学卷》从理论新闻学的角度出发，指出任白涛新闻思想中的理论新闻学论题的主要观点有"报纸之威力""新闻事业之特质""新闻记者之地位、资格及修养""新闻之价值"等。[2]《20世纪中国新闻学与传播学·应用新闻学卷》则从应用新闻学的角度出发，指出任白涛强调新闻事业的公共性，明确提出了新闻事业"绝对当以公众为本位"的观点。[3] 两本专著对任白涛新闻思想的评述既各自独立，又有交叉，它们大致论述了任白涛新闻理论和新闻业务的思想要点。《中国新闻传播学说史》将中国新闻传播学说分为古代、近代与现代三个部分，以新闻思想和新闻学术发展为线索，以学者、学刊、学会等为具体内容，在论述五四运动前后的新闻学术研究时简要阐述了任白涛的新闻思想。[4]《中国现代新闻思想史》[5] 和《中国新闻学术史（1834—1949）》[6] 围绕现代新闻思想和新闻学术的发展轨迹，一定程度上阐释了任白涛等现代中国新闻史上具有代表性的学者的思想。《自由的历险——中国自由主义新闻思想史》主要评述了中国近现代人物的自由主义新闻思想。在讨论到自由主义新闻学术体系的确立时，该书论及了任白涛的新闻思想，认为任白涛的新闻思想中潜藏着自由主义的色彩，而最能体现这一色彩的就是他提出的"优秀报纸"的观点。[7]《早期中国新闻学的历史面相：从知识史的路径》从知识社会学

---

[1] 郑保卫. 中国共产党新闻思想史 [M]. 福州：福建人民出版社，2004.
[2] 戴元光，主编；童兵，林涵，著. 20世纪中国新闻学与传播学·理论新闻学卷 [M]. 上海：复旦大学出版社，2001：134-143.
[3] 戴元光，主编；单波，著. 20世纪中国新闻学与传播学·应用新闻学卷 [M]. 上海：复旦大学出版社，2001：55-60.
[4] 徐培汀，裘正义. 中国新闻传播学说史 [M]. 重庆：重庆出版社，1994.
[5] 李秀云. 中国现代新闻思想史 [M]. 北京：中国社会科学出版社，2007.
[6] 李秀云. 中国新闻学术史（1834—1949）[M]. 北京：新华出版社，2004.
[7] 张育仁. 自由的历险——中国自由主义新闻思想史 [M]. 昆明：云南人民出版社，2002：300-309.

的视角出发，讨论了早期中国新闻思想的状况，其中也大致勾勒了任白涛的新闻思想。①

除此之外，《五四前后新闻思想的再认识》②《五四时期的中国新闻学》③《二十世纪中国的新闻学与传播学》④《二十世纪中国社会科学·新闻学卷》⑤等文献也简要阐述了任白涛的新闻思想。

(二) 中国早期新闻学人群体研究现状

1918—1927年是中国新闻学的建立时期，在这一阶段，徐宝璜、任白涛、邵飘萍、戈公振为中国新闻学的建立做出了重要的理论贡献。

1. 徐宝璜新闻思想研究现状

黄文彬的《试析徐宝璜的新闻本质论》对徐宝璜提出的"事实本体论"观点进行了比较深入的分析，认为徐宝璜将新闻等同于新闻价值和事实的结合，其内里逻辑却充满自相矛盾的地方。该观点既有属性价值观又有关系价值观，一定程度上遮蔽了徐宝璜的理论视野。⑥徐新平的《略论徐宝璜的新闻伦理观》较为详细地阐述了徐宝璜的新闻伦理思想，指出他的新闻伦理思想代表了当时的人们对新闻道德论的最高认识水平。⑦田振华的《试论徐宝璜的媒介责任观》阐释了徐宝璜媒介责任观的主要内容，认为不能简单地把他的媒介责任思想归为"乌托邦"，从而以阶级立场进行简单的否定。⑧许清茂、邵凡轩论述了徐宝璜的广告

---

① 朱至刚. 早期中国新闻学的历史面相：从知识史的路径 [M]. 厦门：厦门大学出版社，2017：70-82.
② 黄旦. 五四前后新闻思想的再认识 [J]. 浙江大学学报（人文社会科学版），2000 (4).
③ 陈力丹. 五四时期的中国新闻学 [J]. 新闻战线，1989 (6).
④ 徐培汀. 二十世纪中国的新闻学与传播学 [M]. 北京：党建读物出版社，2002.
⑤ 上海市社会科学界联合会. 二十世纪中国社会科学·新闻学卷 [M]. 上海：上海人民出版社，2005.
⑥ 黄文彬. 试析徐宝璜的新闻本质论 [J]. 武汉大学学报（社会科学版），1991 (5).
⑦ 徐新平. 略论徐宝璜的新闻伦理观 [J]. 新闻大学，2000 (4).
⑧ 田振华. 试论徐宝璜的媒介责任观 [J]. 广西大学学报（哲学社会科学版），2007 (S1). 广告

思想，认为"广告如刊载得当，必不让于新闻"①。邓绍根从新闻传播教育的视角出发，指出徐宝璜确立的新闻传播教育传统和《新闻学》等宝贵遗产在当代中国新闻传播教育中发挥了重要作用。② 当然，也有部分论文对徐宝璜的新闻活动作了有益的探索，比如周婷婷的《徐宝璜留学美国学习新闻学考证》③、王颖吉的《徐宝璜〈新闻学〉成书过程及版本的若干问题的考析》④和《析徐宝璜发表于〈北京大学月刊〉的三篇新闻学佚文》⑤、邓绍根的《师型自足高当世，新闻佳作破天荒》⑥等，进一步丰富了学界对徐宝璜的研究。

2. 邵飘萍新闻思想研究现状

张炳旭探讨了邵飘萍的报刊编辑思想，认为邵飘萍在价值层面本着为国为民的编辑方针，在技术层面追求独具匠心的编辑风格，在经营层面施行副刊制胜的编辑策略。⑦ 胡正强阐述了邵飘萍的媒介批评实践与思想，认为邵飘萍的媒介批评活动在引介和普及现代新闻理论、促成中国新闻学术现代化方面有一定的助推之功。⑧ 段宗明的《民初新闻记者邵飘萍的政论特色及其形成原因》⑨，都海虹、赵媛的《邵飘萍"北京特别通信"特点浅析》⑩从新闻业务角度分析了邵飘萍新闻政论的诸多特点，其鲜明的"北京特别通信"风格体现了他"铁肩辣手，快笔如

---

① 许清茂，邵凡轩. 广告如刊载得当，必不让于新闻——学习徐宝璜广告思想的一点体会[J]. 青年记者，2014 (6).
② 邓绍根. 百年奠基：论徐宝璜新闻传播教育的历史贡献和遗产[J]. 出版发行研究，2018 (10).
③ 周婷婷. 徐宝璜留学美国学习新闻学考证[J]. 国际新闻界，2008 (3).
④ 王颖吉. 徐宝璜《新闻学》成书过程及版本的若干问题的考析[J]. 新闻与传播研究，2006 (3).
⑤ 王颖吉. 析徐宝璜发表于《北京大学月刊》的三篇新闻学佚文[J]. 新闻大学，2004 (1).
⑥ 邓绍根. 师型自足高当世，新闻佳作破天荒[J]. 新闻与写作，2010 (12).
⑦ 张炳旭. 邵飘萍报刊编辑思想探究——以《京报》为例[J]. 中国编辑，2020 (5).
⑧ 胡正强. 邵飘萍媒介批评实践与思想论略[J]. 新闻爱好者，2013 (7).
⑨ 段宗明. 民初新闻记者邵飘萍的政论特色及其形成原因[J]. 广西社会科学，2005 (3).
⑩ 都海虹，赵媛. 邵飘萍"北京特别通信"特点浅析[J]. 新闻界，2011 (2).

刀"的"新闻人格魅力"①，并对后世的通讯产生了较为深远的影响。徐新平、刘炎飞的《邵飘萍新闻思想述论》较为详细地论述了邵飘萍的新闻思想，指出其新闻思想包括新闻职能、新闻业务、媒介经验管理等方面的内容。②程力沛进一步指出了邵飘萍新闻思想的现代意义，认为"探究事实不欺阅者"，办报立场坚持中立对现代新闻事业具有很大的启示。③廖金英指出邵飘萍的新闻思想具备"新闻道德的职业化、新闻内容的职业化、新闻业务的职业化和新闻教育的职业化"，代表了中国新闻职业意识的萌芽。④研究邵飘萍新闻活动的论文也较为丰富，比如邓绍根的《邵飘萍与北京大学新闻学研究会》⑤、冯波的《由邵飘萍的新闻活动论新闻本位的回归》⑥、华德韩的《邵飘萍与五四运动》⑦等，同样扩大了邵飘萍的研究路径。

3. 戈公振新闻思想研究现状

靖鸣、袁志红阐述了戈公振的新闻自由与民主思想，认为戈公振倡导新闻自由，"第一个从平民视角比较系统地提出了报刊在推动国家民主政治建设中的重要作用"。⑧蒋忠波论述了戈公振的新闻编辑思想，指出其主要包括"救国与启民"和"新闻、评论、广告统筹考虑的大编辑观念"，认为戈公振的思想观念对现代新闻编辑有重要的借鉴意义。⑨宋三平、张振亭通过《时报》对戈公振的"报纸专刊观"进行了论述，

---

① 李雪梅. 邵飘萍的新闻人格魅力 [J]. 新闻界，2010 (5).
② 徐新平，刘炎飞. 邵飘萍新闻思想述论 [J]. 湖南大学学报（社会科学版），2017 (6).
③ 程力沛. 论邵飘萍的新闻思想及其现代意义 [J]. 编辑之友，2011 (9).
④ 廖金英. 邵飘萍新闻职业意识的萌芽及其表现 [J]. 编辑之友，2013 (8).
⑤ 邓绍根. 邵飘萍与北京大学新闻学研究会 [J]. 新闻爱好者，2008 (12).
⑥ 冯波. 由邵飘萍的新闻活动论新闻本位的回归 [J]. 陕西师范大学学报（哲学社会科学版），2001 (S2).
⑦ 华德韩. 邵飘萍与五四运动 [J]. 中共党史研究，2001 (1).
⑧ 靖鸣，袁志红. 言论自由是实现现代化的枢纽——戈公振的新闻自由与民主思想研究 [J]. 新闻与写作，2008 (12).
⑨ 蒋忠波. 论戈公振的新闻编辑思想及其现代意义 [J]. 编辑之友，2010 (3).

"理想的报纸专刊应以文艺为基础,贴近读者的常识与日常生活"。[①] 高海波以《中国报学史》所使用的"交通"一词为中心分析了戈公振的传播思想,指出"戈公振的传播论述,是传播概念中国化的最早尝试之一"。[②] 康虞论述了戈公振的新闻教育思想。[③] 蔡斐在专著《戈公振新闻思想研究》中翔实地展现了戈公振新闻本位、新闻法制、新闻教育、自由主义、新闻编辑、媒体经管等新闻思想的各个维度。[④] 戈公振的《中国报学史》及历史分期问题也引起了学者们关注。如吴翔就在《戈公振〈中国报学史〉的八个版本》一文中对《中国报学史》的版本流变作了详细的考辨。[⑤] 刘晓伟的《戈公振与中国古代报纸起源研究路径的形成考辨》指出戈公振的研究确立了中国古代报纸以"汉唐—邸报"为中心的研究路径。[⑥] 李开军进一步梳理了《中国报学史》四个历史分期的观点来源。[⑦] 黄旦从戈公振的"报纸"视角出发考察了中国报刊历史,认为戈公振突出了报纸的内容和形式特征,从而脱离了历史语境,使报刊历史得以标准化。[⑧] 对戈公振的新闻活动学界也有深入的研究,比如齐辉的《民国初年中国报人对世界报业的认知与思考——以戈公振世界报业考察活动为中心探讨》[⑨],王明亮、刘佩的《戈公振参与两次国际间新闻会议故事重探》[⑩]等。

综上所述,不少学者对早期新闻学人的研究较为深入,对他们的新闻思想进行了多维度的考察,对他们的新闻活动也作了细致的考辨,研

---

① 宋三平,张振亭. 论戈公振与上海《时报》"专刊"[J]. 南昌大学学报(人文社会科学版),2013(6).
② 高海波. 论戈公振的传播思想[J]. 国际新闻界,2013(4).
③ 康虞. 戈公振新闻教育思想探源[J]. 新闻爱好者,2009(15).
④ 蔡斐. 戈公振新闻思想研究[M]. 北京:中国传媒大学出版社,2017.
⑤ 吴翔. 戈公振《中国报学史》的八个版本[J]. 求索,2010(10).
⑥ 刘晓伟. 戈公振与中国古代报纸起源研究路径的形成考辨[J]. 新闻与传播研究,2016(4).
⑦ 李开军. 戈公振《中国报学史》分期观点探源[J]. 国际新闻界,2010(2).
⑧ 黄旦. 报纸和报馆:考察中国报刊历史的视野——以戈公振和梁启超为例[J]. 学术月刊,2020(10).
⑨ 齐辉. 民国初年中国报人对世界报业的认知与思考——以戈公振世界报业考察活动为中心探讨[J]. 国际新闻界,2011(10).
⑩ 王明亮,刘佩. 戈公振参与两次国际间新闻会议故事重探[J]. 国际新闻界,2011(10).

究内容全面，成果类型丰富。

（三）战时新闻学人群体研究现状

1936—1945年，中国新闻学研究进入战时新闻学阶段，原来"为学问而学问"的新闻学者开始"为抗战而学问"。虽然任白涛等战时新闻学人群体相对松散，但他们确实为此时的新闻宣传实践与理论发展做出了重要的贡献。[①] 战时新闻学人群体的代表性研究如下。

1. 范长江新闻思想研究现状

范长江（1909—1970）是我国著名的记者和无产阶级新闻人，学界围绕范长江的研究可谓成果斐然。樊亚平的多篇文章相继分析了范长江为"挽救国运"从而进入新闻行业[②]，在抗战全面爆发以后迅速从"自由职业记者"转向"新闻参战者"[③]，并在国统区的报刊上开展特殊的话语表达机制宣传抗战的事迹。[④] 蒋晓丽分析了1942年以前范长江对报纸性质和作用的认识，认为报刊是"政治工具""宣传工具""组织工具"。[⑤] 抗战时期，范长江与"青记"等记者团体的联系也很密切，为中国共产党培养了不少新闻人才。[⑥] 在抗战的记者团体中，范长江无疑是红色记者的核心，这些记者群体紧密地团结在中国共产党周围，也是抗日民族统一战线在新闻战线的具体表现。[⑦] 胡正强阐述了范长江的通

[①] 庄廷江."战时新闻学"研究（1936—1945）[M]. 武汉：湖北人民出版社，2014.
[②] 樊亚平，王婷婷. 挽救国运为"体"，职业选择为"用"——范长江步入记者生涯的心路与动力因素探析 [J]. 兰州大学学报（社会科学版），2018（4）.
[③] 樊亚平，李向辉. 从"超然""独立"到"新闻参战"——抗战初期范长江职业身份与新闻思想的转变 [J]. 甘肃社会科学，2018（2）.
[④] 樊亚平，李向辉. 抗日民族统一战线下的特殊话语表达——抗战时期范长江在国统区的公开言说与话语策略 [J]. 国际新闻界，2018（10）.
[⑤] 蒋晓丽，闻学峰. 报纸三"工具"论——1942年以前范长江对于报纸性质和作用的认识 [J]. 西南民族大学学报（人文社科版），2009（10）.
[⑥] 胡凤. 抗战时期中国共产党新闻人才培养：以"青记"为中心的考察 [J]. 现代传播，2019（8）.
[⑦] 陈锐，高卫红. 抗战时期以范长江为核心的记者群建构研究 [J]. 内江师范学院学报，2018（11）.

讯特色以及记者观念,比如《"抗战中的中国"丛刊》等通讯"歌颂军民浴血抗敌的事迹,揭露敌人的残暴,批判汉奸的无耻罪行,总结胜利的经验,反省失败的教训"①,强调记者在抗战期间需要"讲真话""注意气节""提倡学习"。②蓝鸿文等人阐释了范长江的新闻作品、新闻活动和新闻思想。③也有研究指出,范长江研究虽然整体丰富,但也存在"研究领域狭窄,视角单一,时有疏失""研究重复性强,不够深入和细致"等不足。④

2. 马星野新闻思想研究现状

马星野(1909—1991)曾任国民党中央宣传部新闻事业管理处处长、中央政治大学新闻系主任,是战时新闻学人的代表人物之一。1949年以后马星野选择去台湾,故台湾地区的马星野文献及研究较为丰富。比如《马星野档案》《马星野部分论文著述(1930—1949)》都细致地记录了马星野战时的新闻活动。陈百龄的《新闻教育的传教士——马星野》⑤简要论述了马星野在抗战时期的新闻思想。马之骕的《新闻界三老兵:曾虚白·成舍我·马星野奋斗历程》详细论述了他在《中央日报》《中央通讯社》的新闻工作及为抗战新闻事业做出的贡献。⑥大陆也有部分学者研究了马星野。如王明亮、秦汉在《从记者到"新闻官":国民党新闻管理者的职业抉择和职业悲剧——以董显光、曾虚白、马星野为中心的探讨》中指出,抗战时期,马星野在蒋介石的安排下从事新闻教育并主持新闻管理,是一名体制内的"新闻官"。⑦蔡铭泽在《论

---

① 胡正强. 范长江与《"抗战中的中国"丛刊》[J]. 新闻爱好者, 2013 (9).
② 胡正强. 《中国需要什么样的记者》与范长江的记者素质观 [J]. 新闻爱好者, 2012 (21).
③ 蓝鸿文. 范长江记者生涯研究 [M]. 北京: 中国人民公安大学出版社, 2009.
④ 胡正强. 范长江研究中的不足及其表现 [J]. 青年记者, 2013 (12).
⑤ 陈百龄. 新闻教育的传教士——马星野. 见教育·爱·台湾教育人物志 V [M]. 台北: 教育资料馆, 2011.
⑥ 马之骕. 新闻界三老兵: 曾虚白·成舍我·马星野奋斗历程 [M]. 台北: 经世书局, 1986.
⑦ 王明亮, 秦汉. 从记者到"新闻官": 国民党新闻管理者的职业抉择和职业悲剧——以董显光、曾虚白、马星野为中心的探讨 [J]. 国际新闻界, 2015 (10).

抗日战争时期国民党人的新闻思想》中认为，马星野在抗战时期明确提出了"三民主义新闻思想"，认为中国应该建立民族特色的新闻思想。[①] 徐新平分析了马星野在战时形成的新闻伦理思想，比如"为了履行好自己的职业责任，记者要有不畏威胁、不为利诱和自由独立的精神品格"。[②] 刘威、向舒通过查阅"重庆图书馆特藏文献"，指出马星野在抗战时期的新闻思想包括"倡导国际新闻自由运动，壮大中央通讯社；主张用三民主义精神建设新闻事业；阐述了民主政治与新闻事业的关系"。[③] 王继先在专著《坚守与徘徊：新闻人马星野研究》中全面展现了马星野的新闻人生涯、新闻教育实践、新闻业务管理和实践以及新闻思想，是大陆地区马星野研究的代表作。[④]

3. 其他战时新闻人思想研究现状

除了上述有代表性的学人，还有部分学人的新闻思想也得到了学界的研究。梁士纯（1902—1984）曾任燕京大学新闻系主任，最早出版了第一本战时新闻学专著《战时的舆论及其统制》，深具家国情怀的梁士纯试图在内忧外患之中应用"公共关系"来解决当时中国面临的现实挑战与民族危机。[⑤] 除了公共关系，梁士纯的战时宣传观[⑥]、战时舆论思想[⑦]等也得到了研究者的关注。任毕明（1904—1982）于1938年出版了代表作《战时新闻学》。他的战时新闻业务观[⑧]、战时新闻学理论[⑨]也得到了研究者的关注。杜绍文（1909—2003）曾任《战地记者》主编、

---

① 蔡铭泽. 论抗日战争时期国民党人的新闻思想[J]. 新闻与传播研究，1998（2）.
② 徐新平. 论马星野新闻伦理思想[J]. 湖南大学学报（社会科学版），2014（2）.
③ 刘威，向舒. 从馆藏文献看马星野的新闻思想[J]. 湖南大众传媒职业技术学院学报，2014（1）.
④ 王继先. 坚守与徘徊：新闻人马星野研究[M]. 南京：南京师范大学出版社，2018.
⑤ 王晓乐，赵波. 民国时期公共关系的布道者与践行者：梁士纯生平考述[J]. 新闻与传播研究，2019（7）.
⑥ 刘超凡. 浅析梁士纯的战时舆论观[J]. 新闻研究导刊，2019（10）.
⑦ 任雅婧. 试论梁士纯的战时宣传思想[J]. 新闻研究导刊，2018（7）.
⑧ 张萌. 浅析任毕明的战时新闻业务观[J]. 新闻研究导刊，2019（15）.
⑨ 王张雅. 浅论任毕明的战时新闻学理论[J]. 新闻研究导刊，2017（14）.

《国民日报》社长。蔡罕通过分析杜绍文的《战时报学讲话》，认为他对战时新闻学的贡献主要包括"探讨了战争与新闻学的关系，提出了'健全的新闻学'研究之构想"等六个方面。[1] 李秀云也指出，杜绍文主张新闻学要理论与实践并用："理论新闻学是骨干，新闻写作定律是理论新闻学的组成部分，应用新闻学要立足当下，要建构适合国情的新闻学之新理论。"[2] 陆诒（1911—1997）曾任《大公报》《新华日报》记者，除了相关新闻活动，他在战时的新闻采访思想也得到了研究者的关注。[3] 张友鸾（1904—1990）曾任陪都重庆《新民报》主笔。向菊梅对张友鸾的新闻思想进行了论述："一直追求真理、呼吁和平，积极为民立言，坚持小报大办、首尾并重，努力实施小型报理念，并将文学因素有效注入报纸副刊中。"[4] 雷漪阐述了张友鸾的新闻写作理论，即"把握时代脉搏、彰显时代精神"和"心系劳苦大众、表现人文关怀"两大主题。[5] 郭沫若（1892—1978）曾任军事委员会政治部第三厅厅长等职务。学界对郭沫若的研究虽然丰富，但对他抗战时期的新闻思想着墨不多，相关文献只有张勇阐述了他利用文化进行抗战的思想。[6] 赵超构（1910—1992）曾任重庆《新民报》主笔，学界对他战时新闻活动的研究也比较少，较多关注他的晚报思想。赵则玲的专著《报界宗师：赵超构评传》比较全面地反映了赵超构的生平事迹和新闻思想。[7]

此外，还有部分战时新闻学人如卜少夫、赵家欣、刘光炎、田玉振、程其恒、孙义慈以及任白涛等的新闻思想几乎没有得到研究。

---

[1] 蔡罕. 一个战时报人的新闻观察与思考——杜绍文《战时报学讲话》对战时新闻学的贡献[J]. 浙江传媒学院学报，2017（3）.

[2] 李秀云. 试析杜绍文的新闻学理论建构[J]. 新闻春秋，2016（2）.

[3] 吕琴. 陆诒的新闻采访思想初探[J]. 新闻研究导刊，2016（18）.

[4] 向菊梅. 试论张友鸾的新闻实践及其新闻思想[J]. 东南传播，2012（2）.

[5] 雷漪. 张友鸾抗战时期的新闻写作理论与实践探微[J]. 西南农业大学学报（社会科学版），2012（1）.

[6] 张勇. 郭沫若文化抗战思想述论[J]. 郭沫若学刊，2018（2）.

[7] 赵则玲. 报界宗师：赵超构评传[M]. 杭州：浙江大学出版社，2009.

（四）任白涛新闻思想研究现状

从任白涛的历史贡献来看，加强任白涛研究具有较强的必要性和较高的价值。当前学界对任白涛的研究较为薄弱，且多集中在以下几个方面：

1. 任白涛新闻思想的整体概述

马光仁的《任白涛与新闻学研究》开启了学界研究任白涛新闻思想的先河。该文论述了任白涛关于新闻记者与报刊宣传的观点，指出他的新闻学研究活动及某些论点有一定的生命力，可以启迪后学。[①] 杜胜祥的《浅论任白涛的新闻思想》主要从《应用新闻学》入手分析任白涛的新闻思想，认为任白涛新闻理论最大的特色有两点：一是强调"新闻事业绝对当以公众为本位"；二是提出政党机关报不算报，要求记者自觉充当"社会之第三者"。[②] 李岩的《回望任白涛的新闻思想》从中国新闻事业发展的角度论述了任白涛的新闻思想与其历史贡献：第一是推动了中国新闻学研究的发展，第二是探索有组织体系的新闻学，第三是开拓了中国新闻伦理研究。[③] 王笑圆的《邵飘萍和任白涛应用新闻观之比较研究》比较分析了邵、任两人应用新闻观的异同，指出他们在新闻伦理、新闻价值、新闻采访和新闻学新视角方面的探索之功，肯定了他们为中国近代新闻学的发展做出的开拓性贡献。[④] 钱阳的《留日背景下的民初知识分子——作为新闻人的角色呈现》除了概述任白涛的新闻思想，还探讨了留日经历对任白涛新闻理论思想的启蒙作用。[⑤]

[①] 马光仁. 任白涛与新闻学研究 [J]. 新闻大学，1986 (13).
[②] 杜胜祥. 浅论任白涛的新闻思想 [J]. 新闻爱好者，2002 (1).
[③] 李岩. 回望任白涛的新闻思想 [J]. 新闻传播，2017 (13).
[④] 王笑圆. 邵飘萍和任白涛应用新闻观之比较研究 [J]. 今传媒，2011 (5).
[⑤] 钱阳. 留日背景下的民初知识分子——作为新闻人的角色呈现 [D]. 合肥：安徽大学，2015.

2. 任白涛新闻思想某一侧面的研究

第一，任白涛的新闻伦理思想。李秀云的《任白涛：中国早期新闻道德改革的倡导者》评估了任白涛的新闻伦理思想，指出任白涛是中国系统研究新闻伦理的第一人，新闻伦理思想是任白涛新闻思想的骨干，其思想是以解决当时中国新闻界存在的十分严重的"风纪"问题为核心的。① 杨舒婷的《任白涛新闻伦理思想探析》阐述了任白涛的新闻伦理思想，指出新闻的客观公正性是新闻记者必须遵守的原则，此外记者还肩负巨大的社会责任，要有端正的品行和浩然正气。② 于非非的《五四前后新闻伦理思想研究（1915—1927）》、祁景莹的《二三十年代中国资产阶级的新闻记者观》等也涉及了任白涛的新闻伦理思想。

第二，任白涛的新闻业务思想。刘继忠在《试析我国新闻写作研究的历程》中总结了任白涛的新闻写作思想，指出他的新闻写作思想是中国新闻学拓荒时期的一个高峰。③ 黄丽娟的《"印象派记事"之词义探析》探讨了任白涛新闻写作思想中的"印象"与"印象派记事"的含义，认为在新闻写作实践初期，新闻术语没能规范化，各种学术称谓纷杂，"印象"与"印象派记事"在这种凌乱与热闹中"诞生"，既合情合理，又显示出任白涛在新闻实践方面的开创性。④ 作为新闻活动的主体，任白涛的记者观也得到了研究者的论述。緱晓菲的《论任白涛的女记者观》探讨了任白涛的女记者观，认为任白涛关于"女记者"职业群体的观点在当时的社会背景中是超前的，一定程度上从性别角度补充了当时的新闻观念。⑤

第三，任白涛对公众的论述。黄燕萍的《任白涛的"公众本位"新闻观》认为，任白涛"公众本位论"的提出是以报纸回归新闻本位为基

---

① 李秀云. 任白涛：中国早期新闻道德改革的倡导者 [J]. 军事记者，2003（5）.
② 杨舒婷. 任白涛新闻伦理思想探析 [J]. 视听，2018（3）.
③ 刘继忠. 试析我国新闻写作研究的历程 [D]. 武汉：华中科技大学，2003.
④ 黄丽娟. "印象派记事"之词义探析 [J]. 传播与版权，2016（11）.
⑤ 緱晓菲. 论任白涛的女记者观 [J]. 东南传播，2018（2）.

础的，一方面是对报纸的社会基本功能的强调，另一方面意识到公众作为新闻事业的读者和需求的重要性，从而拓展和延伸了新闻本位思想。① 任白涛还注意到公众心理是新闻事业生存和发展的重要基础，他非常重视公众心理的研究。李浩的《任白涛应用新闻观之新闻事业心理研究》认为任白涛的公众心理原则包括三个方面：不逆行时代潮流、不迎合低级趣味、不忽略重要报道。② 邓绍根的《新闻心理学在中国研究发展历史的再考察》论述了任白涛引介新闻心理学的历史意义，指出任白涛等学者虽然一直处于引介国外研究成果的阶段，未能创立自己的新闻心理学理论体系，但他们的努力推动了新闻心理学在中国的发展。③

第四，任白涛新闻思想中的传播观念。李秀云的《任白涛的两个"第一"》分析了任白涛的著作《综合新闻学》，认为该书是"中国第一本融入传播学视角的体系化的新闻学著作"，指出任白涛为中国新闻学的建立与发展做出了重要贡献。④ 王湛国在《新闻学子任白涛》中指出我国传播学研究最早始于任白涛，其传播学思想可以归纳为三点：一是提出了传播的概念，指出新闻事业的目的即"传达"；二是提出传播的效果取决于受众和传播方法，分析了传播方式与效果的关系；三是阐述了报纸与读者的关系。⑤ 关梅的《我国"电视新闻"概念的提出及其价值》指出任白涛等学者从 20 世纪 30 年代晚期就从新闻传播视角对"电视"这一新媒介进行了研究，并阐述了电视与新闻事业的关系。⑥

3. 任白涛的新闻活动

学界关于任白涛新闻活动的研究焦点主要集中在《应用新闻学》的出版纠纷问题上。刘家林的《新闻学史上的一桩公案》论述了任白涛与

---

① 黄燕萍. 任白涛的"公众本位"新闻观 [J]. 青年记者，2017 (26).
② 李浩. 任白涛应用新闻观之新闻事业心理研究 [J]. 新闻研究导刊，2017 (9).
③ 邓绍根. 新闻心理学在中国研究发展历史的再考察 [J]. 现代传播，2014 (7).
④ 李秀云. 任白涛的两个"第一" [J]. 新闻爱好者，2005 (1).
⑤ 王湛国. 新闻学子任白涛 [J]. 新闻爱好者，1994 (11).
⑥ 关梅. 我国"电视新闻"概念的提出及其价值 [J]. 新闻界，2013 (6).

伍超之间的版权纠纷，这是新闻学史上的一桩"公案"。任白涛在出版《应用新闻学》之后，伍超也出版了《新闻学大纲》。李民治在阅读了两人的新闻学著作后，断定伍超的《新闻学大纲》抄袭了任白涛的《应用新闻学》。最后，在胡适的斡旋下，商务印书馆终于认可了任白涛的著作权，销毁了伍超的《新闻学大纲》，了却了新闻学史上的这桩公案。[1] 陈立新的《从"新闻价值"一节看任白涛与伍超之版权纷争》分析了任白涛与伍超之间的版权纠纷，认为该事件虽有部分学者进行过研究，但其经过情形多是引用当事人的说辞，比较缺乏说服力。陈立新从两人所著新闻学的"新闻价值"一节切入，展开了实证研究，得出伍超的《新闻学大纲》第六章几乎完全照搬任白涛的《应用新闻学》与邵飘萍的《实际应用新闻学》的相关章节，从而认定伍超构成抄袭这一结论。[2] 张炳旭的《抗争与妥协：任白涛〈应用新闻学〉出版历程考述》详细论述了任白涛的代表作《应用新闻学》艰苦的创作过程及"一波三折"的出版经过，指出任白涛的学术历程及著作出版遭遇表征了中国早期新闻学人在时代背景下的挣扎与浮沉。[3]

除此之外，李彬、涂鸣华主编的《百年中国新闻人》[4]，南阳市地方史志编纂委员会主编的《南阳市志》[5]等文献也介绍了任白涛的经历与新闻活动，具有一定的史料参考价值。

四、研究述评

第一，中国新闻传播思想史的宏观研究取得了较为丰富的理论成果，比如戴元光教授主编的《中国传播思想史》《20世纪中国新闻学与传播学》就颇具代表性。但是，囿于宏观研究框架，个人思想研究往往

---

[1] 刘家林. 新闻学史上的一桩公案 [J]. 新闻爱好者，1999 (5).
[2] 陈立新. 从"新闻价值"一节看任白涛与伍超之版权纷争 [J]. 国际新闻界，2012 (1).
[3] 张炳旭. 抗争与妥协：任白涛《应用新闻学》出版历程考述 [J]. 出版发行研究，2020 (5).
[4] 李彬，涂鸣华. 百年中国新闻人 [M]. 福州：福建人民出版社，2007.
[5] 南阳市地方史志编纂委员会. 南阳市志 [M]. 郑州：河南人民出版社，1989.

呈现出"论述多、分析少"的倾向，以至于难以对个案进行"打深井"式的研究。另外，由于学界普遍缺乏对任白涛的关注，很少有研究者对其进行较为深入的研究，有分量的研究更是少之又少。而且大多数研究参考的史料是任白涛的《应用新闻学》和《综合新闻学》，对那些发表在报纸杂志上的与新闻学有关的史料则几乎没有涉及，这导致对任白涛的研究总体较弱，内容零散，且没有任何硕士或博士学位论文，不能全面、系统、翔实地呈现任白涛的新闻思想。对此，只有在深入挖掘并完善任白涛的新闻思想后，才能得出细致、全面的结论，对任白涛作出准确的评价，更好地推动中国新闻史的发展。

第二，就早期新闻学人群体研究来讲，可以说是取得了较为丰硕的成果。研究者对徐宝璜、邵飘萍、戈公振的新闻思想及新闻活动作了相当细致的分析与考辨，研究成果也时常见诸《新闻与传播研究》《国际新闻界》等刊物。与之相对，研究者对任白涛的研究较为薄弱，无论是研究的广度还是深度都与对上述几人的研究相去甚远。可以说，加强任白涛的研究具有一定的学术合理性，也有利于我们加深对早期新闻学的理论认知。

第三，战时新闻学人群体研究还有待强化。庄廷江在《"战时新闻学"研究（1936—1945）》中提到了16位主要的战时新闻学人。通过文献综述可以发现，学界对范长江、马星野的研究较为丰富，对梁士纯、任毕明、杜绍文、陆诒、张友鸾、郭沫若、赵超构等人的研究还有待深入，对卜少夫、赵家欣、刘光炎、田玉振、程其恒、孙义慈、任白涛等人的战时新闻思想却少有研究。尤其是对任白涛的研究，存在明显的研究视角缺失问题，那就是几乎所有的文章都在讨论任白涛早期的新闻思想，而忽略了他在抗战时期的新闻思想。其实，任白涛在抗战时期也为新闻学的发展做出了不少理论贡献，当时他出版了三本战时新闻学专著，分别是《抗战时期的新闻宣传》《国际通讯的机构及其作用》《日本对华的新闻宣传政策》，集中反映了他在战时特殊状态下的新闻思想。作为任白涛新闻思想的重要组成部分，抗战时期的新闻思想不应该被忽略。

五、研究方法

（一）文献研究法

文献研究法是史学研究最基础也是最重要的方法。本书尽可能地搜集了与任白涛有关的文献资料，如他的新闻学著作《应用新闻学》《综合新闻学》《抗战时期的新闻宣传》《国际通讯的机构及其作用》《日本对华的新闻宣传政策》，以及发表在报纸杂志上的关于新闻学的文章。在研究过程中，笔者对这些文献进行了归纳、整理、提炼，以全面把握任白涛新闻思想的整体脉络，并结合当时的时代背景展开文本细读，进一步挖掘任白涛新闻思想的内涵。

（二）历史比较法

历史比较法是分析历史事件、评价历史人物常用的研究方法。在历史人物的个案研究中，运用历史比较法对研究对象进行分析，既可以丰富人物的形象使之更加立体，又可以直观地凸显人物的特征。本书主要采用共时研究和历时研究的方法，尽可能全面地展示任白涛的新闻思想，凸显他对中国新闻学的理论贡献。从共时层面而言，主要将任白涛与徐宝璜、邵飘萍、戈公振这三位新闻人进行比较，以更好地理解任白涛的新闻思想；从历时层面而言，主要是分析任白涛在新闻学建立时期和战时新闻学时期的思想变化，更好地把握他的思想脉络。

（三）跨学科研究法

洛夫乔伊主张思想史研究要运用跨学科的方法，他指出："专业化的绝对必要性是没有任何问题的，但是越来越多的人逐渐看到专业化是不够的。实际上，较之于那些原来献身于某一领域且对它已经被训练了

绪 论

的人，在个别专家交叉入其他领域上，这有时会彰显出来。"[①] 本书研究的是任白涛对中国新闻学的理论贡献，这就要求必须分析任白涛的新闻思想，在具体研究中要打破学科之间的藩篱，对思想进行整合研究。不但要使用新闻传播学的研究方法，还要借鉴社会学、阐释学的研究方法和理论视角，比如研究任白涛早期新闻思想的生成和发展多大程度上受到社会因素的影响时使用了知识社会学的理论视角；细读任白涛等人的文本时借鉴了阐释学的方法，并以此为依托，使用公共阐释理论解答他为何会被"边缘化"。

六、研究内容

（一）梳理任白涛的生平和新闻活动

研究历史人物，首先需要了解研究对象的生平经历，这是整个研究的基础。对任白涛的幼年学习经历、青年求学过程、新闻实践活动与新闻学术研究进行整合，可以深入分析任白涛的思想脉络和学术研究旨趣。以时间脉络来讲，任白涛的生平经历和新闻活动大致可以划分为三个阶段：第一个阶段为1915年前，涵盖了任白涛留学日本之前的新闻活动。1912年，任白涛正式进入新闻界，开始了他的报人生涯及新闻学研究生涯。第二个阶段为1916—1936年，涵盖了任白涛留学日本到抗日战争前夕的新闻活动。这一阶段任白涛出版了新闻学专著《应用新闻学》，完成了《综合新闻学》的书稿。第三个阶段为1937—1952年，涵盖了任白涛抗战时期到去世前的新闻活动。抗战以后，为了响应"新闻救国"的号召，任白涛暂时放下了此前的学术研究旨趣，投身到战时新闻学研究当中。这一时期任白涛不仅出版了三本战时新闻学专著，还进入第三厅从事对敌宣传工作。梳理任白涛的生平与新闻活动，不仅能

---

① 丁耘，陈新. 思想史研究：思想史的元问题 [M]. 桂林：广西师范大学出版社，2005：19.

更好地理解其新闻思想的生成与发展,还可以明确他的报人身份,他虽然没有加入中国共产党,却是一位实实在在"红色报人"。

(二)探索任白涛新闻思想形成的背景和来源

任白涛的新闻思想形成于五四运动前后,这一时期社会语境复杂多元,新闻业的繁荣促进了新闻职业化的发展,任白涛正是在这样的环境中产生了新闻专业主义意识。清末民初,民族主义话语与民主思想逐渐兴起,知识分子渴望民族独立和人民自由,任白涛也不例外,他的新闻思想中有民族主义倾向和对民主自由的追求。五四前夕,杜威来华访学,在当时掀起了一股实用主义之风,可以说任白涛对新闻业务的重视受到了实用主义的影响。追溯任白涛新闻思想的来源,不仅可以看到中国传统思想文化对他的深刻影响,西方新闻学说的影响也不容忽视。任白涛在早期著作中提及了不少西方新闻学者,在后期研究中更是融合了美、英、德、日等多个国家的新闻学研究成果。另外,任白涛早年曾留学日本,在日本所接受的新闻学教育以及日本新闻业对他的影响也颇为深刻。因此,只有全面把握任白涛所处的社会语境与当时的各种思潮,才能将其置于一个动态的环境中进行研究。

(三)阐述在中国新闻学建立阶段任白涛新闻思想的内涵

作为中国最早一批研究新闻学的学者,任白涛建构新闻学的动因主要有三个方面:民国初年的新闻界存在诸多缺陷、日本对中国的文化侵略、列邦的新闻学研究日新月异。受西方新闻学的影响,任白涛所建构的新闻学已经具备明确的学科意识,他对新闻学的核心概念、新闻学的研究对象以及新闻学的研究方法都作了相应的阐释,推动了新闻"由术入学"的过程。此时,任白涛的新闻思想可以概括为"以新闻为本位",是一套动态的观念。第一,他表示"报纸为满足人类共同的兴趣起见,故传播'最新'之事实",主张"事实"与"意见"不能再混为一谈,必须严格分离。第二,任白涛对报业有一个基本的定位,认为新闻事业是社会的公共机关，它的首要性质就是"公共性"，并据此指出新闻事业"绝对当以公众为本位"。第三，在任白涛的思想观念中，如果缺少"优秀之记者"，则难以获得"优秀之报纸"，也不能形成"优秀之民本政治"。换句话说，职业记者是实现"新闻本位"的基础要素。第四，为了保证记者能够完成他们应尽的义务，任白涛尤其重视记者新闻道德的培养，他从新闻活动的主体角度详细阐述了新闻道德的重要性，并重译了威廉博士的《新闻记者信条》，强调记者应该遵守新闻道德。另外，任白涛在新闻业务领域的理论贡献也值得重视。在邵飘萍《实际应用新闻学》出版之前，任白涛就从"新闻写作""新闻编辑""新闻采访"三个方面系统论述了新闻业务，深刻影响了早期的新闻业务研究。所以，就新闻业务领域而言，任白涛的历史功绩并不逊色于邵飘萍，他应该具有开创之功，学界应正视任白涛的理论贡献并还原其客观的历史地位。

（四）分析任白涛抗战时期的新闻思想及特征

1937年7月7日，日本挑起卢沟桥事变，发动全面侵华战争，中国军民奋起抵抗，社会各界投入有生力量进行抗战，新闻界也提出了"新闻救国"的口号。在这样的社会背景下，任白涛放弃了原来的新闻学术研究旨趣，开始了"为抗战而学问"的战时新闻学研究。作为战时新闻学人，任白涛的思想主要围绕"宣传"展开。第一，他非常重视宣传在抗战中所发挥的作用，强调新闻宣传要本着"反败北主义"的原则。第二，任白涛对战时宣传中的问题进行了剖析与反思，为了解决实际问题，他提出了针对敌我双方的新闻报道方式。第三，任白涛提出了战时"对敌宣传"的理论路径和应对策略，强调要巩固和完善现有的新闻宣传机构，主张消极与积极的对敌宣传原则，运用灵活的内容与方式进行对敌宣传，加强现有的战时新闻统制。受战争影响，任白涛的战时新闻思想体现了以下特征：重视宣传的应用层面，以"工具性"为中心的新闻意识得到凸显；新闻界必须接受政府的"新闻统制"才能完成抗战大业，适度放弃新闻自由观念；中国新闻界不能以谎言对抗谎言，需

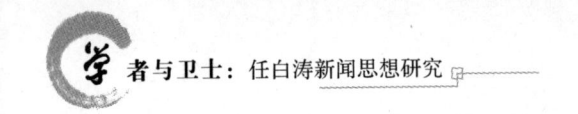

要保持新闻专业主义与爱国主义之间的平衡。

（五）对任白涛新闻思想的评价与重估

需要肯定的是，任白涛在抗战以前就出版了"新闻本位"意识鲜明的《应用新闻学》，在《综合新闻学》中则引介了大量的西方新闻学知识，从"新闻"视角出发探索新闻事业的相关规律，推动了早期新闻学的发展。抗战爆发后，任白涛迅速转向以"新闻救国"为旨趣的战时新闻学研究，其理论学说为战时宣传提供了一定的理论指导，他也成为新闻学脱离原本的理论框架，围绕战时特殊状态进行理论重构的重要人物之一。另外，为了解答任白涛被"边缘化"的问题，笔者使用"社会圈子"的概念分析了战时新闻人的身份背景与著作出版过程，并运用阐释学中的"公共阐释"理论对他们的文本进行阐释，从中辨析"中国话语"的呈现方式。可以看出正是任白涛的身份背景与其他战时新闻人的差异，以及其文本中"中国话语"的弱化，使他被"边缘化"。

七、研究创新点

（一）研究视角的创新

当前学界对任白涛的研究主要采取的是对他的新闻思想进行"罗列—简介"的分析框架。如果本书继续延续这一视角，那么将与学界的研究思路基本重合，难以深化。事实上，笔者发现学界对任白涛的研究存在一个问题，就是作为同时期的新闻学人，任白涛与徐宝璜、邵飘萍和戈公振在研究者的认知中并不处于同一水平线上，他所受到的关注是最少的，不少史述在提及任白涛时会出现"述而不论"的现象，即只介绍、陈述，而不深入论述，甚至某些史述中会出现任白涛"缺位"现象。换言之，任白涛是一位被学术研究"边缘化"的新闻人，而本书则紧扣任白涛被"边缘化"的问题，通过分析比较他与徐宝璜等人的新闻思想以作出回应，在历史共振中阐释他对中国新闻学的理论贡献。

(二) 研究内容与史料文献的创新

当前学界对任白涛的研究主要集中在他的早期新闻思想上，使用的史料主要是《应用新闻学》与《综合新闻学》这两本专著。而对任白涛的战时新闻学专著《抗战时期的新闻宣传》《国际通讯的机构及其作用》《日本对华的新闻宣传政策》几乎没有涉及。也就是说任白涛抗战时期的新闻思想没有得到研究者的重视。基于此，本书将充分运用这些史料，论述任白涛抗战时期的新闻思想及其对战时新闻学的理论贡献。除了任白涛公开出版的资料，笔者还搜集整理了任白涛在报纸杂志上发表的关于新闻学的文章，如《地方报之编辑》《过去日本对华的新闻政策》《什么叫集纳主义》等。方汉奇曾强调个案研究需要重视"报刊原件"的搜集整理工作，这样才能提高新闻史研究的整体水平。[①] 所以这些不被以往的研究者重视的"报刊原件"便成了本书深入挖掘任白涛新闻思想的重要资料。

(三) 研究路径的创新

学界对任白涛的研究主要基于他的文本，这种旁观描述和归纳的研究路径并无不可，因为新闻思想研究需要化简和提纯工作，但是这难以深入理解特殊时代背景之下任白涛新闻思想的内涵。王晓梅认为，相比于新闻史的"革命范式"和"现代化叙事"，"社会史视角"能够从社会与新闻的"互构"角度展现新闻事业在社会发展中的真实图景。[②] 因此，对任白涛的研究不能仅仅停留在"陈述性"的层面，还需要将他放置在特定的社会语境之中，这样才能进一步理解和把握任白涛的新闻思

[①] 方汉奇，曹立新. 多打深井多作个案研究——与方汉奇教授谈新闻史研究 [J]. 新闻大学，2007 (3).

[②] 王晓梅. 反思与重构：对中国新闻史研究和书写的一种观察 [J]. 新闻与传播研究，2017 (9).

想。与静态的研究路径不同，本书尝试把任白涛放置在宏观的历史—社会背景之下进行全面研究。就时间维度而言，任白涛不仅活跃于五四运动时期，在此之前他还受到清末民初诸多事件的影响，此后则受到抗日战争的影响，可以看到任白涛始终处于纷繁复杂的动态历史因素的影响之下；就空间维度而言，任白涛处于世界新闻事业的交往体系之中，他曾前往日本学习新闻学，英、美、日等国的新闻观念也陆续传入中国，他也受到了多国新闻思想交织的影响。因此，将任白涛放置在特定的社会语境之中，从时间维度上进行动态勾连，从空间维度上进行多点联系，便使本书的研究工作与此前学界的静态研究有了很大的区别。

八、研究意义

（一）理论意义

任白涛是中国新闻学史上的代表人物之一，他的新闻学术活动几乎与民国新闻史（1912—1949）同步。[①] 任白涛重视新闻学理论研究，他不仅出版了《应用新闻学》《综合新闻学》两本新闻理论专著，还出版了《抗战时期的新闻宣传》《国际通讯的机构及其作用》《日本对华的新闻宣传政策》三本战时新闻学专著，并在报纸杂志上发表了大量与新闻学有关的文章。我们不仅可以从这些著作、文章中探索任白涛的新闻学术观点，还能借其理解那个时期的新闻传播状况。

（二）历史意义

方汉奇曾提出新闻史学者要"多打深井，多做个案研究"，"因为通史类的研究，前人已经备述矣。目前通史类的新闻史专著已多达五六十

---

① 刘泱育. 中国新闻事业史纲［M］. 南京：南京师范大学出版社，2015：184-185.

种，其中很多都属于交叉和重复的劳动，短期内不宜再投入过多的精力"。[①] 新加坡学者卓南生也认为，年轻学者们与其做着通史类或概论类重复性质的研究，不如多花气力从事断代史和个案的研究。[②] 事实上，中国新闻史研究在宏观层面已经取得了丰硕的成果，其标志就是以方汉奇主编的《中国新闻事业通史》为代表的一系列新闻史著作，但微观层面的个案研究需加强。有学者指出，新闻史研究"至少应该包括三个方面的内容：新闻传播事业、新闻传播制度和新闻传播思想，是这三个部分的有机统一"[③]。不过，中国新闻传播思想史的研究现状"相对新闻事业史而言，其研究力度还比较薄弱，研究成果比较有限"[④]。因此，研究像任白涛这样被史述"边缘化"的却具有"代表性"的个案，有助于"重访、重识、校正一些近、现代主流论述和既有结论"[⑤]。这种个案研究不仅有利于深化中国新闻史的整体性宏观研究，还有利于深化中国新闻传播思想史的研究空间。

（三）现实意义

2016年5月17日，习近平总书记在哲学社会科学工作座谈会上指出："要加快完善对哲学社会科学具有支撑作用的学科，如哲学、历史学、经济学、政治学、法学、社会学、民族学、新闻学、人口学、宗教学、心理学等，打造具有中国特色和普遍意义的学科体系。"《"十四五"规划纲要》更是强调要发展中国特色哲学社会科学，新闻学作为该体系的一环也是建设的重点之一。对此，季为民指出，中国特色新闻学的源头发端为1918年北京大学新闻学研究会，徐宝璜、邵飘萍、任白涛、

[①] 方汉奇，曹立新. 多打深井多作个案研究——与方汉奇教授谈新闻史研究 [J]. 新闻大学，2007（3）.
[②] 卓南生. 新闻传播史研究的"诱惑"与"陷阱"——与中国青年谈治史的苦与乐 [J]. 国际新闻界，2002（3）.
[③] 张昆. 中外新闻传播思想史导论 [M]. 上海：复旦大学出版社，2006：1.
[④] 李秀云. 中国现代新闻思想史 [M]. 北京：中国社会科学出版社，2007：12.
[⑤] 王晓梅. 反思与重构：对中国新闻史研究和书写的一种观察 [J]. 新闻与传播研究，2017（9）.

戈公振、黄天鹏等"以新闻为本位"著书立说、授业解惑，为我国新闻学奠基发力，标志着中国新闻学具有了自身的知识体系、学理内涵、学术定位。[①] 就如何构建中国特色新闻学这一问题，雷跃捷认为，中国新闻传播思想史所提供的理论学术资源是其重要的建构路径之一。[②] 因此，研究任白涛这一个案有助于从新闻传播思想史的维度完善"中国特色社会主义新闻学体系"的建构。

---

　　① 季为民. 中国特色新闻学的历史、使命和方向——关于中国新闻学创立百年的回顾思考[J]. 陕西师范大学学报（哲学社会科学版），2018（3）.
　　② 雷跃捷. 建设中国特色新闻学的命题、资源、路径与方法[J]. 现代传播，2018（10）.

第一章　任白涛的新闻活动

法国历史学者马克·布洛赫指出:"历史学所掌握的正是人类,做不到这一点,充其量只是博学的把戏而已。优秀的史学家犹如神话中的巨人,他善于捕捉人类的踪迹,人,才是他追寻的目标。"[①] 对历史研究特别是个案研究而言,人物的生平经历是研究的基础,只有在明晰人物的"踪迹"之后,才能更好地展开后续研究。任白涛是被学术研究"边缘化"的一位新闻人,他的生平经历与新闻活动在史述中是略显"残缺"的。需要强调的是,本章并不是对任白涛生平经历的简单复述,而是通过挖掘相关史料,尽力还原任白涛的生平与新闻活动,明确他的报人身份,以此完善他在中国新闻史中的形象,从而达到知人论事的目的。

第一节　民国初年正式涉足新闻界

1890年1月24日,任白涛出生于河南南阳,六个月大时,其父便因病亡故。年幼的任白涛由伯父任学椿抚养长大。任学椿是光绪辛卯科(1891)举人,十分崇尚教育。光绪二十八年(1902),南阳开始废科举、兴学堂,改崇正书院为崇正高等小学堂,任学椿担任堂长;三十三

---

① 布洛赫. 历史学家的技艺[M]. 张和声,程郁,译. 上海:上海社会科学院出版社,1992:23.

年（1903），南阳成立了最早的师范学校——公立南阳师范传习所，任学椿兼校长；民国十七年（1928），任学椿在私宅辟房数间，延请当地名儒水献之开馆教授古文与一些新课程。① 在伯父任学椿的抚育下，任白涛自幼就接受了非常严格的教育，三四岁时便开始学习传统经典；八岁进入当地私塾，学习了整整七年。任白涛一共接受了十二三年的传统教育，能从头到尾"包本"背诵"四书五经"等经典，可见传统教育对他的影响。不过，任白涛对于这种"监牢"式的传统教育比较抗拒，他表示"那种种的吃苦和不自由是不用说了"。等从私塾进入学堂之后，任白涛才算彻底解放，他表示自己仿佛到了天堂，单用"如出笼之鸟"这样的语句也不能形容自己的心情。②

任白涛读书的学堂名为"勤忠学堂"，属于初中性质。勤忠学堂并不是旧式学堂，而是新式学堂。旧式学堂主要教授经学，培养的是经学人才，已经无法适应中国现代化的道路。尤其是甲午战争之后，时局越发动荡，朝野上下倡议变通书院，兼课中西，以适应新形势、新发展。戊戌变法期间，光绪皇帝开始施行新政，教育改革也提上了日程。他谕令各省、府、州、厅、县大大小小的书院统统改为兼习中西之学的学校，该措施虽因慈禧发动的"戊戌政变"而搁置，但教育改革已经是大势所趋。光绪二十七年（1901），各省立书院改为大学堂，府、州书院改为中学堂，县立书院改为小学堂，并广设蒙养学堂，书院制度自此废止。③ 新式学堂主要有三种形式：第一种是外国教会创办的，出现得最早；第二种是清政府创办的，京师同文馆便是代表；第三种是民间创办的，创办者多为资产阶级改良派、革命派人士。任白涛所在的勤忠学堂由当地资产阶级革命派张嘉谋创办。张嘉谋（1874—1941）是河南南阳白庄村人，当时列强入侵，而清政府屡战屡败，面对此种危局他心急如

---

① 政协南阳市《南阳文史资料》编辑部. 南阳：南阳教育春秋 [M]. 南阳：南阳市印刷厂，1993：112.
② 任白涛. 从监牢似的私塾跳入学堂 [J]. 青年界，1935，7（1）.
③ 顾瑞雪. 科举废止前后的晚清社会与文学 [M]. 武汉：武汉大学出版社，2015：166.

焚，深受维新变法影响的他决心走"教育救国"的道路，他开始创办学校，开发民智，培养驱夷强国的人才。① 在废科举、兴新学运动中，张嘉谋创办了十余所新学，勤忠学堂便是其一。进入勤忠学堂后，任白涛的身心得到了较大程度的解放，他这样描述初入学堂的学习生活："校址是设在离我家约有三里的城外附廓的一个公家的祠堂里。这祠堂前后共有好几近，并且后面另有一个大院子。学生大部分都是寄宿，我当然不愿再住那个苦闷得要死不得活的家庭。——不讲别的，单说那学校附近的梅溪河这一条清流，已经够做被拘囚到家庭中，几乎大门都不叫出去的我的憧憬的对象而有余了。"② 遗憾的是任白涛在勤忠学堂的学习生活只持续了一年多，因为身患眼疾，即使坐在前排也看不清黑板，不得不暂时休学。17岁时，任白涛到上海医治眼病，进入一所体育学校继续学习。

　　进入新闻业是任白涛开启新闻学研究生涯的关键节点，此后他的所有社会活动几乎都是围绕新闻学进行的。那么任白涛为何会选择新闻业作为他的第一份职业并矢志不渝的呢？笔者认为，任白涛选择新闻业有三个方面的因素。一是任白涛少小之时就培养了阅读报纸的兴趣。当时，邻人张衡蒲③是同盟会的成员，家中藏有不少宣传资产阶级革命的报刊，这让任白涛很早就接触了报纸，并且"嗜报成癖"。二是任白涛"逾冠"之后求知欲非常旺盛，离开了学校的他只能以"活的书物——报纸"满足求知欲。青年时期的任白涛尤其喜爱读书，他表示："我爱读切合身心和生活的书；换言之，我的读书生活完全与我的身心状态和生活环境密切地关联着。我的身心状态和生活一经改变，我的读书生活也就要跟着改变……我那时不知道什么叫'读书法'，而且着实也用不着什么读书法。我只知道要读于自己的身心上有益的书，就是适应于我

---

① 王连生. 南阳思想文化 [M]. 开封：河南大学出版社，2003：148-149.
② 任白涛. 从监牢似的私塾跳入学堂 [J]. 青年界，1935，7 (1).
③ 有研究指出张衡蒲疑为张嘉谋。

的身心的书，对我算是好书。"① 本着这个想法，报纸自然成了任白涛卒业后获取新知的重要方式，进入新闻业恰巧能够接触大量的报纸。三是民国新闻业蓬勃发展，在当时报馆是比较容易的求职场所。辛亥革命之后的半年内，全国的报纸由 100 多家猛增至 500 家，总销量达到 4200 万份，这段时期被称为"报界的黄金时代"。② 新闻业的发达需要大量的新闻从业人员，准入门槛大大降低，报人也不再是所谓的"落拓文人"，社会地位得到了相应的提高。这种职业对初入社会的任白涛而言相当适合，它不仅解决了任白涛的生计问题，也满足了他的精神需求。

1912 年，任白涛正式踏入新闻界，短暂地担任了上海《民立报》《神州日报》《时报》《新闻报》驻河南开封的特约通讯员。对通讯员这份工作，任白涛的职业认同度还是很高的，他表示："这个通信员时期，虽然不过一年多，但无论在我的生活史上，在我的读书生活史上，都算是个最重要的时期。"③ 也就是在这时，任白涛萌生了编撰新闻学书的想法。为何他想要自己编撰一本新闻学书？如前所述，任白涛的读书生活与生活环境密切相关。当上通讯员之后，他最需要一本新闻学书对他的新闻工作进行指导，遗憾的是，他没有找到想要的新闻学书。其实，中国早在 1903 年就由商务印书馆引介了日本新闻学者松本君平的《新闻学》一书。此书比较系统地介绍了探访部、探访记者、地方通信者，描述了探访者的职务、资格，记者的分类，以及新闻记者的访问之法。不过，这本书在当时的影响力尚存争议，民国新闻学者黄天鹏认为"顾其实新闻纸尚在草创时代，新闻学自不为社会所重视，因兹弗能畅行遐迩，不久遂告绝版"④。1913 年，美国新闻学者休曼（Edwin Shuman，1863—1941）的《实用新闻学》由上海广学会翻译出版。该

---

① 任白涛. 爱读切合身心和生活的书 [J]. 青年界，1935, 8 (1).
② 丁淦林. 中国新闻事业史 [M]. 武汉：武汉大学出版社，2000.
③ 任白涛. 爱读切合身心和生活的书 [J]. 青年界，1935, 8 (1).
④ 黄天鹏. 新闻学名论集 [M]. 上海：上海联合书店，1929：1.

书对新闻职业的介绍更为详细，尤其是关于采访之法、新闻稿的要点、评论写作之法等。但是，这两本外国新闻学专著并没有进入任白涛的视野。

可能正是因为如此，任白涛萌生了编撰一本新闻学书的想法，并开始了初步的尝试。"我在开始做通信员的时候，便着手练习剪报的工作；我觉得远生的北京通信，实在可以取法，于是把它一一剪下黏贴到自己订的贴报薄上；另外还剪贴关于学艺——特别是论述报纸——的东西。那时我想：'抄录'在读书生活上已经算是陈旧的方法，如今应拿剪贴报纸替代抄录。所以我在剪报和黏报上着实用过一番的苦功，并且着实得到很大的益处。"① 任白涛的这种举动可以看作他编撰新闻学书的初步尝试，在思想深处，他希望能完成一本新闻学书。从职业认同的角度来讲，任白涛更倾向于成为一名新闻学者，而不是职业报人。正如他在《应用新闻学》的自序中所写的："吾当时对于新闻事业，兴味虽极其浓厚，却甚不满意于中国新闻界，偶有感触，辄记录之。若于新闻杂志中见有涉及新闻纸及新闻记者之事，无论残简零篇，更悉珍重收藏。私愿于他日为一书，初未知有所谓《新闻学》也。"② 1914年，任白涛因家庭变故辞去了报馆的工作。离开报馆后，任白涛"感觉着这样的年纪，必须要用一番学问上的修养功夫，尤其是感觉着新闻学和外国文等的必须修习；否则一个单纯的新闻记者，纵然蒙编辑者肯把所作记事署名发表，也终于免不了肚皮的空虚"③。于是，他在1916年"东渡三岛"，准备研习新闻学。

---

① 任白涛. 爱读切合身心和生活的书 [J]. 青年界，1935，8 (1).
② 任白涛. 应用新闻学 [M]. 上海：上海书店出版社，2011：1.
③ 任白涛. 我的一段记者生活的实录 [J]. 青年界，1936，9 (3).

第二节　留日归来开拓中国新闻学

到日本后，任白涛先在东京东亚高等预备学校补习日文，之后考取了早稻田大学政治经济学系。因为酷爱新闻学，任白涛加入了日本新闻学会，成了该会首届会员。留日期间，任白涛接受了较为系统的新闻学教育，并开始进行新闻学研究。他的《应用新闻学》书稿于"一九一六年冬属稿，一九一八年夏完成"，好友王拱璧见证了书稿的写作过程：

> 一九一七年，我到东京，见着我的朋友白涛，正努力地做《新闻学》著述工作，积稿已经满案了。那时屋里虽只白涛一人，但我的确觉得有两个朋友在座。"快把同胞们饿死了！你还要割必正脸必细吗？"这是我当时催促白涛赶快脱稿的一句深刻的激励的话；因为我很知道有许多常读报而不知报纸是什么东西的人，都在那里饿着候赈哩。隔了一年，白涛这书还没出版，我又笑着同他说："新闻学的头生儿真难产啊！"那里知道这虽然是白涛的处女著作，而他却不肯轻率地使它出去见人。他一定要叫我替他看一下子，对于这书出版，怀抱有无穷的愿望的我，当然不便推辞，于是我就很热心地把这部十来万字的《新闻学》——中国新闻学的头生儿——从头到尾，都看遍了。①

完成书稿后，任白涛"一度返国"，"更番东渡，欲刊此书于江户"。不料，此时正值 1918 年中国 "五七国耻"，日本却在庆贺太子冠礼，这给留日学生造成了很大的精神冲击。于是留日学生爆发了游行示威活动，纷纷抗议日本的行为，这也使任白涛搁置了出版计划。每每提及此事，任白涛都毫不掩饰他的失落情绪，"是为吾书出版之一大顿挫。在

---

① 王拱璧. 写在任著《新闻学》的上头. 见任白涛. 应用新闻学［M］. 上海：上海书店出版社，2011：1.

蹉跎复蹉跎中，频频造成与吾书以新生命——易稿之机会"。1921年夏，任白涛"南游至沪"，知道他种种遭遇的"新闻界之旧识新知，咸力促吾书行世"。不过，此时的任白涛对于该书的出版却是另一种心境：

> 然吾于此书，其始也，唯恐其出之迟，迨夫历阅数稔，则又唯恐其出之速。盖吾每经一度之改正，必得一度之后悔。故当发刊之会，绝不敢率尔从事，而海上杂冗，不适吾居，乃卜迁西子湖畔山幽林邃之处，整理吾书。自然美与吾以极大之恩惠，而吾书亦得以均沾。换言之，百泉交汇之圣水，勿使吾之灵性受严重之洗礼，而湖山之秀气，尤不无为吾书添若干之点染焉。①

到杭州后，任白涛创办了中国新闻学社。他说：

> 这个学社是个人研究所的性质，不是公共的团结；因为我相信研究一种学问，要想得点真实的成效，是必须全靠少数人——尤其是个人的努力的。只是这个"中国……"的名目，很不像个人研究所，我本有意改成"某某新闻学研究所"，后来为省却许多手续起见，决照原样，不去改它了。——因为要避免空谈的毛病，所以把"出版"当作学社唯一的——也可说是生命的——事业。②

直到1922年初冬，任白涛才将书稿"校事始毕"，"既而分篇付梓"。虽然《应用新闻学》的出版是任白涛的个人行为，但该书在当时是具有一定影响力的，被《中国大百科全书》称为"嚆矢之作"。

不过，任白涛的《应用新闻学》出版之后却遭到了另一位留美新闻学者伍超的抄袭。李民治（即李一氓）在1925年的《现代评论》上也撰文揭露过此事，他认为伍超的《新闻学大纲》与任白涛的《应用新闻学》有雷同之嫌，经过对比后发现伍超有很大的抄袭嫌疑。任白涛在核实之下也发现伍超的《新闻学大纲》有70％系直接抄袭，遂致函商务

---

① 任白涛. 应用新闻学 [M]. 上海：上海书店出版社，2011：1.
② 任白涛. 应用新闻学·再版的话 [M]. 上海：上海书店出版社，2011：3.

印书馆进行交涉，却没有得到对方的回应。此时，任白涛的好友胡适前来杭州游玩，得知此事后胡适与商务印书馆的王云五进行了交涉。王云五在了解事情的原委之后停止出版伍超的《新闻学大纲》。同时，商务印书馆同意将任白涛在《教育杂志》等报刊上发表的一系列文章编辑成书出版，并将此书的版税作为赔偿，这桩新闻史上的公案才算了结。

因祸得福的是，此番经过胡适的引荐，任白涛与亚东图书馆的主持人汪孟邹相识。亚东图书馆在当时可以说声名显赫，它是新文化运动的策源地，胡适、陈独秀、章士钊等一大批文化界的著名人士与汪孟邹都有频繁的接触与往来。1925年秋末，亚东图书馆因为"实实在在欢喜这本小书"，任白涛也认为"他们对社会的信用很好，印校一切，更是异常谨慎，绝不苟且，所以把发行权让给它"。事实证明，任白涛的《应用新闻学》在当时的确产生了较大的影响力。"这书交了亚东发行，不多几时，就得到他们要再版的急报了。我还没有说了一声'订正'……，马上他们便给我一个'……难以应市……'的坚决的回答。"① 纵观任白涛的《应用新闻学》，其在初版后二十几年的影响力是不断攀升的。版本流变及再版次数便可说明这一点。1922年由中国新闻学社出版的版本（初版），因为出版社缺乏合法性，其权威性遭到质疑；1926年由亚东图书馆再版的版本，其合法性得到了相当的保障；本来应该收在二版的王拱璧序言，终于出现在1928年的三版上，补足了名家作序的条件；随后相继出版了三个版本——1929年的四版、1933年的五版以及1947年的六版。从中也可看出任白涛为开拓中国新闻学所做出的努力和贡献。

任白涛就《应用新闻学》的版权问题与各方发生纠纷时，中国的局势也发生了巨大的变化。1924年，第一次国共合作正式开始。经过两党的努力，基本肃清了广东境内的军阀，并以广东为根据地，建立了广州国民政府，为北伐战争奠定了基础。1926年，国民政府开始北伐，

---

① 任白涛. 应用新闻学·再版的话[M]. 上海：上海书店出版社，2011：1.

计划推翻由北洋军阀控制的政府。不过,就在北伐战争过半之时,国共两党发生分裂。1927年4月12日,国共两党的矛盾到了不可调和的地步,最终在上海发生了"四一二反革命政变",一些共产党员和国民党左派在此次事件中被杀。对于国民党的做法,任白涛是持反对态度的。恰在此时,他与蒋光慈、柯仲平等人结识,遂投身到左翼文化运动。这段时期,任白涛编译了大量西方文艺著作,比如《给志在文艺者》《西洋文学史》《有岛武郎散文集》《近代恋爱名论》《优生学与遗传及其他》《文艺学方法论》《从康德平和主义到思想问题》《集纳主义讲座》等,其中有不少属于左翼文学作品。同时,他还与袁殊交好,成为《文艺新闻》的发起人之一,该报也是左联人士的一大活动阵地。

  不过,任白涛在从事左翼文化运动之时,并没有放弃新闻学研究。1932年,商务印书馆开始推进"大学丛书"的出版计划,这套丛书在当时的影响力巨大,拉开了教科书中国化运动的序幕,其目的是给大学提供国人自撰教材。该丛书主要服务于高等学校的教学和科研,王云五聘请了包括蔡元培、胡适、冯友兰在内的55位名流学者组成委员会,对丛书进行严格审核。因此,能够入选"大学丛书"的著作可以说是各领域的学术精品。1935年6月,商务印书馆与任白涛约定《综合新闻学》的出版计划,这足可以看出商务印书馆对任白涛新闻学研究的认可。1938年春,任白涛终于完稿。《综合新闻学》共四卷,约130万字,是民国时期"最大部头"的新闻学专著,其新闻学知识的引入量也无人能出其右。这一阶段可以说是任白涛新闻学研究的黄金时期,《应用新闻学》对中国新闻学的拓荒具有重要的历史意义,《综合新闻学》则进一步丰富了中国新闻学的研究面貌,为中国新闻学的发展做出了重要的理论贡献。

第三节　抗战时期投身战时新闻学

　　1937年7月7日，日本发动了全面侵华战争。随着第二次淞沪会战的爆发，上海逐渐成为"孤岛"，任白涛也离开上海南下广州。定居广州后，任白涛一方面继续《综合新闻学》的排校工作，另一方面则开始进行战时新闻学研究。1938年5月，任白涛出版了第一本战时新闻学专著《抗战时期的新闻宣传》。就在他刚刚办完另一本专著《国际通讯的机构及其作用》的出版手续时，传来了广州失守的消息。随后，任白涛辗转香港避难，他知道了《综合新闻学》的出版时间不定，亦得知装有自己重要资料和稿件的货箱已经由广州运到了广西梧州，于是离开香港来到梧州取回自己的资料，随即溯江西上，到达贵县（今广西贵港）。在等候撤退的交通工具时，任白涛在贵县住了三个多月，并写了《日本对华的宣传政策》一书，仍旧交给商务印书馆出版。来到柳州之后，任白涛搭乘商务印书馆从长沙迁运最后一批机器的专车，最终到达陪都重庆。①

　　经过几番波折，任白涛不远千里从广州来到重庆就是希望为抗战尽一份绵薄之力。到重庆之后，他就到中共代表团驻渝办事处寻找好友周恩来。据《周恩来旅日日记》，任白涛与周恩来在日本留学期间就已经相识。1917年元旦，任白涛就给周恩来送过贺年卡，之后又一起拜访同学童冠贤。周恩来的八伯父去世之后，任白涛曾到其寓所慰问。5月20日，周恩来还与任白涛"久谈之"，出与就食于某北京饭店。因为任白涛非常推崇黄远生的通信，把它作为自己新闻道路上的一本指南，所以搜集了不少黄远生的通信，周恩来对此也颇感兴趣：

　　　　我昨天从任白涛那里取来黄远生从前的通信看了一遍，觉得他

---

① 任白涛."综合新闻学"搁浅记 [J].春秋，1949，6（2）.

第一章　任白涛的新闻活动

所说的元、二年的光景，于我的将来政治生涯有很大的关系。①

除了日常生活上的交流，两人也时常聚在一起讨论国家政治。当时，任白涛的挚友王拱璧担任中国留学生总会干事，不少有志之士经常聚集在王拱璧的寓所探讨国家命运。据任白涛的妻子邓涧云回忆，周恩来在留日学生中组织的爱国活动任白涛都热心支持，周在经济上窘迫时任也帮助过他，所以周恩来尊称他为"白涛兄"，可见任白涛在他心目中的地位。

不过，周恩来当时去第三战区视察并不在重庆，任白涛留下了自己的联系地址——白象街商务印书馆附近的川鄂旅馆，就离开了办事处。1939年5月3日和4日，日本对重庆进行了无差别的大轰炸，这是战时重庆遭受的最为惨烈的一场空袭，史称"五三""五四"大轰炸。等到周恩来视察回渝，任白涛的居住地早已成了瓦砾。在焦急之中周恩来无法探寻任白涛的住地，遂灵机一动在《新蜀报》上刊登了一则寻人启事：

　　任白涛兄：弟已回渝，仍寓曾家岩渔村。兄现寓何处？请告。翔宇启。

"翔宇"是周恩来留日时的别名，只有少数几个至交知道。任白涛见到这则寻人启事后，立即前往曾家岩寻找周恩来，向周恩来叙述了二人离别后20多年的生活和工作情况，并表示毕生以新闻学研究为夙愿，愿为抗战期间的新闻宣传事业效劳。

面对任白涛的请求，周恩来介绍他到国民政府军事委员会政治部第三厅工作。第三厅是第二次国共合作的机构，也是抗日民族统一战线的一个堡垒。第三厅的主要工作就是宣传，下设三个处：第五处主管一般宣传，第六处主管艺术宣传，第七处主管国际宣传。"国宣处"是国民党战时对外宣传的重要机构，它仿照美国新闻处的组织架构，麻雀虽小

---

① 中共中央文献研究室. 周恩来早期文集［M］. 北京：中央文献出版社，1998：306-408.

却也五脏俱全。它集中了一批研究国际问题和擅长日语、英语、俄语和世界语的人才,可谓群英荟萃。因为日本问题和对日宣传是当务之急,所以"国宣处"的工作以研究日本情况和对日宣传为重点。任白涛早年留学日本,精通日语,又进行过多年的新闻学研究,并在抗战爆发后出版了多本战时新闻学专著,他得以在"国宣处"担任设计委员,从事对日宣传工作。不过,任白涛在"国宣处"的工作并没有持续多久,因为日本问题虽然是中国社会的主要矛盾,但国共两党之间的分歧犹在,而共产党主导的第三厅就是分歧的暴发点之一。为此,国民政府宣布解散第三厅。[①]

随着第三厅的解散,任白涛也逐渐看清了部分国民党人的真实意图,他遂与周恩来商议,希望去延安从事抗战宣传工作。当时,延安是革命圣地,吸引了不少有志青年、知识分子等爱国志士,而进入延安的一个重要途径就是必须通过中共党组织或个人的介绍。对于任白涛去延安的想法,周恩来却有所保留,因为他获悉湖北省战时省会恩施正在筹划报纸《新湖北日报》,国民党为了笼络原第三厅的知识分子,邀请任白涛担任该报总编辑一职。因此,周恩来对任白涛说:"党需要更多的同志和朋友在新闻界工作,你还是到恩施去。"于是,任白涛接受了周恩来的建议,来到了恩施,担任《新湖北日报》的首任总编辑。任白涛虽然想借用这一舆论阵地为抗战出力,但新湖北日报社的社长是原中共苏区政府机关报《红色中华》的编委谢然之。谢然之在被捕之后转投国民党,两人的意见时常对立。比如,当时新四军李先念部也在恩施活动,《新湖北日报》经常刊登一些不利于中共的消息,任白涛不同意刊发这类消息,谢然之却坚持多发。在担任总编辑的九个月的时间里,任白涛虽然一丝不苟地为抗战宣传工作奋斗,却不断遭到社长谢然之的排挤,最后被逼无奈,愤然离职。任白涛离开报社之后,担任第六战区中校参谋和湖北省政府参议,继续从事抗战宣传工作。

---

① 阳翰笙. 阳翰笙选集·第5卷 [M]. 成都:四川文艺出版社,1989:162-274.

第一章 任白涛的新闻活动

抗战胜利后，任白涛夫妇离开恩施回到重庆。周恩来考虑到他们在重庆没有住处，就临时安排他们居住在重庆的八路军办事处。1946年3月，任白涛夫妇搬进了曾家岩，4月又搬进了神仙洞《新华日报》职工宿舍，后迁至化龙桥《新华日报》编辑部。1946年4月8日，中共多位要人乘专机回延安之时发生了空难，史称"四八空难"。对于此次空难，任白涛异常悲痛，发表了《难忘的四·八！》一文：

> 一九四六年四月八日，由渝飞延，乘坐着为和平、民主、团结而努力奋斗的战士——王若飞、秦博古、邓发、叶挺、黄齐生诸先生们！一专机失踪的消息传来，令我们由忧虑而焦急。十三日确实消息了，飞机失事，人机俱焚！啊！我们这许多宝贵的战士，真不能够复生了！真好像新民主的船望着新民主的灯塔前驶，遭遇了凶恶的波浪的袭击，掌舵的人被打沉了，把新民主的船搁到险滩上！这时候，船上的人们，可是如何的受惊，如何的悲痛啊！这里面啊！有政治的战士，有新闻的战士，有工运的战士，有教育的战士！正是新民主运动达到最高潮的关头，而突然丧失了这么多有力的战士，这不仅是一个政党的无可补偿的损失，实在是全中国的求和平、民主、团结实现的大众的无可补偿的损失！这许多的宝贵的新民主战士们，你们是为和平、民主、团结而竟以身殉了；你们的责任是始终如一地尽了！你们安息吧。你们未完成的工作，有你们所教导出来的无数的战士和你们的无数的后辈，是一定会继承你们的遗志，照着你们的道路去走的！一定能够完成你们未走的路，做完你们未完成的事，以求和平、民主、团结的实现！民主的战士们，安息吧。你们的精神是永不会死的！①

不久后，国共关系再次破裂。7月29日，重庆"八办"秘书梁华接到周恩来电报，同意任白涛夫妇与《新华日报》工作人员一同撤退到

---

① 任白涛，邓涧云."四八"被难烈士纪念册［M］.北京：中共代表团，1946：104-105.

南京。任白涛由于身患疾病，在中途不得不与大部队分别，等他赶到南京梅园周公馆时，周恩来等人因为时局的关系已经离开。此时，任白涛也得知原先寄存在曾家岩的新闻文稿资料早就由中共代表团专机运出，存放在上海的周公馆。不久后，任白涛来到上海，取出了他的新闻文稿，并且前往商务印书馆会见编译所负责人谢仁冰。任白涛这时才知道《综合新闻学》原计划分4册出版，已经出版发行了前两册，后两册就在打好纸型准备出版时，恰逢太平洋战争爆发，香港货栈和印刷厂均被日军劫持，导致后两册未能印刷。由于没有经过本人的最终校对，前两册出现部分谬误，加之付排后已过去了10年时间，新闻学研究也发生了一些变化，已有书稿必须经过修订才能出版。谢仁冰虽然同意，但商定不能过多更改版式。经过9个多月，任白涛将全书修改完毕，谢却表示有些章节写得过于尖锐当前难以出版，并将样稿交还给任白涛。其实，谢仁冰所言实属托词，当时商务印书馆的经营情况非常糟糕。政局动荡造成了严重的通货膨胀，国民政府推行的金圆券币制也宣告失败，这使得商务印书馆等生产企业蒙受了巨大的经济损失。受到恶性通胀的影响，往往是一本新书还未出版，成本价已经一翻再翻，等到新书发行时其成本价早就高于它的定价。在这种情况下，商务印书馆自然难以开印新书[1]，任白涛也只能暂缓《综合新闻学》的出版。

上海时期的任白涛非常穷困，身体状况也不见好转，还好在周恩来的安排下，他得到了不少特殊关照。任白涛夫妇到上海周公馆时由陈家康接待，但是陈也要马上转移，于是带他们去见钱之光。钱之光将他们安排进旅馆，叫他们不要离开，表示杜国庠会来和他们联系。不久，杜国庠前来探望，表示会尽量照顾他们。但是，杜国庠的生活处境同样艰难，并且也要撤离上海，于是将任白涛夫妇交给了杨培新。杨培新来到旅馆看望他们，并送他们到杨浦好友的家中暂住。在杜国庠的事先安排下，李平心夫妇为任白涛夫妇租下了徐家汇的旧房屋且代付了半年的房

---

[1] 杨扬. 商务印书馆：民间出版业的兴衰[M]. 上海：上海教育出版社，2000：153-154.

租，后又介绍郑效洵来约任白涛给三联书店翻译马克思著作的辅导读物《〈资本论〉图解》第一册，并预支稿费以维持其生活。在解放军进入上海的前夕，任白涛的妻子邓涧云还参加了民主妇联的地下活动。1949年7月，任白涛出席了第一届文代会，并在北平与周恩来再次见面。1952年春，周恩来获悉任白涛的生活十分艰难，遂嘱咐中共上海市委统战部前去慰问，并电邀他到北京工作。同年7月中旬，任白涛摒挡就绪，在即将成行之际，却不幸突患中风，虽经医务人员悉心医疗，仍于8月31日病逝于上海，终年62岁。[①] 面对任白涛的死讯，周恩来夫妇在百忙之中向陈家康、夏衍等人提出了善后意见：对任白涛的资料、遗稿，请宣传部姚溱同志派人去看一下，整理一份目录；任白涛骨灰安葬问题，请统战部协助解决；任的遗属工作生活安排也请统战部解决。[②]

综合以上任白涛的经历与新闻活动，我们有理由认定任白涛虽然在形式上没有加入中国共产党，实质上是一位爱国爱党的"红色报人"。

[①] 南阳市地方史志编纂委员会. 南阳市志 [M]. 郑州：河南人民出版社，1989：903-904.
[②] 陈正卿. 任白涛：追随共产党的辛亥名记者 [J]. 上海滩，2006 (1).

第二章 任白涛新闻思想的生成背景与来源

英国学者昆廷·斯金纳对传统思想史研究进行了批判，认为传统思想史研究倾向于人物文本的分析，基本上忽视了社会语境对人物的影响。他主张从社会语境的角度分析特定文本，"社会语境是帮助我们确定某位作者原则上可能传达出的某些习惯上可得到辨认的意涵"①。根据斯金纳的观点，我们需要将研究对象放置在具体的社会背景之中，这样才能更好地理解与把握其思想，从而克服"文本中心主义"的弊端。

本章将在前一章的基础上，对任白涛所处的历史背景进行"深描"②，并探讨他的思想来源，以阐明个体、社会、时代之间的关联。实际上，任白涛的新闻思想并不是凭空产生的，而是多重社会因素互构的结果。为此，有必要把任白涛放置在宏观的社会环境之中，正如马克思所指出的："人们自己创造自己的历史，但是他们并不是随心所欲地创造，并不是在他们自己选定的条件下创造，而是在直接碰到的、既定的、从过去继承下来的条件下创造。"③

---

① 丁耘，陈新. 思想史研究：思想史的元问题[M]. 桂林：广西师范大学出版社，2005：76—77.
② 克利福德·格尔茨. 文化的解释[M]. 韩莉，译. 南京：译林出版社，2008：16.
③ 中共中央编译局. 马克思恩格斯文集（第2卷）[M]. 北京：人民出版社，2009：470.

第一节　任白涛新闻思想的生成背景

任白涛新闻思想的生成与当时的社会背景、时代思潮有着紧密的联系。民国初年，中国新闻职业化进程加快，对新闻报道的强化、对新闻专业观念的追求都表现出与晚清迥然不同的逻辑理路。与此同时，民族主义与民主主义大行其道，反对帝国主义、反对袁世凯复辟的呼声层出不穷，人们的思想观念日益更新。五四前夕美国学者杜威访华，杜威及其弟子胡适等人在随后的两年里大力传播实用主义，实用主义一时成为"显学"。

一、近代中国新闻职业化的发展

黄旦指出，五四时期任白涛等人"第一次触及和研究中国报刊的职业化问题，并形成了中国新闻思想史上第一个关于新闻职业化的思潮"[1]。对于这个论断，我们也可以反过来思考，即很有可能是中国新闻职业化形成并快速发展了以后，任白涛等人才注意并研究了这一问题。可以肯定的是任白涛新闻思想的生成与近代中国新闻职业化的快速发展是密切相关的。

职业（profession）和职业化（professionalization）都是社会学的概念。李·泰勒（Lee Taylor）在《职业社会学》中指出，职业"可以解释作一套成为模式的与特殊工作经验有关的人群关系。这种成为模式的工作关系的整合，促进了职业结构的发展和职业意识形态的显现。意识形态和同一性对于社会学的概念和职业的经验都是重要的"[2]。艾略

---

[1] 黄旦. 五四前后新闻思想的再认识[J]. 浙江大学学报，2000（4）.
[2] 泰勒. 职业社会学[M]. 张逢沛，译. 台北：复兴书局，1972：10.

特·弗雷德逊（Eliot Freidson）则认为，职业是一个不断变动的历史概念，它是随着现代资本主义社会的工业化发展而产生的。[①]民国初年报业的繁荣便产生了一批以新闻采写为职业的人群，这一人群具有相似的意识形态和同一性。有研究指出，"职业化"归纳起来就是"专门化的知识和训练，献身公共服务以及自治权"。专门化的知识和训练意味着获取专业的职业技能，使成员之间获得认同感和排他性；献身公共服务则表示不能一味地追求经济报酬，而要服务公共利益；自治权是指职业独立于政府和社会，并且具备职业自律精神。[②]任白涛在民国初年正式进入新闻界，此时的新闻职业化进程与晚清相比有了较大的进步，主要表现在以下几个方面：

（一）新闻报道业务的提升

中国虽然拥有悠久的新闻传播历史，但近代报业却是由外国传教士带来的，他们以传教为主要目的，这导致中国报纸一开始就带有浓厚的意识形态宣传色彩。加之近代中国与西方国家的冲突加剧，鸦片战争以后，中国的各项主权不断遭到西方列强蚕食，民族危机日益严峻，致使中国报业背上了沉重的政治负担，报人将报纸看作政治宣传的工具，近代报刊史上"文人论政"的传统由此产生。民国初年，民众的权利意识得到加强，对时政信息的需求加大，1912年3月袁世凯对新闻业的言论钳制使已有的报刊政论传统走向衰落，此时通信技术的发展则为"新闻"的快速传播提供了助益。在多重因素的作用下，中国报业走向了"以新闻为本位"的时代。报纸将主要精力集中在新闻报道之上，新闻报道业务随之取得了巨大的进步，"报纸上消息比重加大，电讯增多。一些重要的电讯还用大号字排出，并在字旁加圈加点以引起读者的注

---

① Freidson, E. Professionalism Reborn: Theory, Prophecy, and Policy [M]. Cambridge: Polity Press, 1994: 16—17.
② 商娜红. 制度视野中的媒介伦理：职业主义与英美新闻自律[M]. 济南：山东人民出版社，2006: 26—27.

意。夹叙夹议的新闻通讯这种新的报道体裁开始走向成熟，深受读者欢迎。一些报纸还刊出时事性插画或定期出版图画附张，新闻摄影照片在报纸上也得到越来越多的运用"①。

（二）新闻职业观念的出现

近代中国报业的出现使报人或多或少地对新闻职业观念提出了相应的看法。王韬提出了"主笔要秉笔公正，直陈时事"的观念：报纸立论要公平，居心要诚正，"顾秉笔之人，不可不慎加遴选"；报纸的主笔应该是知识广博的"通才"，"其立论一秉公平，其居心务期诚正"；对于新闻界的不道德行为，"士君子当摒之而不齿"。② 不过，王韬等人对报人的职业化要求并不系统，他们更多的是将自己对文人和传统士大夫的要求加在报人身上，并没有从新闻工作本身的职业需求出发来阐述这个问题，因而王韬等人所提出的新闻职业观念并不具有现代意义。从新闻职业需求的意义上来讲，黄远生应是提出新闻职业观念的第一人。③ 1914年，黄远生提出记者应该遵守"四能"："新闻记者须有四能：一、脑筋能想；二、腿脚能奔走；三、耳能听；四、手能写。调查研究，有种种素养，是谓能想；交游肆应，能深知各方面势力之所存，以时访接，是谓能奔走；闻一知十，闻此知彼，由显达隐，由旁得通，是谓能听；刻画叙述，不溢不漏，尊重彼此之人格，力守绅士之态度，是谓能写。"④ 黄远生的"四能说"集中反映了他对新闻职业化素养的要求，对此任白涛也非常认同，并将《远生遗著》作为他新闻实践道路上的一本指南。

---

① 黄瑚. 中国新闻事业发展史 [M]. 上海：复旦大学出版社，2009：116.
② 戴元光，金冠军，主编；徐培汀，著. 中国传播思想史·近代卷 [M]. 上海：上海交通大学出版社，2005：161.
③ 张洁. 新闻职业化的萌芽——重读黄远生的新闻实践与新闻思想 [J]. 新闻大学，2006 (3).
④ 黄远生. 远生遗著 [M]. 上海：商务印书馆，1920.

（三）新闻专业人才的出现

与晚清相比，民国初年的新闻人才呈现出专业化的倾向。晚清时的报人如王韬等多是"落拓文人"形象，他们没有良好的入仕机会，只有寄希望于报纸来阐述他们的政治主张；康有为、梁启超等人的身份首先是政治家，其次才是报人，他们将政治引入报纸，而对新闻专业知识的认识并不深刻。到了民国时期，新闻人才的情况才发生了变化。由于政论报刊的衰落，一些商业性报刊转而向新闻报道方面寻求出路。各大报社不仅加强了新闻报道的比例，还花费重金聘请记者长驻北京采写新闻。各路记者则以获得独家新闻为资本，报纸也以发表精彩的新闻通讯为傲，彼时的新闻竞争日益激烈。在这一背景下，中国诞生了一批以新闻采写为专长的职业记者。这些记者大多受过良好的教育，并拥有留洋经历，获得了部分现代新闻学知识。同时，他们也接受过较为系统的旧学教育，具有扎实的语言文字功底。其中就有民初"三杰"之称的黄远生、刘少少、徐彬彬，以及后来的邵飘萍、林白水、胡政之、张季鸾等人。这批名记者的出现，不仅提高了当时的新闻采访技术，完善了新闻通讯这一文体，还标志着拥有统一制度规范的职业记者群体的形成。任白涛正是在这一时代背景之下进入了新闻界，被多家报社聘为特约通讯员，从而走上新闻道路。

（四）新闻职业认同的加强

职业记者群体形成以后，他们的职业认同感也得到了加强。王韬等早期报人虽然被中国新闻史学界推崇备至，但他们对自己的"报人"身份并不那么认同。有学者指出，王韬"虽受惠于报纸，却无法钟爱报纸，虽知道报纸重要，却无法倾心为之，虽因办报而闻达，却不愿自认'报人'身份"。其实，王韬等早期报人进入新闻界的主要动机是谋生存，他们虽然身处报馆，志向却在于以洋务用世、以著述传世，对报纸

第二章　任白涛新闻思想的生成背景与来源

只有三分热情而已。① 与王韬等早期报人相比，以黄远生为代表的民初记者对自己的职业表现出了强烈的认同感。他们大都抱着"新闻救国"的理想进入新闻界，对新闻职业抱有特殊的偏爱和志趣，他们的新闻从业过程也体现出一种矢志不渝、百折不挠和勇敢无畏的精神气质。② 社会大众对报人的认同感也逐渐提升，原来处于社会底层的"访员"成了"记者"，不少记者甚至与当时的社会名流、政府官员有着密切的交往，他们的一篇政治报道很可能会在社会中产生不小的舆论影响。邵飘萍正是因为所办《京报》拥有比肩政府的影响力而被军阀张作霖杀害。民国时期记者的收入水平普遍提高，任白涛当时的薪金最多时每月可达六十元，比普通工作高出不少。"社会地位的提高和经济收入的增加使新闻职业成为人们尊重和向往的职业。民初对新闻记者已有无冕之王的说法。"③

由上可知，民初新闻职业化的快速发展对任白涛的职业选择、职业认同和专业化新闻思想的初步形成均产生了一定的影响。作为刚刚进入社会的青年，任白涛选择涉足新闻业，这一方面固然是他自己的选择，另一方面也有时代因素的影响。在民初新闻业繁荣的背景下，这门新兴职业不仅解决了任白涛的生计问题，还使他拥有了受人尊敬的社会地位。在成为记者的一年多时间里，他对"报人"身份的认同不断加强，此后的活动一直与报纸有着密切的联系。更为重要的是，此时的任白涛虽然没有受过专业的新闻教育，也没有阅读过专门的新闻学书籍，但在一年多短暂的新闻实践中，他初步形成了较为专业化的新闻思想，因为当时的中国新闻界已经受到西方新闻思想多年的影响，对新闻的基本概念和简单原理已经有了一定的认知。实际上，任白涛成为记者时就已经知道新闻需要客观、公正，报纸是社会公器，不能为迎合大众而放弃

---

① 樊亚平. 中国新闻从业者职业认同研究（1815—1927）[M]. 北京：人民出版社，2011：61-63.

② 樊亚平. 中国新闻从业者职业认同研究（1815—1927）[M]. 北京：人民出版社，2011：196.

③ 张忠. 民国时期民营新闻业的职业化[J]. 保定学院学报，2009（3）.

"报格"等。这也为他进一步寻求更为专业化、系统化、学理化的新闻知识奠定了基础。

二、民族主义与民主主义的兴起

现代意义上的民族主义（nationalism）是起源于欧洲文艺复兴时期的一股思潮。18世纪末，民族主义在经过美国独立战争和法国大革命之后，才随着民族意识的普遍觉醒，成为国际关系中起决定作用的因素。英国社会人类学家厄内斯特·盖尔纳认为："民族主义首先是一条政治原则，它认为政治的和民族的单位应该是一致的。民族主义作为一种情绪或者一种运动，可以用这个原则作最恰当的界定。民族主义情绪是这一原则被违反时引起的愤怒感，或者是实现这一原则带来的满足感。民族主义运动，是这种情绪推动的一场运动。"[1] 本尼迪克特·安德森则认为民族是一种想象的政治共同体，同时也是享有主权的共同体，民族主义则是建立在这种想象之上的。[2] 虽然盖尔纳所建构的"非历史的"结构功能论解释与安德森所建构的"历史的"文化论解释在民族主义研究领域是对立的，但两者却同时指涉政治。安东尼·史密斯在分析了诸多民族主义概念之后，指出大多数的定义都有重叠并揭示了一些共同的主题："民族主义是将民族作为关注的焦点并力求促进民族利益的一种意识形态。"而实现民族利益的基本目标包括三个方面，即民族自治、民族统一和民族认同，民族的生存离不开这三者的充分发挥。[3] 一方面，民族主义更多地体现了政治性话语，使得它与近代中国的"救亡"主题密切相关；另一方面，民族主义以民族利益为根本出发点，这也激发了中华民族意识的觉醒，以此对抗西方国家的侵略。

---

[1] 厄内斯特·盖尔纳. 民族与民族主义 [M]. 韩红，译. 北京：中央编译出版社，2002：1.
[2] 本尼迪克特·安德森. 想象的共同体：民族主义的起源与散布 [M]. 吴叡人，译. 上海：上海人民出版社，2011：6.
[3] 史密斯. 民族主义：理论，意识形态，历史 [M]. 叶江，译. 上海：上海人民出版社，2006：9-10.

近代以来，民族主义在中国的兴起较为复杂，呈现出中国传统民族主义与西方现代民族主义缠绕发展的过程。中国古代也有民族概念和民族主义。古代华夏族地处中原，居于文化的中心，文化较周边发达，因而将其他民族称为蛮夷，这也是"华夷之辨"的由来。"华夷之辨"在平时处于隐含状态，只有在遭受其他民族侵扰时才会凸显，比如春秋时期的"尊王攘夷"，宋末明初、明末清初就出现了三次华夏民族危机。随着西方列强的入侵，特别是鸦片战争以后，中国经过了若干次失败，与西方列强签订了诸多的不平等条约，丧失了大量主权，中国原本的"天下"观念渐次崩塌，被迫加入西方现代民族主义的国际政治体系。在中国与西方的碰撞中，现代民族危机激发了各种反对西方侵略的运动。① 其中最具典型意义的就是1900年的义和团运动。当然，义和团运动是基于旧有的民族主义意识出现的一种不成熟的反抗形式，有研究指出，义和团运动的失败标志着"传统民族意识维系的民族心理防线的解体，也表明旧有的社会力量作为反帝斗争独立主体的时代已经过去，旧式的民族反抗和斗争已经难以改变中国的命运"②。

此时，一种更为理性的以"民族国家"形式实现救亡的民族主义得到了更多国人的认可。李杨就认为，近代中国的危机其实是面临西方民族国家的挑战，"一个没有正式国名，没有明确边界，没有国旗，没有国徽，更为重要的是，没有一个为全民认同的'现代政府'的'文化中国'根本无法回应这一挑战"③。因为文化国家犹如羔羊，羔羊再多也打不过武装到牙齿的豺狼——民族国家。这也是甲午海战中拥有优势兵力的清政府会被日本击败的原因之一。面对这一困局，近代先进知识分子开始引入西方现代民族主义观念。西方现代民族主义的东渐过程主要有两种途径：其一是通过留学生等群体"走出去"学习的方式，其二是

---

① 张淑娟. 民族主义与近代中国民族理论 [M]. 北京：光明日报出版社，2011：29.
② 罗福惠. 中国民族主义思想论稿 [M]. 武汉：华中师范大学出版社，1996：292.
③ 李杨. "救亡压倒启蒙"？——对八十年代一种历史"元叙事"的解构分析 [J]. 书屋，2002(5).

通过翻译西方著作的方式将之"引进来"。

经历了这个过程,1901年,梁启超首次阐述了近代意义的"民族主义":"民族主义者,世界最光明正大公平之主义也。不使他族侵我之自由,我亦毋侵他族之自由。其在于本国也,人之独立;其在于世界也,国之独立。使能率由此主义,各明其界限以及于未来之永劫,岂非天地间一大快事。"[①]梁启超把民族主义看作对抗西方列强的工具,为处于甲午海战失败阴影中的国人提供了方向。就民族主义在近代中国的发展而言,孙中山是另一个关键的人物。在孙中山提出的三民主义中,"民族主义"成为摆脱民族危机,实现民族独立的首要任务。在孙中山早期的民族主义中,"驱除鞑虏,恢复中华"是其思想核心,"它被表述为一种以暴力手段推翻清王朝的专制政权,摆脱被列强瓜分或共管的厄运,恢复汉民族独立地位,建立民主政体和民族国家的革命思想"[②]。随着革命进程的发展,孙中山在1906年《民报》周年庆中不再提"驱除鞑虏",民国建立之后则将之改为"五族共和"。孙中山之所以能够实现民族主义的任务,就在于他唤起了中华民族的精神。正如他在《三民主义》中所说的,要想先恢复民族的地位就要先恢复民族的精神,而"能知"与"合群"便是恢复的方法。能知就是要明白中国处于极危险的地位,合群则是要让大家结成国族团体共同为民族奋斗。[③]

因此,中国的民族主义经过了从传统到现代的嬗变过程,在20世纪初逐渐走向成熟,并且通过五四文化精英的宣传得到了更为广泛的传播,成为近现代中国具有较大影响力的一种社会思潮。作为同时代知识分子的任白涛,自然也受到了日益勃兴的民族主义的影响。虽然学术研究应该与政治保持一定的距离,但任白涛的思想中仍然呈现出较为明显的民族主义话语,他表示:"我甚希望到了这书的三版或四、五、六……版的时候,中国的新闻事业已经不是照旧样地萎靡;中国的民治

---

① 梁启超. 饮冰室合集(6)[M]. 北京:中华书局,1989:20.
② 胡钢. 孙中山思想概论[M]. 天津:天津人民出版社,2006:94.
③ 孙中山. 三民主义[M]. 北京:东方出版社,2014:63.

第二章 任白涛新闻思想的生成背景与来源

的进路，上了轨道；大多数的做帝国主义者的喉舌和佣人的所谓报纸和记者，减至零点；把东亚大陆的干净土上沾染的爱尔兰式和三韩式的血迹，洗得一点不留，使我们的全民族乃至全世界的人类，同进入自由平和的境域！"① 张育仁对此评价道，或许是受到"启蒙与救亡"双重变奏的政治文化的影响，任白涛表白说，他撰写《应用新闻学》的立场还是民族主义的，以自己所治的学术服务于国家的复兴是他最大的愿望，"在这一点上，他又是一个颇为激进的民族主义者"②。

除了民族主义，民主主义（democracy）也是影响近代中国的一大社会思潮。现代意义上的民主主义诞生于西方，其分野主要以法国大革命为界。在大革命以前，传统民主主义主要以洛克、孟德斯鸠、亚当·斯密、边沁、约翰·洛克等人为代表。他们的主张有以下几个方面：个人自由的维护，即以个人自由为价值取向的标准，这是由于文艺复兴后人文主义的再生和个人的解放；私有财产的保障，私有财产不单指个人享受及处分财产的依据，更是生产资料的私有化；主张代议制政府，他们认为法治、权力分立及制衡，定期改选的国会是政治权力的重心。激进的民主主义以卢梭为代表，一是认为人人具有平等的权利，因而也应有权利参与政治，二是公众事务都是价值判断问题，而非事实问题，民主政治的运行应该采取少数服从多数的原则。不论两派观点如何，他们都主张彻底实现民主政治。对此学者们也形成了一些共识。卡尔·科恩（Carl Cohen）在系统阐释民主时就表示："民主是一种社会管理体制，在该体制中社会成员大体上能直接或间接地参与或可以参与影响全体人员的决策。"③

西方民主主义主要通过传教士的片段介绍、出使人员的实地考察以及国人对西方著作的翻译等方式涌入中国，它们在中西方的碰撞中向前

---

① 任白涛. 应用新闻学·再版的话 [M]. 上海：上海书店出版社，2011：4.
② 张育仁. 自由的历险——中国自由主义新闻思想史 [M]. 昆明：云南人民出版社，2002：307.
③ 科恩. 聂崇信. 论民主 [M]. 朱秀贤，译. 北京：商务印书馆，1988：10.

发展。尤其在维新运动前后，维新派陆续创办各种学会、学堂和报刊，通过这些形式宣传近代民权思想和君主立宪的政治主张。1898年，光绪皇帝采纳了维新派的主张，宣布进行政治改革。虽然维新运动以失败告终，但这次政治改革带有君主立宪色彩，与中国长期的封建君主制形成了对比，民主主义也从制度层面上升到了观念层面。有学者指出："戊戌时期实现了中国民主思想认识史上的一次飞跃，维新思想家第一次在观念层面上初步揭示了民权、平等、自由思想的含义，这是中国近代民权思想的真正发端。"[①]

与维新派主张的"虚君共和"相比，孙中山主张施行更为彻底的民主政治制度，这样才能奠定国家长治久安的基础。孙中山是革命者，并非纯粹的学者，他所做的学问自成一格，不受任何概念定义、理论系统的限制。他在形成自己的主张、见解时采取了拿来主义，任何概念、知识不问好不好，只问合不合用，合用就拿来用，不合用就不用，其评判标准只在事实而非理论。正因为只问合不合用，使得孙中山在引进民主时兼采普适论与特殊论，也就是将西方民主概念与中国国情相结合，因此，"中山先生讲的民主，就是民权"[②]。孙中山主张要把国家的政治大权分为政权和治权两个部分，一方面要将政权这个大权完全交到人民的手中，让人民有充分的权力直接管理国家，这个政权也就是民权，它包括选举权、罢免权、创制权、复决权；另一方面则要将治权交到政府机关内，让政府有力量治理全国事务，治权也是政府权，它包括司法权、立法权、行政权、考试权、检察权。"用人民的四个政权来管理政府的五个治权，那才算是一个完全的民治政治机关。有了这样的政治机关，人民和政府的力量才可以彼此平衡。"[③]

辛亥革命以后，中华民国采取了民主制度。当然，它是革命派、立宪派与袁世凯等新旧势力相互妥协的结果，注定与西方民主制度不同。

---

① 耿云志. 西方民主在近代中国 [M]. 北京：中国青年出版社，2003：27.
② 刘久清. 民主、中华现代性与中山思想 [J]. 宗教哲学，2014 (3).
③ 孙中山. 三民主义 [M]. 北京：东方出版社，2014：173-178.

第二章 任白涛新闻思想的生成背景与来源

在这样的时局背景下,孙中山企图以《临时约法》这样的民主宪法对袁世凯的权力进行约束,但在现实的压力下必然落空。不过,民初所营造的民主共和氛围刺激了先进知识分子对民主的追求。他们意识到民初政体虽然实行了共和制,却不断滑向帝制。这是因为现代民主政治在中国缺乏足够的思想基础,而旧有的专制制度却同广泛存在的"崇古尊圣"的习惯势力和依赖"贤人政治"的社会心理十分合拍。为了巩固共和制度,实现现代民主政治,必须要大力批判和清除封建专制主义的思想传统,唤起人民的民主意识。[①] 1915年9月,陈独秀创办了《青年杂志》(后改为《新青年》),他在具有发刊宣言性质的《敬告青年》中强调了科学与人权的重要性:"国人而欲脱蒙昧时代,羞为浅化之民也,则急起直追,当以科学与人权并重。"[②] 陈独秀所说的人权就是后来的民主,尔后,他将之称为"德先生",指出民主主义是专制主义的大敌,而"德先生"也成为五四运动的一面大旗,"民主思想在知识界及部分普通民众中产生了广泛的影响,民主观念的普及程度在中国历史上是空前的"[③]。

民主主义在近代中国澎湃发展之时,任白涛自然也受到不少浸润。他在青年时期就与革命派人士张嘉谋有所交往,阅读了不少革命派的报刊,受到民主主义的影响。1916年,任白涛参加了反对袁世凯称帝的运动,表现出对民主政治的认同。在任白涛的新闻思想中,他把民主与报纸相联系,指出"民本政治、胜于官僚政治者,要在不以少数私人决国事、而以公众舆论决国事。健全舆论之造成,民治国人民之责任也。以舆论而行国家之政治、民治国人民之权利也。苟无报纸为之提示、倡导,则焉能造健全之舆论,而何由得预国家之政治。故民治国家之报纸,实造成舆论之冶金炉,而运用政治之推进机也"[④]。对此,张育仁指

[①] 徐宗勉. 近代中国对民主的追求 [M]. 合肥:安徽人民出版社,1996:210.
[②] 熊月之. 中国近代民主思想史 [M]. 上海:上海人民出版社,1986:503.
[③] 耿云志. 西方民主在近代中国 [M]. 北京:中国青年出版社,2003:368.
[④] 任白涛. 应用新闻学 [M]. 上海:上海书店出版社,2011:1-2.

出任白涛对"民本政治"与"优秀报纸"的讨论充满了辩证色彩，两者倚系互动、相辅共生，其逻辑互动关系比徐宝璜和邵飘萍等人的论述更为严密清晰，可以明显感受到任白涛受到了西方民主政治的诸多影响。①

三、杜威实用主义的传入

陈力丹指出，五四时期的自由思潮与学术氛围为中国新闻学的建立奠定了基础，但若没有蔡元培的热心倡议，新闻学就没有如此地位，蔡元培对中国新闻学的贡献不亚于陈独秀、李大钊在新闻学基础理论方面所做的创造性工作。②蔡元培提出了"实利主义"的教育理念，他认为"我国地宝不发，实业界之组织尚幼稚，人民失业者至多，而国甚贫。实利主义之教育，固亦当务之急者也"③。这一教育理念主张"学"与"术"并重，对当时的新闻学研究带来了不小的影响。更为重要的是，正当中国知识分子出于"实利主义"的目的，寻求新的知识来改造中国的新闻业时，美国实用主义理念（Pragmatism）也在全球范围内传播，极大地吸引了中国的知识分子和新闻业，对中国现代新闻观念的形成产生了深远的影响。④美国学者杜威是实用主义在中国传播的关键人物。五四运动前夕，杜威应胡适等人之邀来华讲学。在此后的两年多时间里，杜威系统阐述了实用主义，给中国社会和学术界带来了巨大的影响。

19世纪70年代，实用主义诞生于美国，它经过皮尔士、詹姆士和杜威等人的发展，在20世纪初成为美国主导性的社会思潮。作为实用主义的集大成者，杜威竭力使实用主义变得更有科学性，并且将实用主义的一般原则推广到政治、教育、宗教、道德等领域。他还通过大学论

---

① 张育仁. 自由的历险——中国自由主义新闻思想史 [M]. 昆明：云南人民出版社，2002：306-307.
② 陈力丹. 五四新文化运动和中国的新闻学 [A] //中国社科院纪念五四运动70周年大会论文集 [C]，1989.
③ 舒新城. 中国近代教育史资料 [M]. 北京：人民教育出版社，1981：1020.
④ 涂凌波. 现代中国新闻观念的兴起 [M]. 北京：中国传媒大学出版社，2016：229.

坛和著书立说等方式，大力宣扬民主、自由和改良主义，其学说在美国引起了广泛的影响。[①] 杜威实用主义的核心就是他的价值理论，即以追求实际利益和兑现价值为中心，以强调效用和成果为目的的哲学。其他学者也注意到杜威对实用价值的强调，他们认为"杜威的经验哲学，不是一种传统意义上的形而上学理论。而是一种立足于人，以人为本的价值理论。无论是对于自然、社会，还是认识和真理，他都企图确定它们对人的生活的意义和价值"[②]。不仅如此，杜威"力图从哲学价值理论上给实用主义的兑现价值的哲学思想以理论论证，并建构他的实用主义的哲学价值理论，这可以说是杜威哲学最突出的特点"[③]。另外，杜威把他的实用主义风格描述为"工具主义"。[④] 因此，杜威哲学带有比较浓厚的工具主义特征，这是实用主义的根本落脚点。概括而言，实用主义的工具性主要体现在三个方面：真理具有工具性、思想是行为的工具、语言是思想的工具。[⑤]

1919年5月，杜威在胡适、陶行知、郭秉文、蒋梦麟等弟子的邀请下来华演讲。在此后两年多的时间里，杜威在不少省市进行了四个阶段的集中演讲。据统计，杜威的足迹遍布中国的14个省份，进行了200多场大小不一的演讲，就实用主义哲学、政治学、教育学、伦理学等问题进行了论述。[⑥] 杜威的演讲在当时形成了轰动效应，不少杂志和报纸都刊登了他的演讲内容和情况，比如《晨报》《新青年》《新潮》《每周评论》《民国日报·觉悟》《时事新报·学灯》《新教育》等。一时间，杜威成为舆论界关注的焦点，他的演讲稿也被出版成册。1920年8月，晨报社将杜威在北京举行的五大系列讲座辑为《杜威五大演讲》在全国出版发行。到杜威离华时，该书已印行13版，每版的印量都在1

[①] 刘放桐. 实用主义的研究历程 [M]. 上海：复旦大学出版社，2018：30-31.
[②] 王守昌，苏玉昆. 现代美国哲学 [M]. 北京：人民出版社，1990：85.
[③] 王玉梁. 追寻价值——重读杜威 [M]. 成都：四川人民出版社，1997：22.
[④] 苏珊·哈克，陈波. 美国实用主义 [J]. 哲学与文化，2005 (7).
[⑤] 王成兵. 论美国古典实用主义的基本特征 [J]. 学术论坛，2000 (5).
[⑥] 元青. 杜威的中国之行及其影响 [J]. 近代史研究，2001 (2).

万册以上。除《杜威五大演讲》外，这一时期还出版了《杜威三大演讲》《杜威在华演讲集》《杜威罗素演讲录合刊》等多种杜威演讲稿。①

  杜威来华讲学使实用主义在中国学术界也产生了不小的影响，有多位学者撰写了数十篇文章介绍、评述杜威的实用主义哲学。胡适的《多研究些问题，少谈些"主义"》就是对杜威实用主义的回应。胡适认为，种种学说和主义都应该进行研究，因为只有把学理当作材料，碰到了具体问题才能找到一个合理解决的方法。但他也指出，中国学者要"把一些'主义'摆在脑后做参考资料，不要挂在嘴上做招牌，不要一知半解的人拾了这半生不熟的主义去做口头禅。'主义'的大危险，就是能使人心满意足，自以为寻着了包医百病的'根本解决'，从此用不着用心力去研究这个、那个具体问题的解决法了"②。为此，胡适将实用主义改称为"实验主义"（Experimentalism），其意就是要以科学家实验的态度和实证的精神去研究问题。虽然实用主义也遭到李大钊等人的质疑，并引发了胡、李二人对"问题"与"主义"的争论，但实用主义这股思潮确实引起了不同派别学者的共同关注。

  比如，陈独秀就比较认同杜威的大部分学说，并在很长一段时间里将之与唯物史观并列；毛泽东也受到实用主义思潮的影响，他在《湘江评论》的发刊词中将实用主义作为中国思想领域改革的指导学说，并在长沙成立了"问题研究会"。杜威的实用主义之所以能被大多数中国学者接受，与当时的国情以及五四运动的发轫不无关系。中华民国成立后，中国普通大众对民主、共和等概念仍缺乏深入的认知，长期遗留下来的封建文化却为袁世凯和张勋的复辟提供了社会基础。面对此种境况，先进知识分子才打算从思想层面对国民精神进行改造，从而发起了五四新文化运动。在此节点上，实用主义传入中国，为知识分子提供了理论依据。实用主义注重效果和行为，主张民众以实际行动改造现实，

---

① 元青. 杜威的中国之行及其影响 [J]. 近代史研究, 2001（2）.
② 张宝贵. 杜威与中国 [M]. 石家庄：河北人民出版社, 2001：187.

其有用即真理的价值观和价值重估的精神对封建文化提出了质疑和批判。同时，杜威学说宣传的民主、自由和渐进式的改革与中国知识分子对自由、平等、博爱的追求一致，由此引发了一股热潮，并获得了不少知识分子的认可。

杜威实用主义的广泛传播也使任白涛受到了影响。他的《应用新闻学》就是一本注重实用主义的新闻学专著，除了第一编讲述新闻学理论，余下的部分都是在研究新闻业务问题。多年之后，任白涛在编著《综合新闻学》时依然延续了这一理论框架："就现时的中国情势来说，特别是就中国报纸的编辑和经营状况来说，建立目前的新闻学，仍不能不偏重技术方面的情事，即仍须注重实用，减少理论。所以本书的理论部分，仍照《应用新闻学》的内容，只约占全书五分之一。"[①] 从中可以看到实用主义对他的影响。另外，任白涛与胡适关系较好，作为中国实用主义大师的胡适对任白涛也产生了一定的影响。1926年到1927年，胡适开始了欧美之行，他在旧金山对华人作了《新文化运动的过去及将来》的演讲。胡适回国后，任白涛去信说："你在南京的演讲，关于'文学革命'的部分我是完全首肯的。并且希望你今后设法继续做未完的工作，免得失坠了你的前功！"[②] 此时，距离任白涛《应用新闻学》的出版已经有一段时间，但从任白涛对胡适服膺的语气中不难想象实用主义话语早已进入任白涛的思想。

第二节　任白涛新闻思想的来源

如果说上文所述是影响任白涛新闻思想的宏观的社会环境，本节将进一步探索其新闻思想的直接来源。任白涛出生于清末一个传统文化氛

[①] 任白涛.《综合新闻学》搁浅记 [J]. 春秋，1949，6 (2).
[②] 中国社会科学院近代史研究所中华民国史组. 胡适来往书信选（上）[M]. 北京：中华书局，1979：432.

围浓厚的家庭，自幼就接受传统文化教育，具有知识分子情怀。青年时期，任白涛东渡日本留学，不仅在日本接触了西方新闻学知识和观念，还接受了较为专业的新闻教育，考察了日本现代化的新闻业，这对他的新闻思想的生成具有重要影响。

一、中国传统思想文化的承继

美国学者柯文认为，研究中国历史问题要把中心放在中国。"这些问题有的可能受西方的影响，甚至是由西方造成的；有的则和西方毫无联系。但不管怎样，它们都是中国的问题。"① 任白涛从小就受到中国传统思想文化的影响，表面来看，这些传统因素与西方新闻学说格格不入，但是作为一位成长于清末民初的新闻学者，中国传统因素在任白涛的新闻思想中还是留下了些许印记。

任白涛从小生活在河南南阳，这里具有浓厚的传统文化底蕴，历代名人辈出，例如范蠡、张衡、张仲景、诸葛亮、韩愈等人。众多先贤在不同时代、不同领域取得了重大的文化成就，各种思想汇聚于此，使南阳地区的传统文化积淀相当深厚。南阳地区自古便十分重视传统文化教育。东汉时期，南阳作为"帝乡"，当地官僚集团重视教育，历任郡守各显其能，推动了教育的发展；宋朝名臣范仲淹被贬南阳邓州之后，创建了花洲书院，开启了南阳建立书院的先河，书院也渐渐成为与官学并行发展的一种教育组织形式；明清时期，南阳的官学有府、州、县学，私人读书研经在书院，对学童进行启蒙教育主要由民间设立的私塾、义学和专馆承担。学生从识字开始，直至诵读经典古籍。②

任白涛的家庭也具有浓厚的传统文化氛围。他在这种文化氛围中成长，自然会耳濡目染地受到传统文化的熏陶，并接受了传统教育。任白

---

① 柯文. 在中国发现历史：中国中心观在美国的兴起［M］. 林同奇，译. 北京：中华书局，2002：170.

② 刘宵. 南阳教育文化［M］. 开封：河南大学出版社，2003：9—55.

第二章　任白涛新闻思想的生成背景与来源

涛由伯父任学椿抚养长大，任学椿作为清末举人，对传统教育非常重视。在伯父的督促下，任白涛自幼就接受了严格的家庭教育。他三四岁时便开始学习经典，七岁时就能够把《孟子》等经典里的一些文章背诵得一字不差。之后又进入当地的私塾学习了整整七年。前后算来，任白涛一共接受了十二三年的传统教育，能够从头到尾地"包本"背诵"四书五经"等经典，具有深厚的旧学功底，这也是他知识文化层面的基础。

受中国传统文化的长期熏陶，加之勤奋学习，任白涛在精神层面也承继了中国知识分子的思想。知识分子这一概念最初来源于19世纪的俄国，指的是一批与主流社会有着疏离感，具有强烈的批判精神，拥有西方的知识背景，特别是具备道德批判意识的群体。① 事实上，西方近代的"知识分子"与中国古代的"士"极其接近。换句话说，中国知识分子与传承了两千多年的士文化精神同宗同源、一脉相承。余英时认为，孔子是中国历史上第一个知识分子，以孔子为代表的儒家根据"道"的标准来批评政治和社会，对"道"的追求也成了中国知识分子的传统。② 士人时刻不忘"以天下为己任"的社会责任，崇尚"穷则独善其身，达则兼济天下"的人生哲学，具有改革社会的理想抱负。儒学传统作为中国士文化的核心，其思想深刻地影响了中国知识分子的思想和行为，"中国知识分子的文化精神就是在几千年的儒家伦理道德的士文化精神中熏陶出来的"③。余英时指出："如果从孔子算起，中国的'士'的传统至少已经延续了两千五百年，而且流风余韵至今未绝。这是世界文化史上独一无二的现象。"④

不过，任白涛并不完全等同于传统意义上的知识分子，他处在中国社会的转型期，已经具备了一定的现代性特征。许纪霖认为，中国第一

---

① 许纪霖. 中国知识分子十论 [M]. 上海：复旦大学出版社，2003：2-3.
② 余英时. 士与中国文化 [M]. 上海：上海人民出版社，1987：107.
③ 王玉芝. 中西文化精神 [M]. 昆明：云南大学出版社，2006：170.
④ 余英时. 士与中国文化·自序 [M]. 上海：上海人民出版社，1987：2.

61

代现代意义上的知识分子大多出生于 1880 年至 1895 年之间,并且在 1915 年以后开始崭露头角。"之所以说第一代,是因为他们不再走学而优则仕的传统士大夫老路,在新的社会结构中已经有了自己的独立职业,比如教授、报人、编辑、作家等等,而且在知识结构上,虽然幼年也诵过四书五经,但基本是在不中不西、又中又西的洋学堂中得到的教育,后来又大都放洋日本或欧美留学,对西方文化有比较完整的、直接的认知。这是开创现代中国新知识范型的一代人,但在文化心态、道德模式等方面依然保留着中国传统的不少特点。"[1]

在中国社会动荡的转型期,各种思潮、主义、学说在五四时期互相碰撞,不同的知识分子群体针对中国社会的症结也开出了不同的药方。而在那个狂飙突进的最需要思想武器的年代,任白涛以一本《应用新闻学》登上了历史舞台,"这种历史机缘奠定了它在五四和新文化运动中小小的地位"[2]。在任白涛看来,美、日等新兴强国的新闻学研究尤其兴盛,作为后进之中国理应以它们为模范,建立属于自己的新闻学。这里,任白涛的"新闻学"与陈独秀等人所提倡的"德先生""赛先生"基本是殊途同归,新闻学作为启发蒙昧、救亡图存的一环,体现了任白涛"新闻兴则国家兴"的使命感和责任感。

二、对西方新闻学知识的吸收

从世界新闻发展史的角度看,西方国家对新闻学的发展有巨大的推动作用。现代新闻思想起源于欧洲,发展于美国,并于 20 世纪初期成为一门独立的学科。中国新闻学的产生几乎移植了西方新闻学,有学者指出"学从西方来"[3]。因此,西方新闻思想对任白涛的新闻学研究影

---

[1] 许纪霖. 中国知识分子十论 [M]. 上海:复旦大学出版社,2003:82—83.
[2] 张育仁. 自由的历险——中国自由主义新闻思想史 [M]. 昆明:云南人民出版社,2002:305.
[3] 戴元光,等主编;童兵,林涵,著. 20 世纪中国新闻学与传播学:理论新闻学卷 [M]. 上海:复旦大学出版社,2001:106.

响巨大,他吸收了大量的西方新闻学知识。

英国是现代新闻思想发展历程中非常重要的一个国家。在整个16世纪,英国新兴资产阶级为争取出版自由同统治阶级进行了不懈的斗争。在这场斗争中,约翰·弥尔顿是代表性人物。1644年,弥尔顿因出版书籍引起纠纷,被传到议会接受质询,在会上他发表了长篇演讲,系统地阐述了出版自由思想。这篇演讲就是《论出版自由》,该书也成了西方自由主义新闻思想的奠基之作。弥尔顿的出版自由观根植于对人类理性的信任。弥尔顿认为人的理性高于一切,是上帝赋予人类的灵性。言论和出版自由是天赋人权的首要部分,人依靠理性辨别正误是非,区分善恶好坏。为了使人的理性得以有效发挥,就必须不受限制地了解别人各种不同的观点、意见和思想,而书籍就是人类理性的体现,是杰出学者的知识精华。弥尔顿认为:"误杀好人和误禁好书就会同样容易。杀人只是杀死了一个理性的动物,破坏了一个上帝的象;而禁止好书则是扼杀了理性本身,破坏了瞳仁中的上帝圣象。"[①]因此,扼杀好书就是扼杀理性,是比杀人更加危险的行为。

弥尔顿还指出维护出版自由是获得真理的必要条件。真理是通过各种观点、意见和思想的公开辩论和自由竞争获得的,而不是权力赋予的。因此,必须允许各种各样的学说在大地上流行,让真理参加自由而公开的斗争。通过这种斗争,真实的、正确的、积极的思想观念必然会被大多数人所接受。弥尔顿的出版自由思想诞生了两个非常重要的概念,那就是"意见的自由市场"和"自我修正过程",这成为自由主义新闻思想的两大基本原则。随后,约翰·洛克、卢梭、杰斐逊、约翰·密尔等人进一步推动了自由主义新闻思想的发展,并使之从理论斗争逐渐进入实践范畴。美国传播学家弗雷德里克·西伯特指出:"自由至上主义在16世纪积累了经验,在17世纪发展出了哲学原则,在18世纪

[①] 约翰·弥尔顿. 论出版自由[M]. 吴之椿,译. 北京:商务印书馆,1958:5.

将这些哲学原则付诸实践。"① 到了19世纪，自由主义新闻思想在欧美普遍传播，西方各主要资本主义国家基本上都以法律形式确认了新闻自由。

在自由新闻体制下，西方新闻业进一步发展。从19世纪下半叶开始，美国新闻传播业的发展代表了世界新闻传播业进化的大趋势。② 19世纪30年代，美国报业开始走向大众化，一批面向底层市民的便士报应运而生。1833年，本杰明·戴创办了美国第一份大众化报纸《纽约太阳报》，开创了美国新闻事业的新纪元。《纽约太阳报》主要以当地发生的事情及暴力新闻为报道内容，取材大多是无足轻重的琐事，但读来却饶有趣味。这一"平民化"的经营策略使该报在短短6个月里便发行量激增，大获成功。之后，《纽约先驱报》和《纽约时报》模仿《纽约太阳报》的经营策略，同样获得了巨大的商业利益。③

随着新闻商业化进程的加快，新闻业成为通过大规模生产获得巨大利润的独立产业，专业主义新闻观念也在这一时期开始形成。当时，激烈的报业竞争导致了黄色新闻泛滥、报刊低俗化等，人们获取客观、公正的新闻的呼声越来越高，而"新式"新闻工作者共同意识形态的确立，真正促使新闻业具有了"公共服务"的性质。报纸成为社会中正式的并且得到人们认同的行业。新闻专业主义正是在煽情主义与商业主义的夹缝中产生的，它是多种力量博弈的结果。④ 1896年，奥克斯接办了《纽约时报》，成为严肃性报纸的典范。奥克斯的报业实践充分体现了新闻专业主义观念，他将新闻业的独立性贯穿于新闻报道之中。他强调新闻报道"应无畏无惧，不偏不倚，并不分党派、地域或任何特殊利益"，

---

① 弗雷德里克·S. 西伯特，西奥多·彼得森，威尔伯·施拉姆. 传媒的四种理论 [M]. 戴鑫，译. 北京：中国人民大学出版社，2008：32.
② 陈力丹. 世界新闻传播史 [M]. 上海：上海交通大学出版社，2002：165.
③ 迈克尔·埃默里，埃德温·埃默里，南希·L. 罗伯茨. 美国新闻史：大众传播媒介解释史 [M]. 展江，殷文，译. 北京：新华出版社，2001：117-128.
④ 郑保卫，李玉洁. 美国新闻专业主义观念发展史的评述与反思 [J]. 新闻与传播研究，2013 (8).

第二章　任白涛新闻思想的生成背景与来源

将大众报纸推向一个新的高峰。19世纪末，大众报纸逐渐取代政党报纸，在美国报业中占据了主要地位，专业主义新闻理念也成了西方新闻工作者所恪守的新闻职业规范，它涉及一系列新闻制作理念、行为准则和道德规范。

近代以来，西方新闻思想随着传教士的在华报刊活动进入中国，中国的新闻学理论在学习、借鉴西方新闻思想的过程中得以形成。1834年，《东西洋考每月统记传》发表了《新闻纸略论》，使得西方新闻思想由英语世界进入华人社会，它也成了第一篇刊登西方出版自由观念的中文新闻学专论，开启了中国近代新闻学研究的序幕。[①] 随后，一系列西方新闻学专著陆续在中国出版，诸如松本君平的《新闻学》和休曼的《实用新闻学》都为西方新闻思想在中国的传播提供了一定的助益。尤其在中国新闻学草创阶段，国人参考借鉴的对象基本都是西方新闻学说。有研究指出："对大量的研究性著作分析的结果以及从20年代开始兴起的中国新闻教育，都可以说明美英新闻思潮对当时中国学界的影响是大量的、主要的、深刻的，也是中国最初向新闻学子们灌输和传授的主流新闻观念。"民国时期，中国新闻界以及中国新闻学子课堂上所接受的新闻思想主要来自英美国家，大致有以下几个方面的内容：报纸起源于人的"新闻欲"，报纸的性质是公告性和营利性，新闻定义和新闻价值，新闻自由、新闻法制与新闻伦理，新闻学是一门科学。[②]

可以发现，在此背景下，西方新闻学知识对任白涛的影响是全面的、深刻的。他表示自己写作《应用新闻学》时，"于坊肆遍搜《新闻学》一类之典籍，旁稽各种新闻杂志，终仿杉村氏著《最近新闻纸学》之体例，编制此书"。在具体的行文过程中，他也引用了不少西方新闻学者的观点，在《综合新闻学》中，他所引用的西方新闻学者的著作更

[①] 邓绍根，毛玮婷. 西方自由主义新闻理念在中国早期传播的历史考察[J]. 新闻记者，2015(8).

[②] 戴元光，主编；童兵，林涵，著. 20世纪中国新闻学与传播学·理论新闻学卷[M]. 上海：复旦大学出版社，2001：154—169.

为多样、庞杂，美国、英国、德国、日本等国的新闻学研究都有所体现。就西方新闻学对中国的影响来说，有学者指出："中国新闻传播理论发展初期几乎是躺在西方文明成果空间扩张的延长线上，几乎还没有来得及用本土时间线去交叉而获得自我定位。"[①]

三、日本留学经历的影响

日本是中国的邻邦，两国在历史上就有频繁的文化交流。早在隋唐时期，日本便派遣"遣隋使""遣唐使"到中国学习先进的文化。千百年来，日本不断从中国学习哲学、文学、制度乃至日常生活习俗，中国可以说是日本人留学的圣地。不过，这种留学形式在近代发生了逆转。从1896年开始，国人正式拉开了到日本留学的序幕，原本的师生关系骤然发生了转变。同时，清末民初的教育制度也发生了改变，新式学堂培养了一批新式人才，他们大都成了中国第一代知识分子。这些人才的去向主要有三个方面："一是流向社会，这些人接受新式教育后，成为一支影响社会，改造社会的重要力量；二是流向国外，有相当一部分学生或公派出国或私费求学，到外国去接受深造，或半工半读。这些人最直接地感受到西方国家的人文环境，接受西方价值观的影响，他们后来回国后，成为国家社会、知识界领头人物；三是留在学界，成为中国学术、知识界的中坚或后备力量。"[②] 任白涛属于第二种。1916年，他通过自费的方式去日本留学，先在日本早稻田大学学习政治经济学，后加入日本新闻学会学习新闻学，成为该会首届会员。任白涛留学日本的时间大约有5年，在此期间，他完成了《应用新闻学》的书稿，其完稿时间甚至比徐宝璜更早。总的来讲，留日经历对任白涛新闻思想的形成有相当大的影响。

---

① 陈立新. 从"新闻价值"一节看任白涛与伍超之版权纷争[J]. 国际新闻界，2012 (1).
② 张涛甫. 报纸副刊与中国知识分子的现代转型——以《晨报副刊》为例[M]. 桂林：广西师范大学出版社，2007：14.

第二章　任白涛新闻思想的生成背景与来源

第一，任白涛在留日期间接受了比较完整的新闻教育，获得了较为专业的新闻知识和学术训练，这为他系统研究新闻学打下了坚实的基础。任白涛先在日本早稻田大学政治经济学系学习。早稻田大学是日本历史最悠久的学府之一，它于1882年由原日本首相大隈重信创办，而政治经济学系与新闻学系还有比较密切的关系。1949年早稻田大学改革学制，设六个部门，十一个学部及大学院六研究科。出于对报纸应尽的社会责任的考虑，早稻田大学从政治、舆论功能出发，将新闻系正式设置在政治经济学院，新闻科遂隶属第一学部之第一政治经济学部，其地位相当于我国大学部法学院之新闻学系。[①] 由此观之，两院系在合并之前应该存在着若即若离的关系，至少，任白涛能够轻易接触新闻学的各种资料。更为重要的是，早稻田大学是日本早期新闻教育的发源地之一。1909年10月，我国著名记者林白水在早稻田大学学习时，该校就已经成立了新闻教育机构——新闻研究科。1915年，早稻田大学成立了日本新闻学会，次年，该学会正式对外授课，任白涛有幸成为该会第一届会员。"日本新闻学会开设了许多讲座，涉及如何办报，报纸的社会、政治和教育的价值，报纸广告的目的和利用，新闻工作者的社会地位，欧美报业，以及法律和公共舆论间的关系等议题。"[②]

在日本学习新闻学的过程中，有一个人对任白涛的影响最为深刻，那就是日本著名的新闻学者杉村楚人冠。杉村楚人冠（1872—1945）原名杉村广太郎，"楚人冠"是他在《东京朝日新闻》工作时所取的笔名。1907年，杉村曾赴英国担任报社的特派记者。旅英期间，他将在英国的见闻写成了《大英游记》在报纸上连载，从此一举成名。杉村游历欧美时细心考察过欧美先进的新闻事业，回国后把游历各国所见的新闻制度导入日本，为日本新闻事业的发展提供了不少助力。[③] 同时，杉村还

[①] 李瞻. 世界新闻史［M］. 北京：商务印书馆，1966：905.
[②] 周婷婷. 中国新闻教育的初曙——以北京大学新闻学研究会为中心的考察［M］. 武汉：华中科技大学出版社，2013：17-18.
[③] 陈立新. 杉村广太郎与两届世界新闻大会［J］. 新闻与传播评论，2006（1）.

非常重视新闻教育。1915年，他与一群同样热衷新闻学的好友在日本庆应义塾大学建立了一个新闻教育机构——新闻研究会。这个研究会的性质是关于新闻学的常规论坛，目的是给新闻工作者、新闻学者以及学生群体搭建一个平台，让他们能够自由讨论新闻业界和新闻学界存在的相关问题。庆应义塾大学也是日本的老牌名校，它于1858年由著名思想家福泽谕吉创立，与早稻田大学并称"日本私学双雄"。由于两校地理位置不算太远，早稻田大学也成立了与之类似的机构，也就是上文所说的日本新闻学会。杉村不仅是该会筹划指导委员会的成员，也在学会授课，他在两个学会授课的讲义被庆应义塾大学整理出版为《最近新闻纸学》一书。可以说杉村对任白涛的影响颇为深厚，任白涛不仅在新闻学会中获得了专业的新闻学知识，还模仿杉村《最近新闻纸学》的体例编撰了《应用新闻学》。二书体例比较见表2—1。

表2—1 《应用新闻学》与《最近新闻纸学》体例比较

任白涛《应用新闻学》	杉村楚人冠《最近新闻纸学》
第一编：总论	总论
第二编：搜材	材料搜搜编
第三编：制稿	原稿制作编
第四编：编辑	纸面整理编
附编：欧美报纸史略	（付）本所から

有意思的是，邵飘萍的留学经历与任白涛颇为相似。他也就读于早稻田大学政治经济系，也加入了日本新闻学会，《实际应用新闻学》的写作同样受到杉村《最近新闻纸学》的影响。可以说杉村楚人冠不仅影响了任白涛的新闻思想，甚至影响了中国新闻学的建立。

第二，任白涛吸收借鉴了日本实益主义新闻观。在世界各国新闻学的建立过程中，美国新闻学界和日本新闻学界展现了不同的价值取向。美国新闻学强调新闻的"趣味性"，认为趣味成分多的新闻就是好新闻；与美国不同，日本的新闻学强调新闻的"实益性"。"报纸刊登新闻的标

第二章　任白涛新闻思想的生成背景与来源

准，完全拿多数做标准，凡是一种新闻，有害于社会或国家的利益的，那就没有刊登的余地。"① 实益主义新闻观最早可以追溯至松本君平的《新闻学》一书，他认为：

> 新闻记者之意见及举动，因不可不出于政党之上。纸面所揭载，不偏倚一党，不调和两党，其言论在主持清议也耳……故新闻业者，不得由一人之私见，妄议政党。须自加检束，始能保其新闻之独立。是以老练诚实之新闻记者，不希望乎名誉，不推移于他人，惟以出一己之意见，独断独行斯可矣。新闻记者，乃社会之公人。其真正职业，实在代议院政府以外。②

从内容上说，实益主义新闻观包括三个方面："第一，报纸必须具有独立的地位，不依附任何政党与势力。第二，新闻记者必须具有高尚的人格，必须具有社会责任感，必须具有远大的理想。第三，提倡'新闻伦理'，反对商品主义，反对黄色新闻，主张新闻报道必须维护'公共利益'。"③ 既然实益主义新闻观得到了日本新闻界的广泛认可，任白涛等留日学生当然也受到了该观念的影响。事实也是如此，它不仅影响了任白涛对新闻事业的诸多认知，其新闻思想中的"社会第三人"、新闻事业"公共性"等理论概念就是对实益主义新闻观的回应。实益主义新闻观还成为中国新闻学建立时期的重要理论来源，不少新闻人都接受了该观念。值得指出的是，实益主义新闻观提倡新闻伦理，任白涛则是中国第一个系统论述新闻伦理的学者，这里尤其能够体现该观念对他的影响。

第三，任白涛留学期间还对日本新闻业进行了实地考察，这种新闻实践活动与他的新闻学研究有直接的关联。任白涛在日本留学期间，正值大正天皇（1912—1926）在位，这一时期的日本报业得到了飞速发

---

① 周孝庵. 最新实验新闻学 [M]. 时事新报馆，1930：396.
② 余家宏. 新闻文存 [M]. 北京：中国新闻出版社，1987：110-111.
③ 李秀云. 日本实益主义新闻观的引介及其历史贡献 [J]. 齐齐哈尔大学学报，2008 (6).

展。由于工商业空前繁荣,日本的报纸销量及广告业务均有显著增加。各报借此机会得以增加资本,新建大厦,完善国内外通信网,日本报业也加快了企业化经营的步伐,报社变得越来越现代化,这让任白涛意识到中国报业同样要重视现代化、企业化的经营模式。

如果说日本明治前期的报纸,不论政论大报还是小报,都只有一个中心的圆;那么明治后期的报纸随着企业化的发展趋势,逐渐变成了具有两个中心的椭圆,一为编辑中心,二为营业中心,尤其是第一次世界大战以后,营业中心按照企业的经济规律开始独立工作,有时甚至限制编辑中心的行动。[①] 这样,身处其中的任白涛就有了一个窗口得以窥见现代报社的模样。任白涛对东京的报社进行了考察,他在《申报(星期增刊)》的第169—171期发表了《东京朝日新闻之解剖》,也在《应用新闻学》中比较清晰地展现了日本编辑部的内部形态。正是对日本报业形态的实地观察,使任白涛在面对中国编辑部的"幼稚薄弱"之时,才构想中国编辑部要在形体上效仿日本模式,从而更快地实现中国新闻事业的现代化。

由上可知,任白涛在日本的经历、实践以及所接受的新闻教育对他的新闻思想的生成具有较大影响。正如童兵所指出的,任白涛等留日学习新闻学的学生"好似进了一个新闻学大课堂,又好似到了一个现代大报馆见习历练",他们通过日本这个"二传手"学习了西方新闻学理论,又利用当时日本相对宽松的出版环境进行了不少新闻实践,因此"中国人东渡扶桑,其对中国新闻学的建设与发展意义十分重大"[②]。

[①] 新井直之,内川芳美. 日本新闻事业史 [M]. 张国良,译. 北京:新华出版社,1986:46.
[②] 童兵. 东渡扶桑求学对中国新闻学发展的意义 [J]. 新闻界,2005 (6).

第三章　任白涛的新闻思想

正如前文所述，任白涛东渡日本正式接触新闻学后，于1918年完成了书稿《应用新闻学》，并在1922年正式出版该书。如果以"学科"对新闻学进行标定，中国新闻学正式建立的标志是1918年北京大学新闻学研究会的成立，到1927年戈公振出版《中国报学史》，中国新闻学的基本架构初步完成。诚如任白涛所言，《应用新闻学》虽然"旁稽各种新闻杂志"且"仿杉村氏著《最近新闻纸学》之体例"[①]，但它确实标志着任白涛新闻思想的初步形成，也是构建中国新闻学的最初理论成果之一。与1918年之前相比，任白涛等新闻学人不再从报刊的政治功能角度认识新闻，而是立足报刊的本体角度研究新闻，最终实现了"政论本位"到"新闻本位"的转变。

本章将详细探讨任白涛的新闻思想，以及他在建构中国新闻学的过程中所做的贡献。在具体的研究方法上，笔者会把任白涛的早期新闻思想与徐宝璜、邵飘萍、戈公振等人进行比较研究。这样做一方面是将任白涛放置在当时的学人群体中，避免个案研究的孤立感；另一方面则是通过探讨他们新闻思想的异同，解答任白涛为何会被学术研究"边缘化"这一问题。

---

① 任白涛. 应用新闻学［M］. 上海：上海书店出版社，2011：1.

第一节　任白涛建构新闻学的动因

众所周知，我国的新闻学是"舶来品"，但对开启山林的任白涛来说，他缘何会将这门学问引进中国是值得讨论的问题。任白涛是怎样走向新闻学研究之路的？他建构新闻学的出发点是什么？这些问题无疑折射了早期新闻学人共同的心理样态，并反映了当时中国新闻业的整体状况。

一、民初新闻界存在诸多缺陷

任白涛于1912年正式进入新闻界。作为一名报界新人，任白涛对记者这项职业充满了激情。因为做的是自己喜爱的工作，任白涛十分用劲。他几乎每天都要给报社发快信，就是希望自己的通讯能以最快的速度登上报纸。在实际工作中，任白涛总是以严格的标准约束自己，表现出一位优秀的新闻工作者才具备的职业素养。[1] 其实从个人心理而言，任白涛很容易将自己对报人这项职业的认识反诸他者。在他看来，民初新闻界存在不少缺陷。正因为如此，他才会发出这样的感慨："然吾当时对于新闻事业，兴味虽极浓厚，却甚不满意于中国新闻界，偶有感触，辄记录之。"[2] 因此，任白涛研究新闻学的一大目的就是要借此改造当时落后的新闻界。那么，任白涛认为当时新闻界存在的缺陷有哪些呢？

其一，民初新闻界的观念十分陈旧，其中典型的就是固守"有闻必录"的新闻思想。据宁树藩考证，"有闻必录"新闻思想大约出现于19

---

[1] 任白涛. 我的一段记者生活的实录 [J]. 青年界，1936，9 (3).
[2] 任白涛. 应用新闻学 [M]. 上海：上海书店出版社，2011：1.

世纪 70 年代中期。1876 年 4 月 18 日，《申报》在报道杨乃武与小白菜事件时，使用了"新闻体例"一词，该词就有"有闻必录"的意思。1883 年 6 月 10 日，《申报》在报道中法战争黑旗军获胜的新闻时开始使用"有闻必录"一词。总的来说，"有闻必录"大约有三种内涵，其最主要的含义则是"只要听到有人讲过的事实，报纸就可以报道，至于真伪如何，报馆不负责任"[1]。"有闻必录"观是在报业不发达、新闻职业化水平较低的时代产生的一种追求闻录性真实、整体性真实的朴素的新闻客观性思想。[2]

"有闻必录"新闻思想虽然在新闻史上发挥过一定的积极作用，但五四运动前后，该思想的弊端日益凸显，成了现代新闻业发展的桎梏。任白涛对"有闻必录"观的批判来自他对日本新闻政策的研究。他认为，日本那些"侵略，挑拨，捣乱，诽谤，种种无谣不造"的通信之所以能够在中国横行，一个主要原因就是中国新闻界盛行"有闻必录"思想，它成了那些新闻报道的"护身符"。对此，王拱璧在《应用新闻学》的序言中也指出：

> 我国大多数的报纸上的新闻记事，还是承袭着十七八世纪的东方御史的"有闻必录"、"言者无罪"的旷典、殊俗；造谣也罢，杜撰也罢，模糊影响也罢，腐化污浊也罢，个人阴私也罢，帝魔符咒也罢，不管三七二十一地，把几张洁白的纸，弄得乌烟瘴气，怎配称做新闻记事？[3]

其二，民初新闻界尚处于幼稚状态，"制造电报"的行为时有发生。进入 20 世纪，中国新闻业逐渐从"政论本位"向"新闻本位"转型，报纸加强了对"专电"的重视，"专电"的有无和多少成为衡量报纸实

---

[1] 宁树藩."有闻必录"考[J]. 新闻与传播研究，1986 (1).
[2] 王蔚. 新闻真实观探究——一种历史与实践的视角[M]. 北京：中国广播电视出版社，2014：60—62.
[3] 王拱璧. 写在任著《新闻学》的上头. 见任白涛. 应用新闻学[M]. 上海：上海书店出版社，2011：1—2.

力的一个象征。一些财力和人力比较薄弱的报馆，为了增加自己的竞争筹码，不仅依靠"有闻必录"原则随意报道新闻，有的甚至玩起了"制造电报"的障眼法。这种把戏起初产生了一定的效用，各报心照不宣地纷纷加以模仿，民国刚刚成立的头几年，"制造电报"行径愈演愈烈，但很快被人们识破，遭到社会上有识之士的谴责和不齿。[1]

所谓"制造电报"，任白涛是这样阐述的：

> 有造电专员，每日根据他埠之报纸或本社之通信及个人之臆测，制造多种多样之电报。且有故将某电之某字模糊印刷，附之以注曰："此字电码不明。"某日造电专员如因事未试伎俩，则于该栏标以"本日专电未到"之语句。最可怪者，曾见海上某报，以通信社之电报作收报机，即将通信社电报之文字，稍加变更，充当专电是也。一日某外国通信社，电报南苑飞机由清宫上空掷弹毙犬一头之事实。该造电员变更文字之际，改"犬"为"狗"。彼殆以"犬"与"狗"必有何等之区别，可以掩读者之目欤。尔时素来反对造电之某名士，正为该社之总撰述焉。

当时，"制造电报"的行为是各国新闻界的通病，而中国报馆尤为严重。任白涛指出"制造电报"的行为在法律和道德上都是不被允许的，它给媒体形象造成了巨大的伤害：

> 昔之读者，虽可一时瞒过，今则稍具常识者，几已无不知其真相。明知读者之不可再欺，而仍欺之，是非欺读者，乃自欺耳。且因惯造伪电，总有实在专电，亦为读者所忽视。何如以此贵重之时间，致力于其他之新闻记事，既可免作伪心劳之苦，更可腾起报纸威信之为愈乎。[2]

民初新闻界不但观念陈旧，还固守"有闻必录"的新闻思想，处于

---

[1] 胡正强. 中国现代媒介批评研究[M]. 北京：中国传媒大学出版社，2010：101.
[2] 任白涛. 应用新闻学[M]. 上海：上海书店出版社，2011：92—93.

极其幼稚的状态，致使"制造电报"的行为时有发生，任白涛才希望通过建构新闻学来纠正民初新闻业的种种不良行为。

二、日本对中国的文化侵略

日本对中国的文化侵略是促使任白涛研究新闻学的另一动因。1912年，中华民国成立，标志着封建帝制的终结。中国虽然在名义上获得了民族独立，但在国际社会中仍然处于不平等的地位，帝国主义依旧在中国大地上横行，中国新闻业也处在帝国主义的铁蹄之下。日本是给任白涛留下了深刻印象的国家，他一方面在日本接受了较为专业的新闻教育，为其建立中国新闻学打下了坚实的基础；另一方面，任白涛也注意到日本一直在觊觎中国，他们利用各种各样的媒介手段对中国进行文化侵略。在日本留学期间，任白涛就注意到了日本的对华"新闻政策"。所谓新闻政策是指"一个国家或政党把握新闻报道活动指导思想的总和，是政府或政党对其管理的媒介所颁布的新闻法规或一定时期内某些规定的总和。包括传播、宣传所遵循的政治方向，新闻报道行为规范以及一些政党、集团对新闻工作管理的基本要求，是社会权力机构管理、控制新闻报道的重要手段"[①]。1919 年夏，任白涛与好友王拱璧就曾停止课业，专门研究日本新闻政策，发誓与日本帝国主义的新闻政策斗争到底。1940 年，任白涛通过长期的研究出版了专著《日本对华的宣传政策》。这本专著虽然只有区区五万言，却是研究日本对华文化侵略问题的经典之作，从中可以发现任白涛对日本对华文化侵略问题的重视程度。

任白涛指出，日本在中国的土地上操办汉文报刊，对中国进行文化侵略的行径由来已久。早在 1901 年，日本东亚同文会的核心人物之一中岛真雄就趁八国联军入侵北京、清朝统治者逃亡西安之际，没有经过

[①] 冯健. 中国新闻实用大辞典[Z]. 北京：新华出版社，1996：19-20.

中国方面的许可,创办了汉文报纸《顺天时报》,自此该报一办就是三十年。1905 年,中岛真雄将《顺天时报》交给日本驻华公使馆,有了日本官方的保护,该报更加肆无忌惮,它无视中国主权,对中国内政外交说三道四,造谣生事,混淆视听,欺骗中国民众,以搅乱中国为乐事,造成了恶劣影响。①

任白涛对《顺天时报》这一头号"伪华报"深恶痛绝:

> 讲起帝国主义者在华创办的"挂羊头卖狗肉"式的伪华报,那最大胆、最无耻、最"露出原形"的,便是 1901 年创刊,在中国舆论界整整捣乱了三十年才归于消灭的《顺天时报》。当《顺天时报》创刊的时候,笔者尚在幼年时代,后来虽说听说北京有这么一个报纸,但是并未看见。故对其初期的造谣伎俩,甚不明了。1916 年东渡后,一天,在一个留东最久而以中日文互译为业的熟人寓所,看见他所承接的一篇千字左右胡说乱道的和文评论汉译的工作,问及此文的来历,他说是做《顺天时报》的社论用的,我于是知道《顺天时报》社论的发源。这种"社论",因为没有什么时间性,故虽经过由东京寄北平的数日间的邮递,还可以登载出来;但就宣传的原则上说,这种方法可说是最笨拙的了。为了研究考察的便利,我特意直向北平定它三个月来看。适值该报举行什么五千号纪念,在另一方面乃是欧战正酣,而加入协约国的中国准备出兵参战,可是国内正在受着害怕中国强盛起来,并且准备趁火打劫的日帝国主义者的挑拨离间,而引起分裂的时期。一连看它三个月,在它的宣传阴谋和造谣伎俩诸点上,真叹观止! 期满以后,为了已经取得可用的材料,以及保持耳目的清洁起见,决不再行续定了。②

除了"伪华报",任白涛还指出日本的在华通讯社是"极乱暴的新

---

① 王向远. 日本对中国的文化侵略——学者、文化人的侵华战争 [M]. 北京:昆仑出版社,2005:242.
② 任白涛. 日本对华的宣传政策 [M]. 北京:商务印书馆,1940:62.

闻宣传政策的武器"。它对中国新闻业的破坏程度比"伪华报"更胜一筹，而其中最典型的代表就是东方通信社。东方通信社（1914—1929）是日本在中国成立最早的通信机构，自成立以来，该社经过了第一次世界大战、华盛顿会议、济南惨案乃至多次中日交涉等，对中国内政极尽挑拨之能事。任白涛指出："像东方通信社之流的日本帝国主义通讯社除了惯用那些煽动、挑拨、愚弄一类的笔调之外，更还用卑劣无比类似于村妇口吻的文句，对中国进行污蔑。"比如1919年2月10日东方通信社发表的关于巴黎和会的电文：

  日政府愍于巴黎会议，中国委员会之不义不德不要脸之行动，训令其委员命其将中日军事协约及中日间所缔结之一切协约及各种协定，全部呈示英、美、法、意之四国委员。①

中国报纸对这种卑劣的宣传电讯非但没有禁止，反而把其中重要的污蔑语句用大字排列，遂使这个污蔑中国的电文的效力越发增大，导致很多国人纷纷相信敌国的电讯内容。有研究指出，东方通信社在1920年之前由上海领事馆领导，主要从事对中国的舆论操纵工作；1920年之后，它成为日本外务省在华收集综合情报的得力机构。它集宣传和谍报于一体，"是当时日本官方进行宣传战效果最大、影响最广的工具"②，严重破坏了中国的新闻业。任白涛表示，如果"听凭帝国主义者自由地在中国的广大境域里，借有线——尤其是无线——的电报，撒布侵略，挑拨，捣乱，诽谤，种种无谣不造，无奇不有的新闻通信，这是比听凭帝国主义者自由地在中国的许多的河流里航行，他们横冲直撞的兵舰还要利害百倍也不止的事情！再爽快点说：这是与不平等条约一样的必须赶紧把它废弃的事情！"③

日本帝国主义利用伪华报与在华通讯社对中国进行了长期的文化侵

---

① 任白涛. 日本对华的宣传政策［M］. 北京：商务印书馆，1940：113.
② 许金生. 近代日本在华宣传与谍报机构东方通信社研究［J］. 史林，2014（5）.
③ 任白涛. 应用新闻学·三版的话［M］. 上海：上海书店出版社，2011：1.

略,而当时的中国新闻业又处于"幼稚状态",新闻工作者对于日本帝国主义宣传政策的厉害和凶恶更是一无所知。任白涛在订正第三版《应用新闻学》时指出,他"不过把原有的文句更弄深刻一点,并且加上几个必须要加,而为以前本书所不曾使用的惊叹符号,好叫灵性麻痹了的一班新闻记者,以及被这班新闻记者弄的灵性麻痹,遂致失去辨别是非黑白的能力的一班人士知道这种宣传政策的毒恶的程度和本书的著者对它的深恶痛绝的态度!"[1] 正因为我国缺乏新闻学研究,那就"无怪彼帝国主义者窘我以新闻政策、神圣的报纸竟沦为帝国主义者司宣传,而以舆论代表自命之新闻记者被帝国主义者一再玩弄于股掌之上而不已也!"[2]

可以看到,任白涛由于受到了"启蒙与救亡"双重变奏的政治文化的影响,也受到了民族主义情绪的感染。他表示自己研究新闻学,向中国新闻业和新闻工作者传播新闻知识的直接而功利性的目的,就是希冀将"大多数的做帝国主义者的喉舌和佣人的所谓记者,减至零点;把东亚大陆的干净土上沾染的爱尔兰式和三韩式的血迹,洗得一点不留,使我们的全民族乃至全世界的人类,同进入自由和平的境域!"[3]

三、西方诸国新闻学研究日新月盛

任白涛研究新闻学的动机还在于看到了西方诸国新闻学研究的繁荣局面,这极大地触动了他。在担任通讯员时,任白涛并没有注意到欧美等西方国家新闻学的发展情况。虽说任白涛留学日本之前,中国已经发行了两本引介的新闻学专著——松本君平的《新闻学》和休曼的《实用新闻学》,但任白涛并没有对两书加以关注,"初未知有所谓《新闻学》也"。1916年,任白涛东渡日本后,"始知二十世纪之学术界,早有所

---

[1] 任白涛. 应用新闻学·三版的话 [M]. 上海:上海书店出版社,2011:1.
[2] 任白涛. 应用新闻学 [M]. 上海:上海书店出版社,2011:2.
[3] 任白涛. 应用新闻学·再版的话 [M]. 上海:上海书店出版社,2011:4.

谓《新闻学》者，插足期间，而流布三岛者，且亦累月经年矣"[①]。从任白涛的语气判断，西方新闻学研究的兴起给他带来的震撼无疑是巨大的，而这其中多少又包含了他对中国新闻学落后状态的不满。

任白涛认为："学术昌明之现世，凡触于吾人之官能者，无一非研究之对象。故使命重大组织复杂之报纸，亦应人类之需要，及贤哲研究之结果，遂于科学位置中，特占一席焉。"既然报纸在社会上拥有如此重要的地位，那建立一席"新闻科学"去专门研究报纸当然有其必要性，而这一新兴学科的建立正是"学术昌明"的标志。在当时，"美利坚大学设新闻专科者，十有五所英德法各国，亦概有相当之记者养成机关"，欧美各国的新闻学研究已经处于"日新月盛、非伊朝夕"的状态。[②] 列邦或开设新闻学讲座，或创办新闻学校，纷纷对新闻学进行系统研究，研究的繁荣景象极大地刺激了任白涛，他认为建构中国新闻学日益紧迫。

任白涛对西方新闻学研究的重视程度可以从他后来的文章中得到印证。1937年，任白涛在《中山文化教育馆季刊》上发表了《列邦的新闻学研究机关》一文。在这篇文章中，任白涛描绘了一幅诸国新闻学研究的繁荣景象，"现今世界各国的著名大学，没有新闻学讲座的，几乎可以说没有。新闻学在现今，是与其他一切科学同样地已经被编入大学的科目了"。任白涛详细勾勒了德国、美国、日本等诸国大学的新闻学研究所和讲座情况，认为"在这些里面可以看出新闻学的研究是怎样地具体化，怎样地切要了"。此时，任白涛不仅认为新闻学研究是世界各国的必然趋势，还指出了新闻学之系统的研究的两个倾向："一个是关于新闻事业一切问题之综合的研究为目的；另一个是以新闻记者的养成为目的。"它们的代表分别是以"做科学的研究对象的新闻事业"为中心的德国、以"做实践的职业问题的新闻事业"为中心的美国。

---

① 任白涛. 应用新闻学 [M]. 上海：上海书店出版社，2011：1.
② 任白涛. 应用新闻学 [M]. 上海：上海书店出版社，2011：2.

在任白涛的思想深处，他对德国和美国的新闻学研究无比欣羡。任白涛指出，德国和美国的大学把"关于报纸的职业认作与法律、神学、医学等学问的职业同样的资格"，赋予新闻学独立学科的地位；新闻教育的繁荣也促进了新闻学研究，"所以新闻学的研究，在现今，强烈地被要求的，乃是技术方面的基础知识。志愿做新闻记者，而出现于一般青年的兴味的前面的事情，乃是新闻事业的时代史的意义。因此，必须对这些人们施以科学的、技术的、伦理的、教育的要求，也在社会上昂腾起来"。[①]

任白涛认为，不论是以新闻理论研究为中心的德国模式，还是以新闻实践研究为中心的美国模式，已经在 20 世纪初期世界新闻学研究的浪潮中起到了引路人的角色，"后进"诸国可以根据需要以"先进"两国为模板构建本国的新闻学，日本则是"后进"国家中的典型代表。日本虽然是新闻学研究的后进之国，"亦有三数大学、曾特加新闻学之课程，此外并有专门学会之探究、报纸杂志之讨论"[②]。任白涛指出，日本在第一次世界大战之后，几乎所有大学和专门院校都发行了校刊，不开设新闻学讲习会或研究会的学校是没有的。后进之日本在德、美先进两国的影响下，其国内新闻学研究已经颇具成效，而"反观我国，关于报纸之系统的研究，既未前闻，即研究此道之出版物，亦寥寥可数"。[③]

1911 年，中国第一个全国性的新闻团体"全国报界俱进会"提出创办"新闻学堂"的提案。该提案指出：

> 我国报业不发达，岂无故耶？其最大原因，则在无专门之人才。夫一国之中，所赖灌输文化，启牖知识，陶铸人才，其功不在教育下者，厥为报业。乃不先培养专才，欲起而与世界报业相抗衡，乌乎得？且报业之范围，固不仅在言论，凡交通、调查之大

---

① 任白涛. 列邦的新闻学研究机关 [J]. 中山文化教育馆季刊，1937，4（2）.
② 任白涛. 应用新闻学 [M]. 上海：上海书店出版社，2011：2.
③ 任白涛. 应用新闻学 [M]. 上海：上海书店出版社，2011：2.

端，悉包举于内，而为一国一社会之大机关。任大责重，岂能率尔操觚？吾国报业，方诸先进，其幼稚殊不可讳，一访事，一编辑，一广告之布置，一发行之方法，在先进国均有良法寓其间，以博社会之欢迎，以故，有报业学堂之设。[①]

不过，这个提案并没有得到实行，任白涛对此十分遗憾。他认为"新闻学堂"如果成了事实，中国的新闻学研究也就不多么落后于先进各国了。从中日两国新闻学研究的进程来看，如果说日本是任白涛口中的"后进之国"，那中国甚至连后进都谈不上，其新闻学研究几乎处于停滞状态。受民族主义的影响，新闻学研究的中西差距毫无疑问刺激着任白涛，在他的思想深处，他也渴望中国能够建构属于自己的新闻学，即使该学问无法比肩"先进"之西欧，至少也能与"后进"之日本相媲美。

第二节 任白涛的新闻理论观念

"学术乃是人们针对各种专门问题、以追求认识的正确性与深刻性为目标的研讨过程及其成果，它较为系统的理性见解实现于社会，对事物的形式、内容、性质、意义、发展趋向以及事物间的深沉内在联系等问题进行思辨并作出解答，有着摆脱利益制约的趋势和不苟同于众的相对独立性。并且在社会上形成相对独立的运作系统，而逐步扩大着在整个社会生活中所占的份额。"[②] 此时，任白涛不再像王韬、梁启超等报刊政论家那样，通过撰写零散的文章来阐述自己的新闻思想，而是有意识地出版著述来系统地表达自己的学术观念。任白涛的新闻学术观念及理论发展，比如新闻学的核心概念、新闻学的研究对象、新闻学的研究

---

① 任白涛. 综合新闻学 [M]. 上海：上海书店出版社，1991：44—45.
② 张国刚，乔治忠. 中国学术史 [M]. 上海：东方出版中心，2002：5.

方法等，都有着自己独到的理解和认识，促进了新闻学科观念的形成。

一、由术入学：新闻学科观念的形成

从 1837 年到 1917 年，中国新闻学研究只有"新闻纸"论，而没有"新闻"论或"新闻学"论。处于新闻学萌芽时期的报人只有对报刊片段式的研究，没有形成明确的新闻学科意识，大多处在一种不知世间还有"新闻学"的状态下讨论新闻学的理论问题。[①] 因此，"新闻无学"是该时期不争的事实。1918 年 10 月 14 日，北京大学新闻学研究会正式成立。蔡元培在研究会成立时表示："凡事皆有术而后有学。外国之新闻学，起于新闻发展以后，我国自有新闻以来，不过数十年，则至今日而始从事于新闻学，固无足怪。"[②] 这标志着中国将新闻作为一门科学进行研究的开端，任白涛等早期学者为新闻入学做出了极大的贡献。

任白涛承认"新闻有学"。他认为："学术昌明之现世，凡触于吾人之官能者，无一非研究之对象。故使命重大、组织复杂之报纸，亦应人类之需要及贤哲研究之结果，遂于科学位置中，特占一席焉。"[③] 那任白涛所谓的"学"是"学问""学科"还是"科学"？这需要仔细辨析一番。学问是指学习、问难，后统称各种所学的知识；学科指的是学术的分类，指一定科学领域或一门科学的分支；科学是运用范畴、定理、定律等思维形式反映世界各种现象、本质和规律的理论知识体系。任白涛所说的"学"三者意思皆有，而"科学"与"学科"在当时的语境下又时常置换，因为只要有"科学"的基础存在，"新闻学"的大厦就能屹立不倒。任白涛认为："以新闻事业之科学的研究为目的之新闻学，是在所有的文化科学的研究部门中，最近发达起来的新兴科学。新闻事业之科学的认识与促进，完全是为在近代的新闻事业的伟力与趋势之现实

[①] 李秀云. 中国新闻学术史（1834—1949）[M]. 北京：新华出版社，2004：73—74.
[②] 蔡元培. 蔡元培文集 [M]. 北京：线装书局，2009：83.
[③] 任白涛. 应用新闻学 [M]. 上海：上海书店出版社，2011：2.

的方面所刺激而发生的。"①

在任白涛看来，近代新闻事业虽然充满了"伟力"，但要成为"学"，必须经过"科学"的加冕。任白涛对科学的信任其实受到五四时期弥漫的科学主义的影响，任何一门学问只要得到"赛先生"的认可，那便获得了研究的合法性，可以立于世界学科之林。既然如此，任白涛所设想的新闻学即便不能进入自然科学的行列，至少也应该属于社会科学。②因此，任白涛指出，"在一切科学中最实证的科学，便可以说是新闻科学"。他的好友王拱璧在给《应用新闻学》作序时也为其背书："我希望新闻教育者，把新闻学这个科学，至少也和别种科学一样地看重它。具体言之，必须拿办理工科的精神和设备经费去办新闻科，那末，这新闻科才算现代的新闻科。"③

新闻虽然有学，但新闻学却比较幼稚。现代新闻学的历史比较短暂，直到19世纪末20世纪初，新闻学才在世界范围内兴起。中国虽然在1903年和1913年引介了松本君平的《新闻学》和休曼的《实用新闻学》，但直到1918年才宣告建立新闻学。因此，任白涛认为当时的新闻学处于"幼稚状态"。他认为："肯定新闻学之学问的构成的人们，不是对新闻学具有研究的兴味，便是乐于援助这种研究的人们。反之，否定新闻学之学问的构成的人们，多是拘处于既成科学的城廓的人们。但从既成科学的研究室去观察新兴科学之混沌的形态和内容，会发现多少的缺陷、谬误，和矛盾，也是当然的事。然而，构成这个新兴科学的新闻学的内容，单就中国而言，直到现在，仍没有立起确固的基础。"④

同样，徐宝璜等人也认为新闻学比较年轻幼稚。徐宝璜认为："新闻纸之滥觞既迟，而其特别发展，又不过近百年事，故待至近数十年，

---

① 任白涛. 综合新闻学[M]. 上海：上海书店出版社，1991：3.
② 姜红. 现代中国新闻学科的合法性建构——"新闻有学无学"论争新解[J]. 新闻与传播研究，2007（1）.
③ 王拱璧. 写在任著《新闻学》的上头. 见任白涛. 应用新闻学[M]. 上海：上海书店出版社，2011：3.
④ 任白涛. 综合新闻学[M]. 上海：上海书店出版社，1991：2.

方有人以其为对象而特别研究之者。研究结果，颇多所得，以构成一种科学，不过尚在青年发育时期耳。此学名为新闻学，亦名为新闻纸学。"[1] 邵飘萍也指出："新闻与社会及政治关系之重要，已为世界各国之所公认，然以之列为一种学科而加以研究者，犹属近代之事，其尚未完全脱离幼稚之境域，殆可谓为当然者也。"[2] 戈公振不仅承认新闻有学，还认为"报学史"也是一门科学。"予维报学（Journalism）一名词，在欧美亦甚新颖，其在我国，则更无成书可考"；"所谓报学史者，乃用历史的眼光，研究关于报纸自身发达之经过，及其对于社会文化之影响之学问也"。[3] 可以看到，在新闻学的建立阶段，任白涛等学者就是要打破"新闻无学"的境遇，积极建立中国新闻学，提倡"新闻有学"，促使新闻学成为一个独立的学科门类。他们在中国播撒了新闻学的种子，希望新闻学能够生根发芽，让更多的学者研究该学，从而追赶英、美、日等国。虽然说中国新闻学在当时还是一门幼稚的、年轻的、新兴的学科，但它毕竟实现了从无到有，从量变到质变，这个转变过程本身就具有"破天荒"的意义。

除此之外，任白涛对新闻学还有着更加深入的认识。他认为新闻学是综合的、理论的、应用的科学。他指出，新闻学虽然不应依附其他学科，但与其他学科关系密切，这是不争的事实。新闻学的综合性源于新闻的"复杂性"。他认为凡是涉及"官能"的东西，都是研究对象。新闻学需要多学科知识，"狭义言之，乃治政治学、社会学、教育学及文学诸学者之必修学科。广义言之，无论从事何种业务者，皆不可不具此知识也"。因此，"新闻记者、社会各种职业中最有权威者也，非博学多识、必不能胜任而快愉。新闻学不过揭为新闻记者之路径及必要之技术已耳，于人生常识、实不能兼备并列。吾人如仅读若干册之新闻学，即

---

[1] 徐宝璜. 新闻学［M］. 长春：时代文艺出版社，2009：2.
[2] 邵飘萍. 我国新闻学进步之趋势［J］. 东方杂志，1924，21（6）.
[3] 戈公振. 中国报学史［M］. 长沙：岳麓书社，2011：1.

遽以新闻记者自命,是又易视新闻事业者也"。①

任白涛指出新闻学既具有理论成分,又具有应用成分。他认为:"新闻学是理论科学,同时是技术学;是纯粹科学,同时是应用科学;是处理最现实的问题的活生生的科学。从理论到应用,从实践到科学的不断的交流循环,支配着新闻学的血行。"② 实际上,中国新闻学的形成由于受到美国新闻学的过多影响,崇尚实践与理论相结合的研究路径,而任白涛也受到杜威实用主义的影响,认为就当时中国新闻学的现状来讲,不能不偏重技术方面的事情,即仍须注重实用。在他的新闻学专著中,实用部分占据大多数,理论部分只占全书的约五分之一。虽然其他学者也认可新闻学具有理论与应用的价值取向,但也对新闻学理论的匮乏表达了担忧。徐宝璜就指出:"过去的新闻学者,都仿佛在努力于新闻业的说明,好像把新闻业当作现象,而使公众或习此者多多的明了,就完了责任。恐怕这是几十年的新闻学未收大效的要因吧。"③

实际上,在新闻学建立之后,中国的新闻理论发展得比较缓慢。这一情况的出现有其客观因素,近代中国的发展道路可以概述为"革命"压倒"启蒙",中国人民一直在寻求民族独立和国家富强。因为时局动荡,新闻学很难做到真正的理论研究,这也是任白涛所谓的"就现时的中国情势"的无奈。从1918年到1935年,中国新闻学在"内忧外患"中初步建立,抗日战争则使新闻学研究转向了以实用性为主的宣传研究。抗战胜利之后,原本为战争服务的"战时新闻学"终于回到了"为学术而学术"的道路上来,产生了学理性较强的"纯粹新闻学"和"大众新闻学"研究。

---

① 任白涛. 应用新闻学 [M]. 上海:上海书店出版社,2011:2.
② 任白涛. 综合新闻学 [M]. 上海:上海书店出版社,1991:12.
③ 黄天鹏. 新闻学名论集 [M]. 上海:联合书店,1929:91.

二、围绕"趣味"与"实益"的新闻学核心概念

"新闻"是新闻学中最基本、最核心的概念，如何界定"新闻"这一概念一定程度上影响和决定着一个新闻学者的思想。任白涛摒弃了原有的"政论本位"观念，以"新闻本位"观来建构新闻学，指出报纸上最必不可缺的就是"新闻"（News）。他认为优秀的新闻记者，识别"新闻"的能力纯属天才，但是要想究明"新闻"是什么，必须从学理上给它下一个适当的定义。关于新闻的定义，任白涛认为各个学者有各个学者的主张，确实不能下一个放之四海而皆准的定义。由于受到西方新闻学的影响，任白涛非常认同西方学者对"新闻"的定义。[①]

其实，任白涛对"新闻"的认识主要参照了日本新闻学者小野濑不二人的译著《最新实际新闻学》（1915），该书的原著则是美国新闻学者布莱耶的 *Newspaper Writing and Editing*（1913）。小野濑不二人在翻译过程中将英文 Bleyer 误译成日文ドレヤー，任白涛则将之翻译成"德列亚"（Doreyā）。因此，任白涛对"新闻"的认识实际上移植于布莱耶。他认为新闻是"以适当机敏之方法，寄兴味于多数之人者，'新闻'也。而与最大多数读者以最大兴味者，最良之'新闻'也"[②]。新闻学者黄天鹏对布莱耶的新闻定义也作了分析。他认为美国的新闻定义比较注重新闻的"兴味"，也就是新闻的趣味性，"这是美国人的本色"[③]。不过，任白涛并没有单纯地接受美国的"趣味主义"新闻观，而是对该定义作了进一步的阐述。他指出所谓"兴味"并不是中国的"马路电"或"消闲录"之流的堕落和下等的兴味，而是对人类生活有切身利害关系的兴味。这里，任白涛明显融合了日本的实益主义新闻观，主张新闻要有益于社会。

[①] 任白涛. 应用新闻学[M]. 上海：上海书店出版社，2011：17—18.
[②] 任白涛. 应用新闻学[M]. 上海：上海书店出版社，2011：18.
[③] 黄天鹏. 新闻学概要[M]. 上海：中华书局，1934：61.

对于"新闻",徐宝璜等人也给出了类似的定义。徐宝璜认为:"新闻者,乃多数阅读者所注意之最近事实也。"[①] 徐宝璜后来对该定义进行了完善,在此基础上增加了两个"附件":"一是兴趣,新闻要有兴趣,才能吸引读者,和深入读者的脑海,就是没有兴趣的事实,也要靠着编述的手腕,来引动读者的心眼。二是伦理观,这种有兴趣的事实,是不违背道德律的,在读者是有利益的。"[②] 加上这两个附件以后的徐氏新闻定义,明显糅合了美国的趣味主义和日本的实益主义。邵飘萍在1924年出版的《新闻学总论》中也给出了新闻的定义:"新闻者,最近时间内所发生认识一切关系于社会人生兴味实益之事物现象也,以关系者最多及认识时机最适为其最高的价值之标准。"[③] 这一新闻定义同样兼顾了美国趣味主义与日本的实益主义,且以"关系大小"和"认识时机"为影响新闻价值大小的最重要因素。戈公振则将新闻与报纸联系在一起,他认为"公告性"和"定期性"是报纸外观之原质,"时宜性"和"一般性"是报纸内容之原质,而内容之原质高于外观之原质,"时宜性与一般性,二者不能分离而存在,且互相维系而成报纸之特殊形体,故不能不以特殊形体之自身,作为报纸内容之原质。此特殊形体,可名之曰新闻"。其实,戈公振所言的一般性就是趣味性,他也强调报纸要以"社会之眼光,指导之思想,发表一己之意见",其对新闻的认知同样带有趣味主义与实益主义。[④]

与"新闻"密切相关的是"新闻价值",这也是新闻学的基础概念。新闻价值这一概念最早出现于17世纪末期,它是德国人托比亚斯·扑瑟提出的判断新闻的价值标准;到了19世纪30年代,新闻价值开始成为美国新闻工作者必须遵循的一个普遍规律和基本规则。郝雨指出,新闻价值是在西方新闻商业化浪潮的背景下产生的,"在一切物品都已经

---

① 徐宝璜. 新闻学[M]. 长春:时代文艺出版社,2009:10.
② 黄天鹏. 新闻学概要[M]. 上海:中华书局,1934:66.
③ 邵飘萍. 邵飘萍新闻学论集[M]. 北京:北京大学出版社,2008:132.
④ 戈公振. 中国报学史[M]. 长沙:岳麓书社,2011:11-13.

成为商品的西方社会，对报刊业的运作同样遵循的是商品化的规律。其新闻价值的标准也就是同样的与商品交换密切联系的"①。正是基于新闻的商业性逻辑，早期的西方新闻价值主要围绕着趣味性展开的。美国新闻学者卡斯珀·约斯特指出衡量新闻的首要原则在于公众兴趣的大小。他认为：

> 趣味性是报纸选择所刊登新闻的首要质量保证因素，因为正是趣味性本身使得报纸具有吸引力，进而可以售卖。缺乏趣味性的报纸是不稳定的，而公众越是对新闻感兴趣，报纸的销售量越大。报纸之所以值得重复印刷和出版，就是因为它可以售卖。假如报纸不具有可读性，它就失去了任何价值，无论报纸质量怎样提升，其发行量如何提高，都无济于事。公众对于新闻趣味性的需求不容忽视。任何一条独立新闻的价值都是通过其所引发的趣味性的高低或程度来衡量的。②

在世界新闻学交往体系下，中国早期新闻学者对新闻价值的认识也多来源于西方。任白涛对新闻价值的认知则来源于日本新闻学者杉村楚人冠的《最近新闻纸学》（1915），而威斯康星大学新闻系教授赫德（Grant Hyde）的 *Newspaper Reporting and Correspondence*（1912）又是杉村新闻思想的来源。杉村把复数形式的"News values"进行抽象化，处理为单数形式的"News value"，任白涛也挪用了杉村的这一概念。他认为对所有的新闻事件，则可将"此果为适切之新闻乎""当有几许读者对此而有兴味乎""能与最大兴味于最大多数之读者乎"等事一一而考核之，是为"新闻价值"（News value）之问题。因此，任白涛对新闻价值的认知实际上受到了赫德"标准说"的影响，即新闻价值是选择和衡量新闻的标准。不过，就新闻价值的具体标准而言，他并

---

① 郝雨. 回归本义的"新闻价值"研究 [J]. 上海大学学报（社会科学版），2006（6）.
② 卡斯珀·约斯特. 新闻学原理 [M]. 王海，译. 北京：中国传媒大学出版社，2017：33.

第三章　任白涛的新闻思想

没有继续参考杉村,而是沿用了小野瀬不二人的译著。① 表 3—1 罗列了任白涛对新闻价值"标准说"的认识。

表 3—1　任白涛对新闻价值"标准说"的认识

布莱耶 Newspaper Writing and Editing	小野瀬不二人 《最新实际新闻学》	任白涛 《应用新闻学》
The Extraordinary	非常事	一、非常事
Struggles for Supremacy	競争	二、竞争
Human Interest	人類の興味	三、人类的兴味
The Appeal of Children	子供の興味	四、儿童之兴味
Interest in Animals	動物の興味	五、动物之兴味
Amusements and Hobbies	娯樂と嗜好	六、娱乐及嗜好之兴味
Degree of Readers' Interest	読者の興味の度合	
Local Interest	地元の興味	七、地方之兴味
Interest in the Prominent	著名の興味	八、著名之兴味
Home and Business Interests	家庭及職業の興味	九、家庭及职业之兴味
Combination of Interests	興味の結合	十、兴味之结合

值得指出的是,任白涛对新闻价值标准的认识并非完全移植西方新闻学说,他也有着自己的思考。他指出:"'新闻价值'之前提要件有三,"即'新'、'速'、'确'是已。此为稍具新闻知识者之所知。后二者,诚千古不易之定论。至于'新'之一字,有时未必因之判定'新闻'之价值。即其事若与时下问题相关切,纵极陈腐,亦有价值。"② 可以发现,任白涛对新闻价值的认识来源于中国本土的报刊实践与西方新闻理论的结合。中国本土学者经过长期的报刊实践得出新闻具有价值必须具备时新性(新、速)和真实性(确),而以"兴味"为核心的新闻价值要素主要来自西方的新闻理论,这种"中西结合"的研究模式在早期新

---

① 陈立新. 威斯康星模式与中国初期新闻教育——兼论新闻价值理论之渊源 [J]. 国际新闻界, 2013(6).

② 任白涛. 应用新闻学 [M]. 上海:上海书店出版社,2011:18.

闻学的建立过程中是主要的理论路径。

　　对于新闻价值，徐宝璜等学者也多是参考西方学者的论述。徐宝璜认为："新闻之价值者，即注意人数多寡与注意程度深浅之问题也。重要之最近事实，自能引起较多人数与较深程度之注意，故为价值较高之新闻。次要之最近事实，仅能引起较少人数与较浅程度之注意，故为价值较低之新闻。"① 徐宝璜参考了布莱耶和赫德两人的观点，将新闻的价值要素表述为"新闻之精彩"（Feature of the News），并把 20 多项标准转换为 6 种与人的心理有密切关系的因素，它们分别是"个人之关系""人类之同情""求胜之竞事""著名人物之姓名""著名机关之名称""事情之希奇"。邵飘萍关于新闻价值的论述同样参考了美国新闻学者赫德的"四标准"说，即"爱读者之人数""时机之适当与否""距离远近之关系""兴味之集中与变迁"。他随后又提出了"新颖适切""与社会人生的利害关系""是否引起多数人的兴味"等几项参考标准。② 戈公振则参考了新闻学者布莱耶、哈林顿和弗兰肯伯格的著述，将新闻价值与兴味进行关联："新闻之价值，不止一时间条件可以决定，且须满足读者之感觉，而引起其兴味。故现在发生之事件，在新闻价值上言，当然首屈一指。但从读者兴味上言，材料不必限于现在发生之事件。故与其谓为现实性，不如谓为时宜性，则一切广义有新闻价值之材料，均可包含于内也。"③

　　综上所述，任白涛与徐宝璜、邵飘萍、戈公振对"新闻"的认识大体是一致的。他们都将美国的"趣味主义"、日本的"实益主义"融入"新闻"的概念，这表明他们的新闻思想不仅具有同源性，也代表了当时世界新闻学界对新闻的主流认识。他们对新闻的定义也影响了中国的后辈新闻学者。比如，黄天鹏认为："新闻就是最多数人所注意而感兴

---

① 徐宝璜. 新闻学 [M]. 长春：时代文艺出版社，2009：22.
② 邵飘萍. 邵飘萍新闻学论集 [M]. 北京：北京大学出版社，2008：62-67，133.
③ 戈公振. 中国报学史 [M]. 长沙：岳麓书社，2011：8.

趣的最新的事实。"① 李公凡认为:"所谓新闻,就是在最近的期间以内所发生而被认识的,并能有影响及于社会,正确地报告出来的事实。"② 他们对"新闻价值"的认识也基本趋同,都赞同新闻价值的"标准说",并倾向于美国的"趣味主义"新闻观,将新闻价值与兴味相勾连,而以"兴味"为导向的新闻价值观则与西方新闻商业化浪潮的出现密不可分。不过,他们对"兴味"的认识也包含了实益主义倾向。任白涛就据此提出"含诈欺性的广告臭味""涉及个人之隐私""背乎善良之风俗"等新闻会减杀新闻的价值。

三、从"报纸"到"新闻事业":研究对象的演进

郑保卫认为,新闻学是一门独立的社会学科,"它不但有自己形成和发展的历史,还有自己独特的研究对象,有自己特殊的矛盾性和规律"③。在中国新闻学的建立初期,任白涛等人吸收西方新闻学的理论成果为己所用,而彼时西方新闻学的研究对象主要是"报纸"(Newspaper),比如赫德与布莱耶都以"Newspaper"为自己著述的中心词汇。任白涛也认为新闻学研究的主体是报纸:"学术昌明之现世,凡触于吾人之官能者,无一非研究之对象。故使命重大、组织复杂之报纸,亦应人类之需要及贤哲研究之结果,遂于科学位置中,特占一席焉。"④ 这一认识与徐宝璜等人是一致的,他们也认为新闻学是研究"新闻纸"的学问,新闻事业的主体是报纸、杂志等印刷媒介。

徐宝璜认为:"新闻学之对象为新闻纸"⑤,"新闻学者,研究新闻纸之各问题而求得一正当解决之学也"⑥。他还进一步辨析了新闻学研

---

① 黄天鹏. 新闻学概要 [M]. 上海:中华书局,1934:66.
② 李公凡. 基础新闻学 [M]. 复兴书局,1936:3.
③ 郑保卫. 试论我国新闻学的学科地位及学科发展 [J]. 中国人民大学学报,2005 (2).
④ 任白涛. 应用新闻学 [M]. 上海:上海书店出版社,2011:2.
⑤ 徐宝璜. 新闻学 [M]. 长春:时代文艺出版社,2009:89.
⑥ 徐宝璜. 新闻学 [M]. 长春:时代文艺出版社,2009:2.

究对象的范围问题:"新闻学是专以新闻业为对象,似乎狭得很狭了,但是,新闻纸有关之一切事业,它的对象是什么?所以宽的解说又说不误。不过,我的结论是:立脚于宽的狭!新闻业之对象,既为极繁杂之全社会,新闻学之间接对象,自然也是繁杂的全社会——宽。——次之,新闻学之直接对象,既为新闻业是其特殊性复极狭。"[1]邵飘萍认为:"抑所谓新闻学者,初视之范围似甚狭隘,不过关于新闻之采集、编辑以及营业方面之发行、广告等事耳。然即新闻之采集编辑而言之,已包含世界上其大无外其小无内之事物,非洞明人生一切之关系……于是吾将渐述新闻纸与人类生活之关系矣。"[2]戈公振也表示:"报纸者,报告新闻,揭载评论,定期为公众而刊行者也。""报纸不过为适合于公告性之一种媒介物,所以承认此特色者,为其介绍包含有公告性之新闻耳。"[3]

到了20世纪30年代,中国新闻学术界发起了一场"集纳运动",该运动的核心人物是袁殊。袁殊(1911—1987)曾在1929年远赴日本早稻田大学学习新闻学,回国后受到列宁与苏联新闻思想的影响,希望建构"一种无产阶级新闻学,与欧美资产阶级新闻学畛域分明",以此革新"因袭欧美、陈腐不堪"的中国新闻学。[4]1931年3月16日,袁殊创办了《文艺新闻》,宣示"新闻是为大众,属于大众的";1932年6月20日,该报开辟"集纳版",发表了袁殊的《集纳正名》一文,阐述了为何要将"新闻学"改称为"集纳"的原因:

> 这有两点理由:一、Journalism的解释,是:一切有时间性的人类生活之动态的文字、图画、照像等,使之经过印刷复制的过程,再广遍的传布给大众,使大众在生活行为上,受到活的教养,而反映于其生存的进取与努力。二、因此,这种学问就不仅是新闻

---

[1] 黄天鹏. 新闻学名论集[M]. 上海:上海联合书店,1930:22.
[2] 邵飘萍. 邵飘萍新闻学论集[M]. 北京:北京大学出版社,2008:101.
[3] 戈公振. 中国报学史[M]. 长沙:岳麓书社,2011:5—7.
[4] 徐基中. 集纳运动:理论自觉与未完成的新闻学革新[J]. 新闻春秋,2015(3).

学而已；经营或编辑杂志，或别种类此的书籍等，只要具备印刷、广布、时效这三大原则的条件，就都是属于此的。自然，这其中最主要的，仍是"新闻"。其次，新闻这名词在中国，已经公开的成为"谎骗造谣"的别号了，而中国到现在为止的新闻学，又没有一本是完全的真实的 Journalism。因此，我们依于 Journalism 的真实的解说，乃产生了"集纳主义"与"集纳运动"的新称谓。①

不论袁殊是出于何种目的，"集纳"的研究对象已经从单纯的"报纸"扩展为类似"文字、图像、照像"等印刷媒介。任白涛是袁殊的前辈兼好友，袁殊在留日期间不时与他通信讨论新闻学问题。② 袁殊创办《文艺新闻》，任白涛亦是赞助人之一。有了这层关系，加之同为左翼人士③，任白涛也很自然地参与了集纳运动。任白涛表示自己是个"集纳主义者"："完全站在集纳主义的立场，去做学术介绍工作；过去是这样，现在是这样，将来我也敢作相当的保证，还是这样。"④ 他认为中国新闻界将 Journalism 翻译为"新闻学"或"报学"是不准确的，因为它不能完全涵盖新闻学的研究范畴。

不过，任白涛也指出袁殊所说的"具备印刷、广布、时效三大原则的生活动态的文字、图画、照像等"，只是狭义的集纳主义，其研究对象虽然远远超越报纸，但仍然是偏重于文字的表现活动。任白涛认为"新闻事业即集纳主义的原细胞是公告"，因而具备公告性的一切媒介形态，诸如"会话、书信、公文、通告、报纸、杂志、历书、书籍、电影、无线电广播"等，都可以纳入集纳学的研究范畴。任白涛强调："集纳事业不是专门以'纸'为它的唯一的表现手段，才成立的：无论是电报，是胶片，只要它有现实的公告性，便算没有失去集纳事业的本

---

① 集纳正名 [N]. 文艺新闻，1932-06-20.
② 任白涛. 写在袁著《学校新闻学讲话》的白页上. 见袁殊. 学校新闻讲话 [M]. 北京：湖风书局，1932：1.
③ 朱志刚. 作为方法论的"阶级"：试论 1930 年代初中国"新的新闻学"的缘起和展开 [J]. 国际新闻界，2019（10）.
④ 任白涛. 我仍然是个集纳主义者 [J]. 文艺大路，1935，2（1）.

质。——这便是广义的集纳主义的比较完全的解释。"①

从"新闻学"到"集纳学",任白涛对新闻学研究对象的认识也发生了变化,将印刷媒介"报纸"扩展为具有公告性的"新闻事业",大大拓展了中国新闻学的研究范畴。有学者梳理了中国56位著名新闻学者对新闻学研究对象的论述,从中可见新闻学研究的中心词可以分为七大类,分别是"报纸(新闻传媒)""新闻事业""新闻现象""新闻(传播)活动""新闻工作""新闻""与社会关系"。研究发现,学界前辈对新闻学研究对象的整体回答为新闻学是研究"新闻事业"的科学。② 任白涛从广义的角度认识"新闻事业",认为现代新闻学不能单把它的视野局限在报纸和杂志上,还要去除媒介形态的限制,积极注重一切具备公告性质的媒介,将新闻事业的外延由印刷媒介扩展为广播、电影、电视、电报等一切媒介形式,且这一研究对象也会随着媒介技术的发展不断增多。从这个意义来说,任白涛对新闻媒介的认识相当深刻,也更加接近现代新闻学的研究范畴。

四、新闻学"体系化"研究方法的提出

戴元光在《传播学研究理论与方法》中指出:"研究方法始终是一种手段,被用于搜集信息,通过将研究结果直接用于改良社会病态或用于检验社会科学的理论问题而使社会受益。"③ 研究方法是一个独立的研究领域的内在构成,研究方法的提出一定程度上标志着一门学科的成熟。对一门学科而言,如果能够上升到方法论的层面,表明其研究已经具备一定的理论水平。中国新闻学自诞生起就开始了对研究方法的探索。在这个问题上,徐宝璜等人虽然有所主张,但都没有明确提出新闻学的研究方法,任白涛对新闻学的研究方法则有独到的认识。

---

① 任白涛. 什么叫集纳主义 [J]. 自修大学, 1937, 1 (9).
② 唐远清. 对"新闻无学论"的辨析及反思 [M]. 北京: 中国广播电视出版社, 2008: 42.
③ 戴元光. 传播学研究理论与方法 [M]. 上海: 复旦大学出版社, 2008: 1.

任白涛认为现今的新闻学研究之所以受到部分学者的非难，是因为他们认为新闻学没有确定的方法论。对于这样的质疑，任白涛并不赞同。他认为新闻事业与社会生活联系密切，新闻学研究充满了复杂性和动态性，很难使用一种狭义的研究方法去框定新闻学。从这个意义上说，任白涛的研究方法主要指向"怎么样研究"的宽泛层面。他主张新闻学要采用"体系化"的研究方法，反对以"知识堆积"为目的的研究方式，如果想要深化一门学问，必须设法让知识"体系化"。因为就新闻学研究而言，不仅要了解新闻事业的组织和机能，还要认识到它在社会中的职责和权力。任白涛认为，关于新闻事业的实际知识固然很重要，但单纯的事实绝对不会使新闻学研究有所提升。因此，"我们必得先行加以深切的注意，以搜集下的具体的资料为基础，更进而发见实现于经验上的法则的妥当性，究明潜伏在社会的、经济的、技术的诸要素中的意义。必定照这样去研究，那有组织的体系的新闻学，才能建立起来的"[①]。

具体到方法层面，任白涛主张采用"综合性"的研究方法。他认为新闻学研究不能仅从表面或侧面出发，应该从多角度的视野去分析。诸如报纸之类的新闻媒介，并不是单纯的、独立于社会的媒介，它也是社会系统中的组成部分，与社会的政治、经济、文化关联。因此，采用综合性的研究方法"应先行分析多样的现象，然后在几多的事例中归纳出共同的关系；或是从含有两个要素的事实的观察中归纳出两个要素的必然的关系；或是去归纳有变化的事实间的必然的关系等"。换言之，新闻学研究的触角只有从新闻事业的表面深入到它与社会的联系之后，才能抓住新闻事业的本质。[②]

同时，新闻学研究还应该注重理论联系实践。任白涛认为新闻学不光是"处理反映其自体及反映的法则的学问"，还是"处理现社会生活

[①] 任白涛. 新闻学的对象和研究方法[J]. 中国青年, 1941, 4 (4).
[②] 任白涛. 新闻学的对象和研究方法[J]. 中国青年, 1941, 4 (4).

的反映形态的学问"。新闻学研究应该包括两个层面，其一是关于理论的研究，其二是关于实践的研究，两者应该结合起来。这一主张在任白涛编撰《应用新闻学》时就初现端倪。任白涛认为研究新闻学大致可以分为五个部分：

> 说新闻事业之性质、新闻记者之地位、新闻社之组织等，是为第一篇，曰总论。说"新闻"之定义、价值与搜集方法等，是为第二篇，曰搜材。说评论、记事，乃至特殊文字之如何调制，是为第三篇，曰制稿。说编辑部之构造、编辑部之搜材、实务上之编辑等，是为第四篇，曰编辑。又无论研究何种事物，皆不可不明晰该项事物之来源及其变迁，因于卷尾殿以"欧美报纸史略"一篇。

从任白涛的编制顺序来看，研究新闻学的目的是更好地应用。及至任白涛编著《综合新闻学》时，他也表示就现时中国新闻界的情势而言，仍须注重实用，减少理论。

可以发现，任白涛研究新闻学带有实用主义倾向，那就是为了指导实践，更好地经营报纸，更好地发挥报纸的作用。这一点正如方汉奇所言："早期的中国新闻学论著，多数出于办报人之手，他们当中的一些人并不是专门的新闻学者。在他们笔下，新闻学的研究，是和他们的办报实践紧密联系的。源于实践，高于实践。既总结了他们自己的办报经验，又结合引进的各种新闻学观点，和他们的理想与追求，提出一些主张，企图给实践以指导。"[①] 同一时期，黄天鹏、李公凡等新闻学者也相继提出了新闻学的研究方法，虽然相关论断还比较幼稚，但也使得新闻学研究不断朝着科学化的方向迈进。任白涛在这一进程中扮演了比较关键的角色，他强调新闻学研究应该采用"体系化"的方法，并且集中论述了新闻学研究的方法问题，进一步推动了中国新闻学的发展。

---

① 方汉奇. 序. 见徐培汀, 裘正义. 中国新闻传播学说史 [M]. 重庆：重庆出版社，1994：1.

第三节　任白涛的新闻业务观念

一般讨论中国新闻学诞生的标志性事件时，学者们大都倾向于以下历史论述："1919 年，徐宝璜的《新闻学》出版，这是我国第一部新闻理论著作。1923 年，邵飘萍的《实际应用新闻学》出版。1927 年，戈公振的《中国报学史》出版，这是中国第一部新闻史著作。从而标志着中国新闻学达到了初步成熟的程度。"[①] 邵飘萍的《实际应用新闻学》被学界奉为新闻业务的开端，这本书的原名为《新闻材料采集法》，是一本系统阐述新闻采访的著作。但是，如果我们对其进行"前观"检视，就会发现 1922 年任白涛出版《应用新闻学》的时间在邵飘萍出版《实际应用新闻学》之前，它从"搜材""制稿""编辑"三个方面系统阐述了新闻业务，而书名也表明了他的用意。因此，我们有必要重回历史文本，检视任白涛对新闻业务的理论贡献。

一、任白涛的新闻写作观念

早期的新闻工作者对新闻写作知识的论述是直观的、感性的，他们没有系统的新闻写作理论，对新闻写作的认知完全是在新闻实践中总结、感悟出来的，并没有提升到学理层面。即使在徐宝璜的《新闻学》中，他对新闻写作也只有片段式的论述。任白涛在《应用新闻学》里专门开辟了"制稿"一编，系统论述了新闻写作。从这个意义上说，任白涛对新闻写作理论与实践的发展具有开创性的贡献。

第一，任白涛开创了新闻导语写作理论。任白涛从学理角度阐明了导语之于新闻写作的重要性，以及新闻导语所包含的要素。他认为，

---

① 郝雨. 新闻学引论[M]. 上海：上海交通大学出版社，2005：18.

"欧美报界从来有一惯例,即将事件要纲,提置于起首作冒头……冒头者,诱起读者读欲之饵也,故饵味不可不使之美。彼业务倥偬、神经疲劳之现代人士,一撇平凡干枯之记事冒头,鲜有不厌读之者",并提出新闻导语必须具备"何时、何地、何人、何事、何故"的"5W写作规则"。同时,任白涛也从辩证的角度阐述了新闻导语的写作规则。因为"5W俱全"的导语虽然结构完整,却略显单调,新闻人可以不必完全遵守这一导语写作程序,"遇记事辐辏,难以尽载之际,可随意舍去后列之一项或数项,亦无伤于全体"。另外,任白涛还系统总结并提出了具体的导语写作文例,他根据黄远生所著的《远生通讯》,总结了七种最为主要的导语写作类型,分别是"感慨的、疑问的、庄严的、奇拔的、别趣的、比喻的、总束的"。[①] 这给当时的新闻写作实践提供了一定的指导。

第二,任白涛率先提出新闻写作的五项原则。近代以来,中国新闻界的特点可以概括为"政论本位"。新闻工作者将"政论"作为报刊的中心,所谓"报刊无评论,便是无灵魂的行尸走肉"。报刊政论的写作与主笔的文风有很大关系,他们的文风会影响报刊的整体风格。诸如王韬、梁启超等新闻人,他们几乎是以一己之力塑造了《循环日报》和《时务报》的报刊风格。但是,当报纸与政治分离后,新闻的写作则成了记者的主要任务。因为当时的记者缺乏比较系统的新闻写作指导,为此,任白涛提出了新闻写作的五项原则。(1)新闻写作要"明快"。"新闻记事贵能速读,速读云者,即使读者不费何等努力而能了解其意义之谓也,是以行文以明达畅快为主旨。"(2)新闻写作要"简洁"。所谓简洁,"非将记事之骨子,赤裸裸露出之意,仍不可不与以丰润之血肉及鲜丽之衣物"。(3)新闻写作要有"独创"性。所谓独创性,"即对于事件之观察正确精深,而记述之际,更取极清新又捎带个性的笔调"。(4)新闻写作要有"指导"性。"其目的在将少数人获得之实在知识,

---

① 任白涛. 应用新闻学[M]. 上海:上海书店出版社,2011:51—53.

报于多数人，俾知遵守。若空泛的理论及个人的感想，则不可用诸新闻记事"。（5）新闻写作要"客观"。记者无论在何时、何地都要严守第三者的地位，保持客观的态度，尽量减少新闻中的主观成分。①

第三，任白涛从学理层面总结了四种类型的新闻写作方法。在任白涛之前，没有学者对新闻文体进行过学理性的分类和总结，新闻界对新闻文体只有粗略的认识，至于各类新闻写作方法更是缺乏系统性的认知。任白涛在查阅了种类繁赜的报纸文稿之后，将新闻文体总结为四种类型，分别是叙事文、论说文、特殊文、趣味文，并详细论述了这四种新闻文体的写作要领。（1）关于叙事文的写作。叙事文即新闻。任白涛将新闻分为三种类型，分别是"委曲"（Full Report）、"概要"（Outline）和"印象"（Impression），它们大致对应现代的深度报道、短消息、通讯。（2）关于论说文的写作。论说即评论。任白涛认为评论主要以"提供问题"为主旨，即将多数人尚未明白的问题"提撕而论究之"。在评论的写作实践中，任白涛表示评论的命意和措辞要"清新平易"，绝对不能存在任何成见。（3）关于特殊文的写作。特殊文（Special Articles）即副刊上非新闻类的体裁。具体到副刊文体的写作实践，任白涛提出了五点要则：文章要有适当的长短、文章要通俗、文章要具备调味性、文章要带有人生的色彩、文章要注意分段。（4）关于趣味文的写作。趣味文（Human Interest Stories）是以趣味为本位的新闻。普通新闻最大的目的就是传播时事，而趣味文多与时事毫无关系，只是它的写作依据仍然是事实。趣味文大多为喜剧、悲剧或滑稽剧，包含了不少人生情感。②

二、任白涛的新闻编辑观念

近代以降，中国的新闻编辑活动与思想呈现出碎片化、零散化的状

---

① 任白涛. 应用新闻学［M］. 上海：上海书店出版社，2011：54—55.
② 任白涛. 应用新闻学［M］. 上海：上海书店出版社，2011：45—74.

态，新闻工作者对新闻编辑不仅缺乏完整的认知，也缺乏系统论述，这种情况直到中国新闻学建立之后才得以改善。在早期的新闻学者群体中，只有徐宝璜和任白涛两人对新闻编辑进行了系统研究。相较于任白涛，徐宝璜对新闻编辑的论述有一定的局限性。他所论述的新闻编辑范围比较狭窄，只涉及新闻编辑的某一侧面，对新闻编辑的稿件修改、版面编辑等问题则缺乏论述。可以说任白涛在新闻编辑的系统性和内容上是超过徐宝璜的。换言之，任白涛就新闻编辑观念进行了更为系统、深入的论述。

第一，任白涛从学理层面阐述了新闻编辑艺术。新闻编辑虽说是一项实践性很强的工作，但也要以新闻学理为根据，它"是以新闻学和报学的学理原则，报纸的需求，实际工作的经验，读者阅读心理，作为依据，研讨新闻编辑的学理和方法"[①]。就新闻编辑的实际工作来说，稿件如何整理、标题如何制作、版面如何编辑等步骤，都需要一定的理论指导。(1) 任白涛提出了四种原稿整理的方法，包括订正事实的谬误、修正新闻的形式、削除诽谤及广告性质的文句、字体与标点的使用。(2) 任白涛提出了新闻标题的制作方法。他指出"标题在报纸上，实占最重要之部分……读者纵无暇读记事之全部，只一瞥标题，即可悉其概略。故秀美之标题，即记事之脊髓也"。新闻标题要简洁明快，使用具体的语句、兼带丰富的色彩；新闻标题要展现活动性，"记事为生气勃勃，标题亦不可不生气勃勃"；新闻标题要新鲜，"若以久为虫蚀之陈腐文字，絮絮长列，则惰气满纸，人厌读之"。(3) 任白涛提出了以"定读性"（Reading Habit）为中心的版面排版要求。所谓"定读性"，意为"读者日日必读之习惯也，乃报纸生命之所系，亦报纸与书物不同之关键"。任白涛认为，每个读者都具有"定读性"，只是程度不同而已，而读者"定读性"的养成与报纸的版面设计密切相关。编辑主宰着新闻材料的排列顺序，这些材料包括"美丽之绘画""种种之活字""外国电

---

① 陈石安. 新闻编辑学 [M]. 台北：三民书局，1945：3.

报""丛载""集合名词""特殊文字"等，而材料顺序的判定又是最费苦心的，"稍一不慎，则轻重倒置，记事之价值及效力，亦因以减少，甚因以完全丧失"。①

第二，任白涛主张建立完善的编辑机构以提升编辑的工作效率。报纸的生产和传播需要经过许多工序，每道工序都要严格把关，才能防止差错，保证报纸新闻的质量和舆论导向。在这方面，报纸编辑的任务尤其重大，因为报纸编辑是新闻传播活动的总把关，是组织传播、把握舆论导向的最后一道环节，各种潜在的问题和差错，不仅高度集中在这里，而且一旦闯过这一关卡，就无法挽回和补救。② 正是因为报纸的主务在编辑，编辑部是报社的原动力，任白涛才认为新闻编辑的进步需要一个完善的编辑机构。他认为："编辑部之在新闻社，犹如吾人之神经系，新闻事业之所以异于寻常营业而具极高之权威者，赖有此耳。故欲得健全之报纸，必先有健全之编辑部，是为新闻事业成立之第一元素"。当时，报社的编辑部非常薄弱幼稚，缺乏现代报社的组织管理架构。面对这种情况，任白涛指出编辑部"就形体上言之，我宜略仿于日。就内容言之，我应取法乎美"。中国需要学习美国报社的做法，将之分为"言论部"与"编辑部"，分别处理评论和新闻，从而避免日本编辑部"硬派"（采访政治经济类新闻）和"软派"（采访社会类新闻）的弊害。③

第三，任白涛提出以"接近性"为核心的地方报纸编辑方针。据记载，1921年中国的报刊数量达到了1134种，其中日报有550种。④ 不过，在数量庞大的报刊之中，具有影响力的"大报"并不多，绝大多数都是影响力有限的"小报"。大报与那些地方报纸相比，无论资本多寡或规模广狭、发刊目的或刊登内容，应该都是有所差别的。为此，任白

---

① 任白涛. 应用新闻学 [M]. 上海：上海书店出版社，2011：93-103.
② 刘伟. 实用新闻编辑学 [M]. 北京：中国市场出版社，2010：56.
③ 任白涛. 应用新闻学 [M]. 上海：上海书店出版社，2011：28.
④ 王润泽. 北洋政府时期的新闻业及其现代化（1916—1928）[M]. 北京：中国人民大学出版社，2010：26.

涛指出地方报纸的编辑方针要以"地位为本位",也就是要突出地方报纸的"接近性":"除特别稀有事件,至某程度,欢迎中央电报外,在平时宁以守此城郭为得策。彼地方人对于其他地方之道路桥梁修缮扩张之问题,实较国际联盟问题为重视;内阁之变动,却不如知事之撤转感兴趣也。斯非谓地方人眼光狭小,故有此心理,乃身居地方者之共同心理也。盖事件虽小,而与彼等皆有切己之利害关系者也。"①

三、任白涛的新闻采访观念

随着《上海新报》《申报》这种以搜集新闻为己任的商业性报刊的出现,新闻采访才被作为一种新的信息搜集方式登上历史舞台。② 20 世纪 20 年代,新闻学界正式拉开了新闻采访的理论研究的序幕,徐宝璜、任白涛、邵飘萍纷纷对新闻采访进行了系统论述。横向看来,邵飘萍的《实际应用新闻学》对新闻采访进行了较为系统的分析,他以"外交记者"为中心详细阐述了新闻采访的多个环节,包括"外交记者之工具与杂艺""采访之类别与具体方法""访问之类别与具体方法""访问时之种种心得"等,该书也被学界奉为中国第一本新闻采访学专著。不过,细究他们三人的新闻采访思想,其认识大致趋同。在新闻采访的相关论述中,任白涛也展现了自己的独特思想。

第一,任白涛率先对新闻采访进行了学术化的阐释。民国初年,随着新闻活动越来越频繁,采访也朝着专业化的方向发展。不过,究竟何为采访,不少新闻业界人士对此众说纷纭,诸如"访问""访事""探访""调查""外交"等词义都曾出现。当时,新闻学界称采访为"访问"。有研究指出,"访问"概念已经相当接近现代意义上的采访,而将采访变得学术化的关键人物是邵飘萍,邵飘萍将"访问"这一概念与英

---

① 任白涛. 地方报之编辑 [J]. 东方杂志,1921,18 (17).
② 刘丽. 中国报业采访的形成——以《申报》(1872—1895) 为例 [D]. 上海:复旦大学,2009.

文的"interview"进行了对接,显示了邵氏的新闻学术自觉,而该行为也是"采访"变成规范的新闻专业术语的重要一步。① 不过,周光明在论述从"采访"到"采访学"的进程中谈及了徐宝璜和邵飘萍,唯独忽视了任白涛。如果以各自的新闻学专著的出版时间来算,任白涛才是最早将"访问"与"interview"概念进行对接的新闻学者。他认为访问有狭义与广义之分。广义的访问注重"访",又称为"略式访问"(Informal Interview),它"乃为广搜博采起见,不尊重对手之人物,故所记录之谈话,不能成一独立之记事,是补足的、又附属的";狭义的访问则注重"问",又称为"正式访问"(Formal Interview),它"以对手之人物为本位,非为补足,亦非附属"。就学理层面来说,"访""问"的区分就决定了采访方式的差别。任白涛指出,略式访问和正式访问不能混为一谈,略式访问"所获之谈话,非不含多少之个性,究以不的确且无责任为夥业",而正式访问"乃正式介绍其人之意见于公众,其意见为个性的、确实的、又责任的"。②

第二,任白涛详细论述了记者应遵守的新闻采访原则。采访原则是新闻工作者在采访过程中应该遵循的基本准则,任白涛从"对己""对人""对社"三个方面进行了阐述。(1)对记者个人而言,要把新闻事实放在首位。记者在采访过程中最应该注意的就是事件之真相,脱离事实以想象或推定作新闻是最切要和危险的,"盖无想象则不能发见事件之妙趣,无推定则难着机敏之先鞭。惟于想象与推定之间,须加以精密调查,不可忘逞想象、妄行推定"。(2)对采访对象而言,记者要保持一定的职业素养。记者待人接物最先应该注意的就是仪容仪表,"容貌丑俊无关人格,惟蓬头垢面,斯忌事耳。服装则贵整洁、戒华饰。态度则不宜倨傲,亦不宜足恭。总之,一切举止言语,不外取乎自然"。(3)对新闻事业而言,记者要具备献身精神。记者个人的利益要放在报

---

① 周光明,杨艺蓓. 从"采访"到"采访学"[J]. 人文论丛,2010(1).
② 任白涛. 应用新闻学[M]. 上海:上海书店出版社,2011:51—53.

社之中才能实现，因而记者在采访时要抛弃小我，"只知有社，不知有我，庶几无忝于厥职"。即便没有编辑的指令，记者也要时刻注意捕捉新闻材料，"盖编辑长之命令，多于百忙中嘱其要旨，决难为巨细之说明，而受之者，当立会其意，径赴目的地、挥自由之手腕。苟无必要商酌之事，即不必徘徊社内，絮絮反问。若命远行，则应即时整装，此临机之功夫也"。①

第三，任白涛提出了具体的新闻采访方法。在新闻采访得到系统研究之前，不少记者的采访方式往往不得要领，以至于当时的新闻采访实践相当粗浅。就此情形，任白涛提出了新闻采访的八要则，分别是："对手之研究、质问之注意种种、铅笔与簿册、谈话以外之材料、善察对手之颜、意外之线索、载否之预约、权作我之良友。"在这些方法之中，任白涛最突出的贡献就是提出了要把握采访对象的心理活动。虽然有不少研究认为邵飘萍的《实际应用新闻学》首次论及采访心理，主张记者"在采访时，要研究对方心理，讲究采访方法"②。实际上，任白涛对采访对象心理的论述要早于邵飘萍。比如，他认为采访时要善于观察对象的颜容，其效能有三点："一可借表敬意。二可使对手知我喜聆其谈，自发快谈于不自觉。三可察其言之是否出自肺腑。如不善察对手之颜容，则将无由形容之，即令写出，必失真相也。"③

综上所述，任白涛对早期新闻业务研究的理论贡献是比较大的。就新闻写作方面而言，任白涛总结了新闻写作的相关知识，并且将新闻写作提到了学理高度，对新闻写作进行了相对系统的研究。他开创了新闻导语写作理论，提出了新闻写作的五项要求，总结了四种新闻文体的写作要领。事实上，任白涛开启了新闻写作的学术研究道路，称得上中国新闻写作研究的"拓荒者"。就新闻编辑方面而言，任白涛从学理上进一步论述了新闻编辑艺术，主张建立完善的编辑机构，以推动新闻编辑

---

① 任白涛. 应用新闻学 [M]. 上海：上海书店出版社，2011：23—28.
② 高兰. 采访心理学 [M]. 西宁：青海人民出版社，2005：6.
③ 任白涛. 应用新闻学 [M]. 上海：上海书店出版社，2011：28—32.

的进步，还提出了以"接近性"为核心的地方报纸编辑方针。任白涛虽然不是中国第一个系统研究新闻编辑的学者，但他的新闻编辑思想仍有独特之处，对新闻编辑的发展做了较大的理论贡献。就新闻采访而言，任白涛的新闻采访思想虽然与徐、邵二人有一定的共通性，但他的新闻采访思想仍有不少闪光点。他是最早将"访问"与"interview"概念进行对接的中国新闻学者，推动了新闻采访学术化的进程。任白涛还先于邵飘萍注意到了采访对象的心理，可以说是新闻心理学研究的无意识觉醒，也为他之后系统引介新闻心理学理论作了铺垫。因此，任白涛的新闻业务思想并不逊于邵飘萍，在某些方面还具有开创意义，他们两人都具有新闻业务的开创之功。在此，笔者并无意否认邵飘萍在新闻业务领域的巨大贡献，只是当我们重新审视这些经典著作时，任白涛及其《应用新闻学》应该得到新闻史学界的重视。

第四节 任白涛新闻思想的主要内涵

对于早期新闻学的特征，邵飘萍曾经一言以蔽之，那就是"以新闻为本位"。"新闻本位"是早期新闻学者比较一致的思想观念，指的是"一切新闻活动都要以新闻本身为起点、出发点和着眼点，本着对新闻负责的态度，按照新闻活动的规律和特点来从事研究、开展新闻工作"[1]。杨保军认为："新闻本位观念是认识观念与价值观念相统一的新闻实践观念、工作观念，即新闻本位观念具有强烈的实践指向性，是一种明确的新闻实践方法论观念。可见，新闻本位观念并不是单一的静态观念、纯粹的理论观念，而是一个动态的观念系统、新闻工作观念体系，会涉及新闻活动的方方面面。"[2] 换言之，任白涛早期的新闻思想

---

[1] 哈艳秋，王启祥. 五四时期的新闻本位思想探析 [J]. 现代传播，2009 (6).
[2] 杨保军. 论"新闻本位"观念的实质、内容与实现 [J]. 新闻知识，2020 (2).

不是单一的、静态的，而有着多层次的理论维度。斯金纳强调思想研究过程中要考察历史语境，主张"内在"思想与"外在"语境的结合。因此，本节在具体分析任白涛新闻思想的过程中会结合知识社会学的理论视角来展开。

德国学者马克斯·舍勒指出"知识"的语义比较宽泛，它包括思想、精神、意识形态、哲学等，而知识与社会是相联系的，所有的知识，尤其是关于同一对象的一般知识，都以某种方式决定着社会的本性。反过来讲，所有知识也是由这个社会及其特有的结构共同决定的。[①] 卡尔·曼海姆也认为："生存条件，不但影响思想底历史起源，而且是思想结果一项主要的部分，并在思想及其方式之间，也有生存条件的影响了。"[②] 曼海姆把社会知识学定义为研究思想的社会条件或存在条件的理论，某种程度上所有知识和思想都不可避免地是某个社会结构或历史进程的产物。从知识社会学视角分析任白涛早期新闻思想的理论维度，对理解中国早期新闻理论的生成与建构过程很有必要。

一、脱离政治：报纸"以新闻为本位"

学界将早期新闻学阶段的理论特征概括为"新闻本位"，从而区别于前一阶段的"政论本位"。为何两代学者群体会产生截然不同的理论认知？知识社会学主张"一个时代的真理观就是由这个时代人们的生活状况和社会历史环境所决定的"[③]。因此，我们有必要回顾前一时代的社会语境与报人的新闻思想，进而更好地理解任白涛新闻思想的生成过程。

从历史角度来看，近代中国新闻业与政治之间高度关联。鸦片战争是中国进入近代的标志性事件，但是"鸦片战争并没有促使中国人惊

---

① 马克斯·舍勒. 知识社会学问题 [M]. 艾彦，译. 北京：华夏出版社，2000：58—59.
② 卡尔·曼海姆. 知识社会学 [M]. 李安宅，译. 北京：中华书局，1946：19—20.
③ 刘晶，陈世华. 新闻专业主义起源的知识社会学批判 [J]. 东岳论丛，2018（12）.

醒，中国人也没有意识到自己的落后"，只有林则徐、魏源、徐继畬等一批"开眼看世界"的先知才意识到要关注西方，遂开启了国人译报著书的活动。① 如果说第一次鸦片战争让清政府觉得只是偶然的失败，那么第二次鸦片战争的失利才真正震撼了清廷。此时，清政府的实际处境相比1840年鸦片战争时更加严峻，《天津条约》《北京条约》《瑷珲条约》等一系列不平等条约相继签署，表明西方列强对中国的侵略进一步加深。中国的贫弱与西方的先进形成了鲜明的对比，部分开明官员开始呼吁学习西方军事技术，以此来应对中国所面临的西方挑战。于是，一项以"自强"为核心、以"师夷长技以制夷"为目的的改革方案正式出台。在洋务运动的背景下，国人自办报刊的意识进一步觉醒，报人希望通过办报的方式摆脱西方侵略，实现救亡图存的目的。在封建皇权"自上而下"的政治体制内，报人把报纸这种新型媒介当作"自下而上"式的议事论政工具。王韬作为中国"具有专门办报思想的第一人"，直言办报的目的在于"强中以攘外，诹远以师长"，而他对报纸的诸多认识，比如"广见闻、通上下""通外情于内，达内情于外"，也是围绕这一核心目的展开的。

  随后，中国经历了近代以来第一次办报高潮——维新运动中的报刊活动。受到甲午海战失败的刺激，以康有为、梁启超为核心的维新派开始通过报刊活动宣传他们的政治主张。康有为在阐述他创办维新派机关报《中外纪闻》的动机时说："以士大夫不通外国政事风俗，而京师无人敢创报以开知识，变法本原非自京师始，非自王公大臣始不可。乃与送京报人商，每日刊送千份于朝士大夫，纸墨银二两，自捐此款。令卓如、孺博日属文，分学校、军政各类，日腾于朝，多送朝士，不收报费，朝士乃日闻所不闻，识议一变焉。"② 可见，康有为把报刊看作政府改革的重要工具。作为维新派的另一核心人物，梁启超同样将报刊与

---

① 徐中约. 中国近代史（上册）[M]. 香港：香港中文大学出版社，2002：189.
② 中国史学会. 戊戌变法（四）[M]. 上海：上海人民出版社，2000：132.

国家政治相联系。虽然他所办的报刊存在时间都不长，一般只有两三年的时间，但他的办报目的却很明确，即"办报是为了救国"。因此，他才能具有持久的思想动力，才能艰苦奋斗，为中国的新闻事业奉献终身。① 徐新平指出："康有为、梁启超、汪康年、英敛之等维新派报人都是在国难日殷、时局日危的社会背景下，为了救亡图存而办报。他们希望通过自己的报纸开发民智，鼓动民力，激励民气，万众一心，共图民族复兴的大业。他们所主持的报纸和所撰写的文章总离不开救亡与强国的时代主题。"②

辛亥革命前后，以孙中山为首的革命志士充分利用清末"新政"之办报政策，创办了诸如《苏报》《神州日报》《民立报》等有影响力的政论报刊宣传革命。李彬指出："辛亥革命前后革命派的办报目的很明确，就是制造舆论，宣传革命，唤醒民众，使报刊成为革命的一支方面军，而辛亥革命也是靠着'笔杆子'和'枪杆子'这两把武器才能成功。因而，当时的报刊就是革命的利器，所以主张为革命办报：'推翻专制政体，鼓吹民族主义，大声疾呼，惊醒睡魔。'"③ 因此，王韬、康有为、梁启超、孙中山等报人的新闻思想与近代中国的社会政治状况密不可分，他们将报刊看作救亡中国的一种工具，是与西方侵略者斗争的一种武器，其中折射出相当深厚的政治意识。新加坡学者卓南生对此评论道："早期中国近代报业史，其实就是一部中国人要求摆脱外国势力对传媒的控制，争取言论自由，从而表达国家民族意识的斗争史。"④

民国甫定以后，民族资本主义得到了较快发展。此时由于西方各主要帝国主义国家忙于"欧战"，暂时放松了对中国的经济侵略，国内市场日益扩大以及群众爱国抵货运动的高涨，使中国民族资本主义获得了

---

① 钟珍维，万发云. 梁启超思想研究 [M]. 海口：海南人民出版社，1986：176.
② 徐新平. 维新派新闻思想研究 [M]. 长沙：湖南人民出版社，2010：26.
③ 李彬. 中国新闻社会史（1815—2005）[M]. 上海：上海交通大学出版社，2007：88.
④ 卓南生. 从近代华文报业的演变看华文报的特征与使命 [A] //首届世界华文传媒论坛论文集 [C]，2001：200-204.

第三章 任白涛的新闻思想

发展机会，出现了暂时的繁荣。① 从 1912 年到 1936 年，中国的国民经济结构虽然没有达到近代化的程度，但是已经发生了很大的变化，成为中国近代经济发展史上经济增长最快的时期，呈现出波动增长的态势。② 民族资本主义的增长为新闻业的发展提供了良好的经济基础。上海作为当时新闻业的中心，《申报》《新闻报》等商业性报刊通过大力开展广告业务、加强报纸发行、更新印刷技术设备的方式获得了商业上的巨大成功。相比于晚清，这些报纸逐渐开始实行企业化的经营方针，突出营利目的，报纸的编辑方针、新闻业务、经营管理等一切均以是否营利为转移，在经营管理和新闻业务改革方面积累了不少宝贵的经验，为中国新闻事业的发展指出了一条新的道路。③

当时民国的政治发生了更加巨大的变化，它推翻了原有的封建帝制，借鉴了西方民主共和制，而《临时约法》规定"人民有言论、著作、刊行及集会、结社之自由"，使得一时间政党林立，全国先后出现了大大小小 300 多个政党。"同盟会—国民党"和"共和党—进步党"是最大的两个政党系统，两党为了宣传自己的政治主张，纷纷利用报刊进行论战，政党报刊亦风起云涌。不过，民初较为自由的政治氛围在袁世凯上台后被扭曲。他为了建立独裁统治，非常注重对舆论的控制，取缔了一批民主革命立场坚定的政党报刊以及其他政治性报刊，摧毁了本就薄弱的民主政治体系。"二次革命"失败后，袁世凯加大了对报业的控制。他将国民党称为"乱党"，开始大规模清洗国民党系统的报刊以及其他异己报刊，凡是国民党派系的报刊，一律被扣上"乱党报纸"的罪名而遭到查封。据统计，1913 年年底，全国继续出版的报纸只剩下 139 家，较之 1912 年的 500 家锐减 300 多家，北京的上百家报纸也只剩下 20 余家，史称"癸丑报灾"。④ 在袁世凯的新闻统制下，长久以来

---

① 祝慈寿. 中国近代工业史 [M]. 重庆：重庆出版社，1989：450.
② 赵津. 中国近代经济史 [M]. 天津：南开大学出版社，2006：19—20.
③ 黄瑚. 中国新闻事业发展史 [M]. 上海：复旦大学出版社，2009：115.
④ 黄瑚. 中国新闻事业发展史 [M]. 上海：复旦大学出版社，2009：112.

的报刊政论传统遭到摧残,政党报刊由盛转衰。在现实条件下,商业性报刊为了明哲保身只能少涉政治,进一步加速了报纸与政治的分离。有研究指出,中国的新闻职业化历程"是由于躲避军阀统治时期险恶的政治环境和错综复杂的斗争而导致的结果。所以,他们极力倡导新闻事业商业化道路,认为只有如此才能培养出客观的职业化的新闻事业"①。

在经济与政治因素的共同作用下,民初报业走出了一条与清末报业截然不同的"职业化"道路,其内里逻辑是商业的而非政治的。在新闻职业化的社会语境下,彼时中国报人的思想当然与前代报人不同,他们"迫切需要更新新闻知识、改造新闻观念,寻求一种专业的、系统的、全面的新闻知识来促进中国新闻事业的发展"②。那些游历过西方诸国,并且深受西方新闻学影响的早期新闻学者,亦在知识层面展现了"以新闻为本位"的观念,从而明确了报纸与政治的关系。任白涛恰巧就处于这样的时代洪流之中,他的新闻思想则被当时的社会环境所结构。任白涛一方面引述了西方新闻学者的观点,认为报纸的根本起源在于人的"新闻欲"。例如:

> 想知道人及事物的欲求,是由于希求生存的保证或安全化而促成,而形成之原始的冲动。经验新的事情,或等到报知的希望,是自然的人类感情之表现;是生活意志本质的核心;是形成并维持社会的最坚强的力量之一种(格劳德)。报纸是适合于探求新闻报道的人类性的一般需要和欲望的东西,报纸不是创造它的需要的;反过来说,需要是常存在着的,而报纸乃是它的必需的产物(约斯特)。③

另一方面,任白涛对报纸的根本是新闻而非政论也有着自己的认识。面对民国时期的诸多政论报刊,任白涛保持了批判的态度。中国在

---

① 特里·纳里莫,李斯颐. 中国新闻业的职业化历程——观念转换与商业化过程[J]. 新闻与传播研究,1992(2).
② 涂凌波. 现代中国新闻观念的兴起[M]. 北京:中国传媒大学出版社,2016:248.
③ 任白涛. 综合新闻学[M]. 上海:上海书店出版社,1991:239—240.

第三章　任白涛的新闻思想

北洋政府时期迎来了相对自由的政治环境，中央政府势力衰弱，各地方政权为了争夺实际利益，无暇顾及思想文化领域，这给新闻业的发展带来了契机。① 但是，不少报纸为了生存往往依附于各路政党，任白涛认为"政党的机关报、商店的机关报、政府发行的官报等类，无论怎样具备报纸的体裁，它的本质，也与纯粹的报纸不同。它们越是具备报纸的体裁，读者之罪越是加深"。因此，"对于一切宣传文，应该明白地在起首写明'这是宣传文'。虽有这样的标明，也并不完全丧失它的新闻价值；有读它的必要的人，自然会去读；没有读它必要的人，自然也不至于糟蹋功夫了……假若那政党的色彩染遍全纸，对于自党的事，单写好的一方，对于他党的事，单写坏的一方，即故意歪曲事实，赞美自党，毁谤异党，这算是虚伪的宣传，没有做报纸的价值"。② 换言之，任白涛认为报纸价值的体现与政论的刊登是成反比的，政论报刊会减杀报纸的价值。因此，任白涛明确表示"机关报不算是报"，他对报纸的认识与前代报人的"政论本位"观念截然不同。

不仅如此，任白涛还从"历史—现实"的路径分析了报纸的基本功能：

"孔子作春秋而乱臣贼子惧"这个报告权威，在交通、印刷一切都很幼稚的两千年前，可已经充分发挥出来，而在交通、印刷一切都很发达的二千年后的今日，它的权威之大，究竟大至何种程度？那"报纸威力之雄伟堂皇、殆有非专制君主之压力、万灵宗教之神力，以及披靡金汤之炮火、纲维乾坤之电气，所可相提并论者矣"之说，决不是夸张的话。盖照今日的局势而言，所谓"列国"者，已经比昔日的列国大数十百倍，而从轮转机上滚滚流出的若干大张的报纸，无论在量上、在质上，都非仅当得现今区区一册小刊

---

① 王润泽. 北洋政府时期的新闻业及其现代化（1916—1928）[M]. 北京：中国人民大学出版社，2010：3.
② 任白涛. 综合新闻学[M]. 上海：上海书店出版社，1991：118-121.

111

物的《春秋》所能望其项背,自不待言,即如今的报纸经营者和记者所以常遭杀害之祸害,就某一点说,不也就是"乱臣贼子"们畏惧这种权威发挥过火,因而引起的反响吗?

任白涛所言的"报告权威",就是报纸"新闻记录"功能的体现,报纸"可做现时的写照,而能将事实的真相公诸大众,能使一切妖魔的形踪无可遁逃;除非这个世界根本覆灭,真实的记录是永不会消失的"①。因此,任白涛表示"报纸为满足人类共同的兴趣起见,故传播'最新'之事实"②,主张"事实"与"意见"不能再混为一谈,必须进行分离。

当时,其他学者也有类似的认识。徐宝璜指出:"愚意新闻与意见,应绝对分离,新闻栏中,专登新闻,社论栏中,始发意见,彼此毫不相混。即欲于新闻栏中发表意见,亦应附注于新闻之后,以便辨别。"③邵飘萍也认为:"报纸之第一任务,在报告读者以最新而又最有兴味、最有关系之各种消息。故构成报纸之最重要原料,厥为新闻。"④戈公振在参考了中外学术界的多种学说之后认为:"报纸者,报告新闻,揭载评论,定期为公众而刊行者也。"⑤戈公振出版《中国报学史》已是1927年,他的这一论述基本代表了中国早期新闻学者对报纸基本功能的整体认识。黄旦对此也表示:"问题的关键不是报纸上有没有或要不要言论,而在于他们的一致意见是,就本体意义上看,言论不是报纸的'最重要的原料',发表言论更不是报纸第一位的任务。"⑥

需要指出的是,虽然任白涛等学者强调报纸与政治分离,但是他们的思想中却散发着对政治的关切,表面上看来与他们主张的"以新闻为本位"相矛盾,实际上并非如此。对遭遇近代中国战乱的知识分子而

---

① 任白涛. 综合新闻学 [M]. 上海:上海书店出版社,1991:55.
② 任白涛. 应用新闻学 [M]. 上海:上海书店出版社,2011:7.
③ 徐宝璜. 新闻学 [M]. 长春:时代文艺出版社,2009:46.
④ 邵飘萍. 邵飘萍新闻学论集 [M]. 北京:北京大学出版社,2008:15.
⑤ 戈公振. 中国报学史 [M]. 长沙:岳麓书社,2011:5.
⑥ 黄旦. 五四前后新闻思想的再认识 [J]. 浙江大学学报,2000(4).

言，希望民族独立、国家富强的愿望始终烙印在他们思想的最深处。实际上，他们并不是刻意回避政治，那些接受过西方新闻教育的学者，在从事学术研究时能够以学者身份自况，将那份对政治的关注潜藏起来，尽量以学术话语与之进行置换。这样就能理解，在中国新闻学启蒙阶段，康、梁等人"尽报纸之天职"的政治任务在任白涛等人眼中已经转换成新闻工作者的职业使命，他们基本摆脱了"以言报国""以言救国"等报刊政论家的豪言壮语，主张"事实"与"意见"相分离，形成了"以新闻为本位"的基本思想，回到对新闻及新闻事业本质规律的探索上来，有力推动了中国早期新闻学的发展进程。

二、价值理念：新闻事业是"社会公器"

五四时期报纸的一大特征就是公共性，新闻事业不属于任何个人与团体，它是社会的公共机关，应该为社会服务。[①] 潘忠党指出，传媒的公共性是"作为社会公器服务于公共利益的形成与表达的实践逻辑"，它体现在服务对象是公众、媒介平台要公开、媒介使用须公正。同时，对传媒公共性的讨论不能停留在"公共性是传媒基本属性或根本属性"这样的抽象命题上，而要对其进行历史场景的独特分析。[②] 美国学者舒德森亦表示，报纸是了不起的社会公共机构，它是公共意识最具代表性的携带者、解释者和创造者，报纸的社会服务理念则是由各种"历史—社会"因素共同促成的，因为"新闻"并不是人类社会普遍与永恒的特征。[③] 在中国新闻学的建立阶段，任白涛提出了新闻事业是"社会公器"这一论断，他对新闻公共性的认知实际上也受到了历史—社会因素的影响。

一方面，新闻公共性的萌生与中国古代的"公共"观念和近现代报

---

① 黄旦. 五四前后新闻思想的再认识 [J]. 浙江大学学报，2000 (4).
② 潘忠党. 传媒的公共性与中国传媒改革的再起步 [J]. 传播与社会学刊，2008 (6).
③ 迈克尔·舒德森. 新闻的力量 [M]. 刘艺婷，译. 北京：华夏出版社，2011：34—35.

刊"文人论政"的传统不无关系。中国古代就有"公共"这一观念，这是民本思想的直接体现，而民本就是"以民为本"。比如《墨子》记载："选天下之贤可者，立以为天子。又选择天下之贤可者，置立之以为三公。故画分万国，立诸侯国君，诸侯国君既已立，以其力为未足，又选择其国之贤可者，置立之以为正长。"墨子所说的"选天下之贤可者，立以为天子"就是中国古代选举的民主方案；孙中山经常引用《礼记》中的"大道之行也，天下为公"，其描绘的就是中国理想的"大同"世界，国家的主人是全体人民而不是封建帝王。

鸦片战争之后，紧闭的国门被西方的坚船利炮洞开，沉浸在"天朝上国"美梦中的清朝统治者被猛然惊醒。尔后，在与西方文明的多次交锋中处于下风，致使整个中国陷入严重的内忧外患。面对如此危局，无数知识分子站了出来，他们有感于国势的威迫，积极入世，"热切地借助报刊这种新媒介，抒发言论，评议时政，以文章来为国家扶善除恶、激浊扬清，对政府进行舆论监督，以实现他们共同的理想和追求"[1]，由此形成了近代以来的"文人论政"传统。

"文人论政"有其历史渊源，它承接的是古代的"清议"传统。清议原本是对人物"公正的评议"，与汉代官员选拔直接相关，同时它又具有引导、规范、监督个人行为的作用，也是士大夫们实现国家意识形态社会控制力的有效手段。[2] 从东汉的太学清议到明朝的东林党争，清议是士人群体与封建皇权进行博弈的舆论场，这一传统到了近代则演变成为文人论政。王韬、梁启超、康有为等人借助报刊"立言"，进一步推动了新闻公共性的发展。这些关心国事的知识分子群体则成了新闻公共性发展的重要推动力量，有研究指出："中国的公共领域从一开始就不是以资产阶级个人为主体，而是以士大夫或知识分子群体为核心，跳过欧洲曾经有过的文学公共领域的过渡阶段，直接以政治内容作为建构

---

[1] 袁新洁. 近现代报刊"文人论政"传统研究 [M]. 南昌：江西人民出版社，2009：1.
[2] 李春青. 道家美学与魏晋文化 [M]. 北京：中国电影出版社，2008：77.

的起点。"① 正是在这些因素的共同作用下,近代报人将报纸看作社会舆论的公器,是为民请命的机构,由此他们所主持或参与的报刊才表现出与商业性报刊相异的品质,新闻的公共性才得以产生。

另一方面,民初自由经济、民主政治、市民群体得到了较快发展,它们是构成公共领域的经济、政治和社会基础,这些因素加快了报刊大众化的进程,促进了新闻公共性的进一步发展。② 第一次世界大战开始后的七八年时间里,西方列强专注于战争与战后重建,无暇顾及中国,这给予了中国民族资本主义发展的空间,中国的厂矿业、农商业、轻重工业等部门得到了快速发展,堪称民族资本主义发展的"黄金时代"。詹姆斯·凯瑞指出:"作为一种实践,新闻业离开民主的语境是不可想象的。事实上,新闻是民主的另一个名称。"③

民族资本主义经济的发展带动了民族资产阶级的壮大,西方民主思想的东渐也促进了知识分子对民主政治的追求,他们创办了《新青年》《国民》《新潮》等报刊,积极宣扬"德先生",展现了他们对民主的渴求。五四时期的知识分子"对民主的认识大约而言是倾向于高调民主观,而对低调的民主观则甚少措意",所谓高调民主观主要带有乌托邦倾向和集体主义色彩,它正是与社会成员的公共意志有关。④

同时,民国的市民群体也有所增长。近代以来,中国的城市人口逐渐增长,出现了越来越多的现代意义上的城市。据统计,1915年以后,中国10万人口以上的大中城市有上海、北京、广州、西安、武昌、重庆等43个,遍布中国的各个方位。⑤ 一般市民的文化教育水平也有所提高。以上海为例,上海社会教育事业呈现识字扫盲、青年读书运动及

---

① 方平. 晚清上海的公共领域(1895—1911)[M]. 上海:上海人民出版社,2007:8.
② 杨仁忠. 公共领域论[M]. 北京:人民出版社,2009:106.
③ Munson E S, Warren C A. James Carey: A Critical Reader [M]. Minneapolis: University of Minnesota Press, 1997: 323.
④ 张灏. 幽暗意识与民主传统[M]. 北京:新星出版社,2010:232.
⑤ 何一民. 近代中国城市发展与社会变迁(1840—1949)[M]. 北京:科学出版社,2004:70-81.

函授自学等多层次、多元化的景象,尽管参与社会教育的人数在全市人口中的比重并不是很高,但已经形成了有志者追求文化知识、自强自立的社会氛围。[①] 这些因素共同促进了新闻业的发展,不少城市都出现了比较成熟的现代报刊,这些报刊的服务对象也由原来的精英阶层逐渐下沉到一般市民,缩短了报纸与大众的距离。20世纪初叶,中国已经出现了大众化报刊,英敛之创办的《大公报》、狄楚青创办的《时报》、史量才创办的《申报》等报刊不仅具有通俗性,还体现了较为鲜明的公共意识,报刊的舆论监督和社会责任功能得到凸显。[②]

  正是在这样的社会语境之下,任白涛提出了新闻事业是社会的公器这一论断。他表示"公共性"是新闻事业最为突出的特质,新闻事业则是社会的"公共机关"。新闻事业与那些以营利为目的的机构不同,"营利或名誉事业"只考虑少数人的利益,缺乏公共性的考量,新闻事业则以大多数人的利害荣辱为评判标准。任白涛认为新闻业主要恪守"透明无色"的主张和"公正不偏"的态度,因为报纸权威信用的高低,完全依赖新闻业主对新闻公共性的重视程度。换言之,任白涛将公共性与报纸的权威相联系,认为它们互为因果关系:"尊重公共特质之报纸,其声价自益高大,若个人或一部分人的色彩浓厚,不惟其事业难得健实的发展,且为社会所嫌弃"。[③]

  任白涛进一步辨析了新闻事业的"营利性"与"公共性"的关系。他虽然承认新闻事业具有营利性,但营利性要排在公共性之后:"现代新闻社,取法股份公司组织者甚夥,似成营利事业之一种。然断不可徇营利公司之常轨。盖营利公司,固非不计公众之便宜,然要以极力图营业之盈余为前提。而新闻事业,则绝对当以公众为本位。"从中可以发现任白涛所谓公共性的根本出发点在于"公众",而新闻事业的公共性

[①] 张忠民. 近代上海城市发展与城市综合竞争力 [M]. 上海:上海社会科学院出版社,2005:106.

[②] 戴元光,等主编;童兵,林涵,著. 20世纪中国新闻学与传播学·理论新闻学卷 [M]. 上海:复旦大学出版社,2001:84—91.

[③] 任白涛. 应用新闻学 [M]. 上海:上海书店出版社,2011:4.

第三章　任白涛的新闻思想

与营利性也并非绝对的对立关系，只要新闻业主不忘新闻的公共性，从大多数人的权益出发，自然可以获得公众的支持和信赖，"故社会利益发展之日，即新闻事业成功之日，亦即新闻权威发扬之日也"。正是因为新闻社与公众的关系至为密切，而且"报纸上之文字、评论、记载，无论矣，即小说、杂俎、诗歌、绘画等类，亦尽属社会事物之回声，皆与公众之福利有至大之影响"，新闻工作者必须要维护公众的福利。如果新闻工作者缺乏公共意识、忽略公众，利用报纸满足少数人的利益，破坏公众的福利，那他们不仅是"社会的罪恶者"，亦是"新闻事业之叛徒"。[①]

任白涛还指出了新闻事业公共性的深层内涵。他认为新闻事业固然要警惕被少数人利用，但这是否意味着它可以专门去迎合社会多数人之所好呢？换句话说，新闻事业公共性的底线在哪里？对此，他引用了纽约《乌特尔克》杂志主笔阿波特博士的论述：

> 其言略谓世间有嗜好之人，故有卖醇酒者、有卖鸦片者、有营败坏风俗之业者，以投其所好而利焉。迎合社会之报纸、与投人嗜好以为利者，将毋同。又有论报纸迎合社会之结果，可譬诸酒肆之主人，无论如何供佳酿于社会，社会决不为之建纪念碑，其立说尤为奇辟。

任白涛强调，"真理不灭、公道自在，好善恶恶、人之恒情"，尽管公众的嗜好有高低之分，但绝不能为了迎合他们而降低报纸的报格；而那些单纯去迎合公众的报纸，并不是真正具备公共性的报纸，它们也不可能永久地生存下去。[②]

但是，任白涛也意识到理想中的公共性报刊几乎是不存在的。因为现实社会的报纸会混入"杂音"，这使报纸失去了最为纯粹的性质。任白涛指出，报纸上的"杂音"是在"把言论、记载弄歪曲的时候，是在

---

① 任白涛. 应用新闻学 [M]. 上海：上海书店出版社，2011：4—5.
② 任白涛. 应用新闻学 [M]. 上海：上海书店出版社，2011：5.

政党使机关报不顾是非、恣意宣传的时候,是在新闻业者为自己利益而利用报纸的时候,是在资本家利用本势力和广告关系而干涉报纸"的时候产生的。不过,这些带有"杂音"的报纸可以一时地欺骗公众,却无法永久地欺骗他们。一方面,公众会立刻分辨出这些"杂音"报纸,并且很快做出反应,避免阅读"杂音"过多的报纸;另一方面,心系公众与社会的报纸也在与"杂音"博弈,它们努力消除这些"杂音",尽力维持报纸的本心。任白涛认为,无论是政治权力还是资本权力,在无理地压迫报人的时候,必定会发生事实的扭曲。这样的报纸只能算"野心家"或"贪欲者"的工具,不能算真正的报纸,它们会受到公众的排斥,任白涛认定的真正的报纸则是不歪曲事实,切实"以公众为本位",代表最广大人民群众,维护社会利益的报纸。① 总体而言,任白涛对新闻事业公共性的论述,一方面强调了报纸等媒介在社会生活中的地位和功能,另一方面提出了新闻必须以服务公众和社会为宗旨。报纸等媒介扮演着"社会公器"的角色,是全体社会成员的公共信息平台,是全民了解自我、他人和社会真相的交流工具,因此必然是为社会服务的。

其实,五四时期的新闻人对报纸的公共性理念具有高度共识。徐宝璜反复强调"报纸的公共化"属性:"所谓公共化者,乃因新闻纸与社会关系愈趋密切而言。"②"新闻纸因应社会之需要而有上列四种重要职务,故为社会之公共机关。"③ 邵飘萍也一再强调报馆是"社会公共机关","报纸与社会之影响亦可略为说说:(1)报可作第三者;(2)可作人民之代表;(3)补充人民知识之不足够"④。戈公振也指出"新闻纸要对社会负责":"报纸以报告新闻为原则,和我们的生活息息相关。在复杂的社会中,更成为流通消息、交换意志的唯一枢纽。所以要实行民治政体,全在报纸能负起责任去做。"⑤ "夫社会为有机体之组织,报纸

---

① 任白涛. 综合新闻学 [M]. 上海:上海书店出版社,1991:125.
② 徐宝璜. 新闻学 [M]. 长春:时代文艺出版社,2009:102.
③ 徐宝璜. 新闻学 [M]. 长春:时代文艺出版社,2009:100.
④ 邵飘萍. 邵飘萍新闻学论集 [M]. 北京:北京大学出版社,2008:224.
⑤ 戈公振. 新闻学 [M]. 北京:商务印书馆,1947:38.

之于社会，犹人类维持生命之血，血行停滞，则立陷于死状；思想不交换，则公共意识无由见，而社会不能存在。"① 对任白涛等人而言，他们希望报纸不要成为政党的工具，因为它是用来服务社会与公众的，即"社会之公共机关"，这是报纸的根本价值理念之所在。

三、事业保障：重视新闻记者的"职业素养"

知识社会学的核心论断在于"存在决定知识"，它意味着社会—历史因素会对知识进行制约与形塑。哥伦比亚学派学者莫顿也指出："思想并不是内在决定的，思想是有存在基础的。"② 也就是说，知识的形成是有具体语境的，它是对现实社会基础的某种映射。任白涛对职业记者的重视恰可以看作对中国新闻业发展的一种回应。

晚清的新闻业发展水平较低。民族资本受外国资本和官僚资本的双重压迫，发展缓慢，规模弱小，实力薄弱，严重影响了它对报业的投资。可以说"晚清报业中民间资本的软弱性与半封建性，从一定程度上决定了民间报刊的历史走势"③。在新闻业不发达的情况下，行业对于专业人才的需求势必会大打折扣。清末的"新式报人"是从挽救国家危亡、谋求政治变革的先觉者和救国者中诞生的。早期王韬对报人爱国、公正、博学等的要求更多的是将自己对文人、传统士大夫的要求加诸报人身上；资产阶级维新派与革命党人则倾向于将是否有先进的政治主张和强大的政治鼓动能力作为报人应有的资格，他们在探索救国道路的过程中逐渐形成了改良与革命两种不同类型的救国主张，其报纸形成了"改良派"与"革命派"的分野。其实，不论他们的主张如何，他们体现出的是文人办报、政治家办报的固有思路，这一思路"固然造就了他们对中国社会进化的功勋，也对促进中国报业发展和'报人'地位提升

---

① 戈公振. 中国报学史·自序 [M]. 台湾：学生书局，1983：1.
② 默顿. 社会理论与社会结构 [M]. 唐少杰，译. 南京：译林出版社，2006：691.
③ 唐海江，吴高福. 晚清报业中民间资本的若干问题 [J]. 新闻大学，2002 (4).

发挥了巨大作用,却也成了制约和影响他们对报刊及其职业的态度、认识、情感、职业价值观、职业忠诚度等认同因素的核心框架"[1]。

相较于晚清,民国新闻业可以说得到了快速发展。中国报业在经历了民初的振荡起伏之后,开始呈现一些积极的发展态势。第一,新闻业种类繁多。商业性报刊在数量上占据多数,《申报》《新闻报》是商业性报刊的典范;国人自办通讯社数量大幅度增长,并逐渐走上正轨;广播媒介开始出现,依靠售卖收音机和无线电产品为主。第二,报刊发行总量整体呈上升趋势。1916年后,报刊发展稳定并出现逐年上涨的态势,其中上海是全国报纸发行的中心。第三,报刊网络基本成型。20世纪20年代,全国有多所城市建立了新闻产业,上海、北京、天津、武汉等大城市的新闻业比较发达,一些小城市也开始出现报业,虽然规模较小,但城市与城市之间的报纸开始联通。[2] 报业的繁荣进一步刺激了新闻专业人才的需求量,此时的人才素养与晚清相比有大的提升。随着黄远生等一批记者的崛起,新闻开始出现职业化的萌芽。黄远生提出的"四能说"不仅是一种业务要求,也是对记者职业化的素质要求。实际上,职业化不仅成为彼时新闻业最为突出的进步和最大的亮点,也成了以采写新闻为主要职业的记者的专业立场和专业自觉,这种转变正如大卫·科泽所言:"人作为知识对象和认识主体,是由外在于个人的文化和经验所形塑而成的。"[3]

任白涛于1912年进入新闻界,虽然他担任记者的时间不长,但对记者职业化的问题有切身感悟。当时,任白涛是上海《民立报》驻河南开封的特约通讯员。在当通讯员期间,该报时常拖欠薪资,万般无奈,任白涛前去上海讨薪。该报的总理兼主笔特别是主编"要闻一"的编辑对任白涛的来访很是客气,任白涛指出唯一的原因是"没有发过半封不

---

[1] 樊亚平. 中国新闻从业者职业认同研究(1815—1927)[M]. 北京:人民出版社,2011:153.

[2] 王润泽. 北洋政府时期的新闻业及其现代化[M]. 北京:中国人民大学出版社,2010:24—30.

[3] 大卫·科泽. 仪式、政治与权力[M]. 王海洲,译. 南京:江苏人民出版社,2014:4.

正确的通信，而且没有半封被他们扔到废纸篓里"。不仅如此，该报的总理正是感受到任白涛是一名十分难得且合格优秀的记者，还替他约了其他三家报馆，邀请他做公共通讯员。任白涛对该报的评价也十分中肯，他表示"那报确实是穷，因为要维持它的'报格'，既不肯迎合低级趣味，——那时的报纸都不带一点'黄色'，——又不愿仰承权贵意旨"①。可见，任白涛通过新闻实践已经明白作为一名合格的记者需要奉行真实、全面、客观、公正的理念，而报馆也急需这样专业的新闻人才。

当时中国记者的主体自觉性也逐渐觉醒，他们开始通过建立职业团体的方式开展活动。1921年10月12日，上海记者联欢会正式成立。该协会不同于以前的以报馆为主体的上海日报公会、全国报界联合会等组织，它的办会宗旨是以记者为主体，强调记者之间要"研究学术，以增进个人之能力；固结团体，促进新闻事业本身之改良；交换意见，期唤起一致之舆论；注意社交，与各国新闻记者携手"②。有研究指出，职业化的一个标志就是"通过所谓的'资格性协会'（Qualifying Association）而传播到各个行业的，这种协会通过对行业地位的追求和稳固、对从业者活动的协调和约束、对新技术应用的促进等方式来确保职业拥有共同的执业标准、集体性的声音以及符合职业理想的社会评价"③。这表示记者已经开始意识到自己的职业特性。尽管有学者质疑上海记者联欢会对记者职业化的贡献④，但是该协会"通过内外联系，提升记者工作的专职化和专业化水准，强化同业联系，明确职业认同"⑤，凸显了民国记者职业化的议题。

---

① 任白涛. 我的一段记者生活的实录 [J]. 青年界，1936，9 (3).
② 记者会二周纪念会纪 [N]. 民国日报，1923-11-18.
③ 刘思达. 职业自主性与国家干预：西方职业社会学研究述评 [J]. 社会学研究，2006 (1).
④ 徐小群. 民国时期的国家与社会：自由职业团体在上海的兴起 [M]. 北京：新星出版社，2007：268.
⑤ 赵建国，朱颖. 上海新闻记者联欢会与近代新闻业的职业化 [J]. 新闻与传播研究，2009 (3).

需要指出的是黄远生、邵飘萍、张季鸾等人在民国记者群体中属于凤毛麟角式的人物，当时大多数记者的职业素养相当低下。任白涛对多数记者的职业意识也甚为不满："在中国的外勤记者的当前，在客观环境和主观环境两方面都横梗着十分严重的问题。处在这种险恶沉闷的环境，若是没有彻底的觉悟和优秀的技能，万免不了被打沉到海底的危险。"① 任白涛认为："欲得真正优秀之民本政治，必先求真正优秀之报纸，此无论何人亦不能否定之理由也。而欲得真正优秀之报纸，尤不可不以得真正优秀之新闻记者为要图。是新闻记者之养成、淘汰今必不可缓之事业也。"② 在他的思想逻辑中，记者处于最基础也是最关键的地位，缺少"优秀之记者"难以获得"优秀之报纸"，也不能形成"优秀之民本政治"，只有合格的记者才能保障中国新闻事业的平稳运行。基于此种语境，任白涛对记者应该具备的职业素养进行了阐述。

第一，任白涛认为记者应该恪守"社会之第三者"的身份。他指出："新闻记者之生涯，要在捧忠实笃诚之肝胆于真理、事实之前。其生命、其觉悟、其勇气、其良心、其情感，悉为真理、事实所同化。故不可不排小我、抛小主观、以服其任务。质言之，新闻记者必为纯正无垢之自然人，始克完成其光辉赫赫之大职。"正是因为记者的身份地位非常特殊，记者才要保持人格独立："彼但将应有之事实，观察之、记载之、批评之。彼之眼中，不许有敌我之区别。彼之心底，不许怀某种之成见。不问如何之时际、场所，其地位、态度，常为超越的、独立的、客观的。质言之，新闻记者实为冷静慎重之社会检察官，提出案件之材料于社会，是则其唯一之任务耳。"③

第二，任白涛指出记者必须具备"健全的常识"。"新闻记者必须之常识，比诸一般常识，尤当较高一等，即于普通常识之上，又须有相当之素养。详言之，新闻记者必有大学卒业程度之基本知识，更为潜深之

---

① 任白涛. 综合新闻学 [M]. 上海：上海书店出版社，1991：385.
② 任白涛. 应用新闻学 [M]. 上海：上海书店出版社，2011：2.
③ 任白涛. 应用新闻学 [M]. 上海：上海书店出版社，2011：7-8.

研钻，明己国之情事，通世界之趋势，庶几可全其'无冕之帝王'、'社会之师表'之责任。更退一步言之，新闻记者纵不必以极高深之专门知识立身，然无论何种学者之学说，悉不可理解之，且能对之下明确的观察，即所谓高等之理解力是也"。任白涛进一步指出记者所需的学问分为有形与无形："就有形的学问言，欲为新闻记者，最小限度即不可无前述大学卒业程度之学力。而并无何种形体之学问，若世间实际之事理，更为可贵，然此非经若干之年月，尝许多之艰辛，不能得之，即所谓经验是也。必学业与经验兼备，然后方可称为优秀之记者。"①

第三，任白涛表示记者必须要拥有"刚健的意志"。他指出新闻记者"因其职务之尊严、地位之崇高，故当具富贵不淫、贫贱不移、威武不屈之精神。笔可焚而事实不可改，身可杀而良心不可夺。若此浩然精神所赖以培养而保持者，刚健之意志力也"。如果记者的意志力变得薄弱，不知道精神报酬的可贵，一味地追求物质报酬，这会成为记者人格堕落的窗口："于是资本家、野心家伺其弱点而饵以所欲者，以买其欢心、使曲其笔、作一己之企图，是为新闻记者通有之怪状也。此种怪状，纵于法律上幸免构成其罪名，而于道德审判之前，则决不容赦。即其精神上必受自然之责罚，所谓良心之制裁是也。要之，欲为新闻记者，须积得多量之知识，尤不可无相当之修养。即纵具渊博之学问，而无忧乐天下之抱负与毅力者，则新闻事业终不许其从事，即从事亦难告厥成功也。"②

第四，任白涛还从性别角度指出"女记者"是现代新闻业必不可少的组成。他认为"旧时女记者之访问仅属于新闻社家庭部之范围，及至现代欧战以后，彼等早已能冒风雪于深宵，作险阻之踽行，以从事百般社会之访问，而与彼等之异性记者竞胜矣"。现代女记者与男记者并无太大区别，且女记者在某些地方甚至会超越男记者："一般妇女对于报

---

① 任白涛. 应用新闻学 [M]. 上海：上海书店出版社，2011：8-10.
② 任白涛. 应用新闻学 [M]. 上海：上海书店出版社，2011：10-11.

纸之势力日益扩大,斯报纸上女界记事之需要,亦愈急切。以男记者处理女记者之记事,非惟不能如女记者之亲切有味,且往往持轻薄态度,致招女界之怨怒,贻新闻社以损失。由是论之,则女记者之需要,殆亦自然趋势而不可遏者也。"①

因此,记者只有具备了专业素养,才能更好地胜任新闻工作,使报纸真正成为服务社会的"公器"。除了任白涛,其他学人也对记者提出了相应的职业要求。作为"新闻学者"——或者更确切地说——作为"职业记者"的邵飘萍对记者的素养尤其重视。他不仅在《实际应用新闻学》中专设"外交记者之资格与准备",对记者具有的资格进行介绍和分析,还在《新闻学总论》中设专章"新闻记者之地位与资格",对记者的身份特性,做记者应具有的个性、气节、精神和应坚守的原则进行了深入的阐述。他认为,"欲求报纸之改良,当先从根本上注意新闻之材料",而"新闻材料何自来?全赖外交记者之活动",故"外交记者之养成,尤为改良报纸之根本的根本"。②徐宝璜在《新闻学》中也有专门章节对"访员应守之金科玉律""访员之资格""通讯员与其通讯法"等问题进行了论述。他指出:"新闻学者,以养成良好新闻记者,并导新闻事业于正轨为职志者也。斯学昌明,则人类受新闻事业之福,愈增其量,是斯学之重要可知矣。"③

总的来说,任白涛等学人对新闻记者的职业化都比较重视。黄旦在分析早期新闻学著作时指出,它们"深刻地表明中国新闻思想发展史中的一个重大变化,即报馆的职业组织的地位得以确认,并从学术上对报业职业化有了初步的描述和简析"④。因而任白涛阐述记者的职业化时更侧重于职业意识、职业素养、职业教育。他对记者寄予厚望,认定他们是"无冕之帝王""社会之师表",也只有保证他们都成为"优秀记

---

① 任白涛. 应用新闻学[M]. 上海:上海书店出版社,2011:11.
② 邵飘萍. 邵飘萍新闻学论集[M]. 北京:北京大学出版社,2008:18.
③ 徐宝璜. 新闻学[M]. 长春:时代文艺出版社,2009:106.
④ 黄旦. 中国百年新闻思想主潮论(未刊). 转引自:商娜红. 制度视野中的媒介伦理——职业主义与英美新闻自律[M]. 济南:山东人民出版社,2006:218.

者"之后,中国的新闻事业才能摆脱当前的窘境,繁荣发展。

四、约束机制:以"新闻道德"为中心的伦理观念

英国学者丹尼斯·麦奎尔指出,新闻媒体行业员工出现职业化倾向以后,必定会伴随着典型的伦理规则、职业训练和自律组织。[1] 美国社会学家帕森斯认为,价值或规范是社会的关键特性,规范的"内在化",社会内部个体的整合机制,即通过共同的价值观对行动进行道德协调。[2] 因此,随着新闻业的发展和记者职业意识的生成,新闻职业道德规范遂成为新闻行业的一项约束机制。戴元光在《传播道德论》中指出传媒业中的道德是"传播的专业理念,是伦理道德的重要组成部分,是社会意识形态。传播道德包含传播观念、传播态度、传播责任、传播法律等内容"[3]。而新闻从业者的职业道德规范"形成于新闻行业发展的漫长过程中,并具有内在稳定性与历史沿袭性"[4]。任白涛对新闻工作者的道德问题尤为重视,他甚至将新闻道德作为整个理论体系的"骨干","这是新闻伦理首次成为新闻学理论体系的一个相对独立的组成部分,在中国新闻学术史上具有开创意义"[5]。

任白涛对新闻道德的强调一方面受到了近代报人的影响,他们根据西方职业道德观念与中国传统的道德思想,对新闻传播活动的行为规范与职业道德提出了零散却又不失真知灼见。比如,王韬在《论日报渐行于中土》一文中阐述了新闻工作者的职业道德问题。他指出,"西国之为日报主笔者,必精其选,非绝伦超群者,不得预其列","其立论一秉

---

[1] Christians C. et. al. Normative Theories of the Media [M]. Urbana:University of Illinois Press,2009:24.
[2] 安东尼·吉登斯. 政治学、社会学与社会理论 [M]. 何雪松,赵方杜,译. 上海:格致出版社,2015:193.
[3] 戴元光. 传播道德论 [M]. 上海:上海大学出版社,2000:70.
[4] 杨石华,齐辉. 民国时期中国报人对新闻道德的讨论与突围(1914—1949)[J]. 新闻与传播研究,2016 (2).
[5] 程曼丽,乔云霞. 中国新闻传媒人物志 [M]. 北京:长城出版社,2014:275-276.

公正，其居心务其诚正"。因此，"固秉笔之人，不可不慎加遴选。其间或非通才，未免识小而遗大，然犹其细焉者也；至其挟私讦人，自快其忿，则品其计下矣，士君子当摈之而不齿"。① 梁启超在《时报》的发刊词中比较详细地列举了报纸应该遵守的原则："本报纪事，以确为主。凡风温影响之事，概不登录。若有访函一时失实者，必更正之"；"本报纪事，以直为主。凡事关大局者，必忠实报闻，无所隐讳"；"本报纪事，以正为主。凡攻讦他人阴私，或轻薄排挤，借端报复之言，概严屏绝，以全报馆之德义"。② 可以发现近代报人对新闻工作者的道德品性与职业素养已多有论及，遗憾的是没有形成以新闻自律为核心的意识，而且新闻道德仍然与政治纠缠在一起，使得它成为报纸"有益于国事"的附属品——报人办报要以国家利益为目标努力，而不能以私人利益为主导，以这个前提条件为衡量自己作品价值的唯一准则，而不能把私人利益渗透进去。③

另一方面，任白涛对民国时期的新闻道德建设进程不甚满意。随着新闻业的快速发展，尤其是大众化报刊的出现，一些报纸为了争取读者，获得更高的经济利益，出现了不少新闻伦理失范的现象，这给当时的新闻业带来了不良的影响。任白涛指出，新闻从业者为了获得公众的关注，常常突出新闻的"新""奇"等价值要素，而这些新闻材料的选择标准往往与道德对立，要想遵守新闻道德，必须对新闻材料的选择标准进行把关。实际上，报纸理应成为社会的"公器"，最大限度地为公众利益着想，但是，当时中国报业的实际情况是新闻从业者不仅道德水平低下，报纸也充斥着大量的黄色新闻，一个重要原因就是记者没有认清新闻道德和新闻价值之间的关系，才使得中国新闻界屡屡发生各种各样的违背社会道德的"罪案"。④

---

① 张之华. 中国新闻事业史文选（公元724年—1995年）[M]. 北京：中国人民大学出版社，1999：6—7.
② 《时报》发刊词 [N]. 时报，1904-06-12.
③ 张晓锋. 新闻职业精神论纲 [M]. 北京：中国广播电视出版社，2011：132.
④ 任白涛. 综合新闻学 [M]. 上海：上海书店出版社，1991：79—80.

第三章 任白涛的新闻思想

相较于新闻业低下的道德水平，当时的新闻界所做的努力也比较有限。在新闻从业者的职业认同感得到加强并形成社团组织后，新闻道德才算正式被纳入新闻事业的考量范围。1910年，第一个全国性的新闻从业人员社团组织中国报业俱进会正式成立。该组织在宣言中表示："以结合群力、联络声气、督促报界之进步为宗旨。"1919年，全国报界联合会成立，在此后的三年间通过了六项关于新闻职业道德的议案，包括维持言论自由案、请愿国会以绝对自由保障言论出版条款加入宪法案、表扬报界先烈案、劝告勿登有影响于社会之广告与新闻案、拒登日商广告案（两次）。1927年，上海新闻记者联合会在章程中也提出了关于新闻职业道德的建设问题："本会以研究新闻学识，促进德智体群四育为宗旨。"不过，民国时期的新闻道德建设总体情况不容乐观，迟至1942年才由"中央政治学校"新闻系主任马星野拟定了一个全国性的职业道德准则——《中国新闻记者信条》。

面对新闻从业者的道德危机，任白涛表示报人肩负的社会责任越来越大，正所谓"有权利，必有义务；即要想尊重权利，必须尊重义务；要想真正使报纸得到善良的效果，必须先使新闻业者尊重道德"。新闻道德从本质上来讲属于一般的社会道德范畴，"应以一般社会道德为基础，以服它的指导诱掖，取舍选择的任务"。任白涛认为："新闻业者无论逢着怎样的标准而怎样地降低那个选择，一般社会的规律也常运行到那个选择上。明白点说，不可为新闻价值而蹂躏道德的要求；这时候，是受着新闻业者方面的道德的要求和一般社会之道德的要求的二重束缚的。新闻业者无论怎样地想遵从新闻价值的要求去超越道德，也不能抑压住那做一个社会人的彼的心中所发生的道德。缺乏这种道德感的人，是不能制作为社会多数人所欢迎的有价值的新闻记事的……反社会道德的新闻记事，要受一般社会的排斥，这便失去做报纸的价值。遵守社会道德，乃是新闻工作的最根本的条项"[①]。法国学者涂尔干表示："任何

[①] 任白涛. 综合新闻学 [M]. 上海：上海书店出版社，1991：79-80.

能够在整体社会中占据一席之地的活动方式，要想不陷入混乱无序的形态，就不能脱离所有明确的道德规定。一旦这种力量松懈下来，就无法将其自身引向正常的发展，因为它不能指出究竟在哪里应该适可而止。"① 因此，只有当新闻道德观念转变为新闻道德规范的时候，才能从制度层面约束新闻行业。

不过，彼时的中国新闻界对新闻道德的研究相对滞后，所以任白涛引介了不少欧美的新闻道德规范，如《瑞士新闻业总会的决议案》《哈定的星报信条》《全美记者遵守的七条规律》《哈斯特报的记者信条》《格拉斯的五项要义》等，他最为认同的则是密苏里新闻学院院长沃尔特·威廉制定的《新闻记者信条》。五四运动前后，"中国的新闻业虽然逐步由政论本位向新闻本位转型，但新闻界中存在着严重的腐化堕落现象。报格低下，低俗之风盛行；报人不顾人格，卖身投靠；报馆因陋就简，根本不成体统"②。恰在此时，威廉博士数度来华访问，他的新闻思想正好迎合了中国新闻职业化的发展进程，而他带来的《新闻记者信条》也满足了民国时期新闻道德的建设需要。虽然该信条有一些译本，但任白涛指出它们都忽略了一个重点，那就是首句"I believe in the profession of journalism"。任白涛在新闻职业化的语境下重译了该信条，其译文如下：

> 余信新闻业是专门的职业。
>
> 余信公共的报纸是公共的信托机关；关系着它的一切人，都是有重大责任的公共机关的保管者；那不能收得社会服务的成效的报纸，算是背叛这个信托机关。
>
> 余信明快的思想，明快的记载，以及正确与公平，均为良好的新闻事业的根本要素。

---

① 爱弥尔·涂尔干. 职业伦理与公民道德[M]. 梁敬东, 付德根, 译. 上海：上海人民出版社, 2001：13.

② 邓绍根. 百年回望：美国《新闻记者信条》在华传播及其影响研究[J]. 新闻与传播研究, 2015（10）.

第三章　任白涛的新闻思想

余信新闻记者所应属笔的事物，仅是衷心信为正确的事实。

余信除关于社会安宁、福祉以外，任何新闻记事，都是不应该抑止的。

余信凡君子所不上口的事情，新闻记者也不当落笔；自己手册中所记的贿赂，当视如他人手册中的贿赂，都是应舍去的；又，个人的责任，不是可以凭借由于他人的命或他人的分配之说所能规避的。

余信凡广告、新闻、评论各栏，都须努力增进读者最善的利益；务必处处皆以真实和纯洁为唯一标准；良好新闻业的最高历练，就是为公众服务的程度。

余信最成功的新闻业——值得最成功的新闻业——须畏天敬人，不为意见或权力所打动，彻底保持独立的态度；并且是建设的，宽恕的而严正的，自制的，忍耐的；常尊重其读者，但也不怕读者；对应不正义，立刻愤激；不为权利的诱惑或众愚的鼓噪所左右；对于无论何人，必求与以相等的机会；在法律、友爱和人群观念的范围内，求人人可得的均等的机会；与力求增进国际间的善谊，联结世界的友情同时，务必认真爱国；这是基于现世的人类爱的新闻业。[1]

在重译的版本中，任白涛突出了该信条的职业化特性。他认为新闻道德规范最重要、最中心的点在于"正确第一"（Accuracy First）："正确二字，为办报之根本原则。苟有报而无正确之报告，不如其无。惟欲事之正确，非易言者，必其人具有相当之教育，然后能将正确新闻贡献于社会。"这就要求记者不能任意捏造事实，而正确原则是"新闻业者应遵守的唯一无二的金科玉律"。[2] 在这样的新闻道德规范框架下，任白涛进一步论述了新闻工作者应该具备何种新闻道德。他认为单纯地抑

---

[1] 任白涛. 综合新闻学 [M]. 上海：上海书店出版社，1991：89—90.
[2] 任白涛. 综合新闻学 [M]. 上海：上海书店出版社，1991：92.

129

制反社会、反道德的事件，故意遮掩社会生活的真相，只能算消极的新闻道德，并不能给社会道德带来良好的影响。只有像科学家一样，公平、冷静地将社会真相，包括杀人、强盗、欺骗、欺诈、渎职，及其他一切政治的、社会的犯罪等事件正确地表现出来，而不掺杂任何私情地去剖析社会的问题才是报纸的正论。社会本来就是善与恶的结合体，"社会是常在这个善恶对立中继续前进的。社会道德的最高目标，是从社会灭绝这个恶。而报纸必须由其本来的使命，在这个目标下暴露一切的社会恶，督促对于它的公众全体的协力和反省"[1]。也就是说，积极的新闻道德不是抑制社会不良新闻的传播，而是暴露社会中的问题，进而寻求问题的解决。因此，新闻工作者需要以"正确第一"的职业化标准去暴露"社会恶"，这才是积极的新闻道德。

当然，任白涛并没有脱离新闻业的实际环境，空谈如何加强新闻道德。他将新闻失范现象与报业相联系，认为记者新闻道德下滑现象与经济因素有关联：其一是记者的薪金微薄，他们为了维持基本的生计，不得不违背记者客观公正的信条，以至于部分记者在报道新闻时"曲其笔"，从而获得不法资金；其二是记者缺乏个人修养，这些记者的道德素养本身就不高，外界也缺乏相应的约束条例，使得他们陷入道德困境却不自知；其三是记者受到外力的引诱，这些外力包含政治、经济等各种因素，而这些外来的引诱力比内心作恶的力量大得多。这些症结都是记者需要引以为戒的，除了提高自己的道德水平去克复之，还需要使新闻业繁荣发达起来。正所谓"仓廪实而知礼节，衣食足而知荣辱"，虽然"仓廪实"不是记者必须的，但"衣食足"则是必不可缺的条件，因为提高记者的道德，"毕竟还是在新闻社经济的独立——即新闻业的发达——上"[2]。任白涛对新闻道德的认识是从新闻活动的主体角度进行论述的，因为记者德行的要求是新闻道德的最终落脚点，新闻活动的道

---

[1] 任白涛. 综合新闻学 [M]. 上海：上海书店出版社，1991：83-84.
[2] 任白涛. 综合新闻学 [M]. 上海：上海书店出版社，1991：103-117.

德性与新闻活动的主体直接相关,只有新闻活动的主体具备一定的德行,才能按照道德规范进行新闻活动,推动整体新闻道德的发展。这可以称为新闻道德的"人格论"。

对中国新闻界道德失范的情况,徐宝璜也从报刊角度对新闻道德进行了阐述:"新闻纸应立在社会之前,导其正常之途径,故提倡道德,亦为新闻纸职务之一。使新闻纸素得社会之信任,则恶者因其劣行登载而受舆论之攻击,善者因其善行登载而受舆论赞扬,虽不必发生严如斧钺,或荣如华衮之力量,然足以惩恶励善,则毫无疑也。"[①] 邵飘萍则明确提出"品性为第一要素"的道德命题,"品性"是记者遵循新闻道德的全部要求,它们包括"人格、操守、侠义、勇敢、诚实、勤勉、忍耐"等。戈公振也论述了记者的人格修养,记者的工作是"五官四肢并用的,寝食无定时,风雨所不避",并且他们的"薪水很薄",只有自己减轻负担,少受经济压迫,"庶不致受外界的诱惑,而后方能保持记者的人格"。[②] 总的来说,徐宝璜等人对新闻道德有所论述但着墨不多,任白涛则将新闻道德作为导正中国新闻界的标尺,也是早期新闻学人群体中系统研究新闻道德的,推动了民国时期新闻伦理的建设。

---

① 徐宝璜. 新闻学 [M]. 长春:时代文艺出版社,2009:8.
② 蔡斐. 戈公振新闻思想研究 [M]. 北京:中国传媒大学出版社,2017:116.

第四章 抗战时期任白涛的新闻思想

1937年七七事变前后，任白涛等人基于纯粹的学理视角所构建的"以新闻为本位"的新闻学戛然而止。战争阴云的突然来临和现实社会的剧烈转向，阻滞了相对平静的学术研究环境，任白涛被迫走出书斋，走向抗战前线。其实，七七事变的前一年，燕京大学新闻系主任梁士纯就将"国难"与新闻学相联系，并出版了《战时的舆论及其统制》，及至1945年抗战结束，这一阶段被划分为中国新闻学的"战时新闻学"阶段。战时新闻学是伴随着日本帝国主义的入侵形成的通过抗战进行理论建构的新闻学体系，与平时状态下的新闻学有很大的不同。

本章主要讨论任白涛抗战时期的新闻思想及理论特征。在抗战时期，任白涛陆续出版了《抗战时期的新闻宣传》《国际通讯的机构及其作用》《日本对华的新闻宣传政策》三本战时新闻学专著与相关论文，这些史料以往的研究者鲜少使用。因此，分析任白涛抗战时期的新闻思想，研究他对战时新闻学的理论贡献，既能弥补学界研究的不足，也有利于我们加深对战时新闻学的理论认知。

第一节 抗战时期任白涛新闻思想的生成动因

梁启超言："凡文化发展之国，其国民于一时期中，因环境之变化，与夫心理之感召，不期而思想之进路，同趋于一方向，于是相互呼应洇涌，如潮然。"① 此话道明了学术研究与社会的关系，学术研究与社会现实紧密相连，两者互相呼应。因为学术研究需要联系社会才具有现实价值和意义，离开了社会环境难免曲高和寡。从这个意义来讲，社会环境决定了学术研究的外部对象和理论特色，而抗日战争之于中国的社会影响无疑是巨大的，它不仅深刻改变了中国社会，也改变了与之相连的学术研究。战时新闻学作为抗战时期救国思潮的重要部分，其兴起不单缘于时局的紧张，也是一种对社会现实的回应，任白涛正是在这种社会环境中开始了战时新闻学研究。

一、民族危机的加剧与救亡运动的兴起

在中日交往史中，日本与中国的关系基本向好，日本曾多次派遣使者来中国学习先进的政治制度、生产方式和中华文化。不过，19世纪以来，不少亚洲国家遭受了西方国家的入侵。与近代中国备受西方列强侵略不同的是，日本经过明治维新之后国力大增，走上了资本主义的发展道路，加之自身物资匮乏，日本开始对外扩张。其实，日本的对外扩张策略在明治维新之前就已经萌芽。1823年，佐藤信渊在《宇内混同秘策》中就指出日本应该统一万国，而第一步就是攻击"满洲"，随后征伐"支那"，并详细论述了攻取中国的方法、步骤，甚至出兵顺序和作战分工。1858年，吉田松阴在《幽囚录》中提出了"垦虾夷，收琉球，取朝鲜，拉满洲，压支那，临印度"的设想，并具体提出了"收满洲逼俄国，并朝鲜窥清国，取南洋袭印度，宜择三者之中易为者先为之"的战略。在对外扩张思想的形成过程中，日本政府也把这一思想付诸实践，即用侵略战争印证其思想的正确性。②

在此背景下，近代日本与中国之间的摩擦和战争持续不断，并呈持

---

① 梁启超. 清代学术概论 [M]. 北京：中国书籍出版社，2006：2.
② 黄华文. 抗日战争史 [M]. 武汉：湖北人民出版社，2007：39.

续升级的态势。1874年，日本发动了侵台战争，勒索清政府50万两白银。1894年，日本挑起甲午海战，战败的清政府不得不向日本支付2亿两白银，并允许其霸占台湾及其附属岛屿。1904年日俄战争后，日本更企图将"满洲"变成它的殖民地。日本政府提出的战略目标就是所谓的"惟欲征服支那，必先征服满蒙，如欲征服世界，必先征服支那"，意图把东北地区作为它征服中国、称霸世界的首要目标。到了20世纪30年代，中日民族矛盾逐渐由紧张走向激化，原本的局部战争演变为全面战争。1931年9月18日，日本关东军精心策划的预定事件发生在沈阳附近的柳条湖，随后，日军以此为借口兵分三路围攻沈阳城。19日，沈阳沦陷，这是日本蓄谋已久的对中国武装侵略的开始。此后，日军步步深入，立即向东北全境展开了攻击，在短短4个多月的时间里就占领了整个东北。到了1932年2月，日本基本占领了整个东北三省，并把溥仪扶植成傀儡皇帝，成立了所谓的"满洲国"，实际上将东北变成了日本的殖民地。九一八事变揭开了日本侵华战争的序幕，中日民族矛盾也代替了中国各阶级之间的矛盾，成为中国社会的主要矛盾。

日军在即将占领整个东北之际，又通过寻衅，制造了进攻上海的借口。1932年1月28日，日本以"日僧事件"为借口，发动了对上海的进攻。上海是中国的经济中心，也是英、美等国在华利益最集中的地区。日本进攻上海的目的有二：一是迫使南京国民政府和西方各国承认它在东北侵略的既成事实；二是进一步扩大它在长江流域的侵略基地和在华中地区的势力。面对日军的进攻，蒋介石出于各种考虑依然奉行"不抵抗政策"，导致中国基本屈服于日本的军事威慑之下。为了与日本达成"和解"，他还下令关闭各界的"抗日救国会办事处"，并答应向日军道歉、缉凶、抚恤等各项要求。面对日军的不断进攻，由蔡廷锴、蒋光鼐领导的中国革命军第十九路军不顾国民政府的撤退命令，奋起抵抗日军。十九路军的抗战行为令全国人民为之振奋，纷纷予以支援。不过，奉行所谓"攘外必先安内"策略的蒋介石决心与日方妥协，他在英、美、法等国的居中调停之下与日本签订了《淞沪停战协定》。该协定虽然暂时消除了上海的战争状态，实际上却承认了日本在上海的驻兵权，为日本发动更大规模的侵华战争提供了前沿阵地。

当日本暂时放弃上海这一目标后，它又以东北为军事基地，向西南进犯热河省与察哈尔省。1933年1月2日，日军要求中国军队撤离山海关，由日军进驻，遭到中国守军的拒绝。次日，驻守山海关的中国军队在日军的不断攻击下，终因寡不敌众全部殉国，而山海关也被日本占领。1933年2月21日，日军以三个师团的兵力分三路向热河发动进攻。由于装备不良、士气低落，20万国军一面抵抗一面后撤，致使热河在3月10日全境沦陷。接着，日军把战线推向长城一带，不断向冀东、察东进犯。5月31日，中国被迫与日本签订了《塘沽协定》，实际上承认了日本对热河、长城以北的所有中国领土的侵占事实。这样，日军就打开了通往平津和进一步侵占整个华北的门户。1935年5月，日本借口中国破坏《塘沽协定》，要求中国铲除华北抗日行动，撤退军队及国民党军政机关。同年9月，日本发表所谓《华北自治声明》，提出驱逐华北的"反满"抗日势力，要求华北经济独立，实现华北五省军事合作，组织五省联防自治团体，其意图就是要把华北变成第二个"满洲国"。"华北事变"发生后，华北的中国驻军、国民政府机关、各个工厂商店纷纷南撤，整个华北处于日本的控制之下。"华北事变"使得中国面临着更为严重的民族危机，也让中国人民清楚地看到，日本侵略中国的野心和目的远不止东北、华北那么简单，而是欲借此为跳板，慢慢蚕食整个中国。1937年7月7日，"卢沟桥事变"爆发，这标志着日本全面侵华战争的开始，而整个中华民族面临的危机也上升到了顶点。[①]

国难危机和民族救亡是相辅相成的，正是严重的国难危机激发了国人的民族忧患意识和爱国热情。面对日本不断升级的侵略行径，中国的知识分子和普通民众共同吹响了民族救亡的号角。随着九一八事变的发生，多种形式的抗日救亡运动骤然兴起，中国的知识分子迅速投身于抗

---

① 何理. 抗日战争史［M］. 上海：上海人民出版社，1985：1—9.

日救亡运动中。1931年9月下旬，中国左翼作家联盟在其主办的《文艺新闻》上发表《起来！中国的大众！》一文，号召文化界人士做"为正义为真理而斗争的文化前驱。"10月中旬，《文艺新闻》编辑部汇编出版了《血债》，集中揭露和控诉日军侵占东北所犯下的罪行。左联成员还在《申报》《晨报》《东方杂志》《大众生活》《申报月刊》等报刊上发表文章和漫画，强烈谴责日本对中国东北的侵略，抨击国民党的不抵抗政策。12月19日，胡愈之、傅东华、叶绍钧、周建人、丁玲、张天翼等人组织成立了文化界反帝抗日文化同盟。[①]

相较于文化界人士对日本的口诛笔伐，普通大众的抗日情绪则转化为实际的行动。九一八事变之后，全国各地的爱国同胞和工农群众不顾国民政府的阻拦，在各地掀起了声势浩大的抗日救亡运动。一场以各大城市为中心，各阶层民众广泛参与的抗日救亡运动迅速兴起。青年学生、工商界、教育界、妇女界等各界同胞纷纷投入这场运动，上海则成了这一运动的中心。东亚同文书院、复旦大学、交通大学、同济大学、沪江大学等高校相继宣布罢课声讨日本的侵略行为；上海的工商界人士也开始以罢工、抵制日货、成立抗日救亡组织等行为开展抗日救亡运动；上海教育界人士则成立了"上海市教育界救国联合会"这一临时组织一致反对日本的侵略行为；妇女界同胞也成立抗日团体联合开展运动，她们致电各界呼吁抗日救亡，开展募捐慰劳抗日将士。[②]

随着华北的沦陷，国民的民族主义情绪再次被点燃。这次，北平的学生成为运动的主要力量，他们在1935年12月9日举行游行示威活动，反对成立所谓的"冀察政务委员会"。"一二·九"运动受到全国学生和各界爱国同胞的声援。上海、南京、杭州等各大中城市学生相继集会、游行，要求释放被捕学生，实行对日抗战。12月12日，上海文化界爱国人士马相伯、沈钧儒、邹韬奋、陶行知、李公朴等283人发表了

---

① 张瑞强．"九一八"事变史略［M］．沈阳：辽宁大学出版社，2009：205．
② 陈丽凤，毛黎娟．上海抗日救亡运动［M］．上海：上海人民出版社，2000，45—95．

《上海文化界救国运动宣言》，表示在这生死危亡间不容发的关头，再也不能苟且偷安。宣言指出："敌人对中国的侵略，决不是少数人的盲目和野心，而是帝国主义发展的必然结果——积重难返的经济恐慌和赤字财政造成了他积极侵略的大陆政策。假如到了今日还有人想用妥协、提携、亲善，甚至游说的方式，希求敌人的觉悟，那真是与虎谋皮了！"①12月16日，北平学生再次举行示威游行，并与市民一起召开了两万多人参与的大会。大会通过"反对日本帝国主义侵略中国""不承认冀察政务委员会""反对华北任何傀儡组织""收复东北失地"等决议。②

12月17日，上海文化界召开了救国会成立大会，并发表了第二次宣言《民族解放运动的呼声》。该宣言表示："民族危机的迅速发展，敌人侵略的绝无止境，中华民族已到了和平绝望的时候，牺牲已到了最后的关头，不容我们一误再误徘徊犹豫了。"还提出了"释放政治犯"等八项具体主张，也向全国文化工作者提出了五项要求：

（一）大中小学的教师们，迅速地站在学生的面前，领导学生救国运动；（二）从事新闻事业的人们，忠实地报告救国运动的消息，树立公正舆论；（三）著作家们，本着各自的文化领域，用各种方式，激发大众斗争的意识，建立正确的舆论领导；（四）反对文化统制，反对文化界汉奸；（五）全国文化界联合组成救亡的统一阵线，领导民族解放运动。③

1937年7月7日，日本发动了全面侵华战争，进一步激起了全中国人民抗战救亡的高潮。正如茅盾所言："在炮火的洗礼中，中国民族就更生了！让不断的炮火洗净了我们民族数千年专制政治下所造成的缺点，也让不断的炮火洗净了我们民族百年来所受帝国主义的侮辱。"④

---

① 邹韬奋. 韬奋全集（6）[M]. 上海：上海人民出版社，2015：573.
② 何理. 抗日战争史[M]. 上海：上海人民出版社，1985：10−11.
③ 一二九运动资料[M]. 北京：人民出版社，1981：288−290.
④ 茅盾. 茅盾散文选集[M]. 天津：百花文艺出版社，1984：128−129.

二、新闻界重心转向"新闻救国"

从1931年的九一八事变到1937年的七七事变,中国持续遭受日本的侵略。其间,中国与日本的局部战争持续不断,东北、上海、华北等地遭受了无端的战火,致使民众流离失所,大片国土沦丧。中日矛盾持续升级,不仅成为当时的主要矛盾,也使得民族危机进一步加深,国内政治形势也发生了巨大的变化,"中日矛盾变动了国内的阶级关系,使资产阶级甚至军阀都遇到了存亡的问题,在他们及其政党内都逐渐地发生了改变政治态度的过程"①。在中华民族生死存亡的关键时刻,一切社会要素都要服膺于抗战。在这一背景下,新闻界的重心也开始转移,报人逐渐将国事与新闻相联系,形成了"新闻救国"的理念。

首先来看当时新闻业界的情况。九一八事变之前,《申报》就对日本在东北地区扩大侵略势力、不断制造事端的种种行为予以部分揭露和抨击。九一八事变之后,《申报》一改过去政治上保守谨慎的态度,开始积极宣传抗日救亡。事变发生后的第二天,《申报》就以醒目的标题刊出《日军大举侵略东省》等新闻,向国人及时传播了这一消息。9月20日,《申报》发表了《日军突然占领沈阳》的长篇时评,呼吁"外患当前,内争亟应泯灭,共赴国难,不可再豆萁自煎,陷民族于危难之中"。《大公报》也对九一八事变进行了评论,它的语气不如《申报》那么激烈,而是从相对冷静的角度呼吁民众共赴"国难"。9月20日,大公报主笔张季鸾发表了《日军占领沈阳长春营口等处》的社评,指出国人"事发则慷慨激昂,事过则泄沓怠惰,而不知外交之坏,决非一朝,抵拒强权,须有远计",国民需要"共助政府,镇静应付,哀悼死难同胞,警惕未来变局,举国一致,以当大难"。②

---

① 毛泽东. 毛泽东选集(第1卷)[M],北京:人民出版社,1991:253.
② 张季鸾. 季鸾文存[M]. 北京:大公报馆,1944:47—48.

第四章 抗战时期任白涛的新闻思想

原本崇尚改良主义的邹韬奋也改变了《生活》周刊原有的宗旨,将拥护政府的立场转为抗日、民主。9月26日,邹韬奋在《本周要闻》一栏写道:"本周要闻,是全国一致伤心悲痛的国难,记者忍痛执笔记述,盖不自知是血是泪!"邹韬奋一气呵成写了《应彻底明了国难的真相》《一致的严厉监督》《唯一可能的民众实力》等多篇社论,抨击了国民政府的不抵抗主义断送了东北的大好河山。他指出"日本之侵略东北……实以全中国为其征服对象,全国同胞应视为切肤之痛",呼吁国人"以决死的精神,团结起来作积极的挣扎与苦斗"。① 可以看出,以九一八事变为标志,全国各大报纸的论调和关注焦点基本都转移到"中日关系"和"国之存亡"的层面。有研究指出:"中国报业中的主流基本都保持了一种政治坚持,即在维护现有权利中心的基础上寻求救国图存、余地周旋之策。只不过有的报刊选择了引导、顺应民间情绪实现话语权的扩张;有的则选择以一种冷静的视角和态度就事论事地分析问题、提出对策。"②

"华北事变"之后,新闻业界的抗日情绪更加高昂。著名报人成舍我在《世界日报》上发表了"报纸救国"的观点。他认为"报纸救国"是目前中国的良药:"我们必须借着报纸的力量,使每一个中国人,都知道国家和个人,是一而二,二而一……人人如果都有这样国事等于家事的精神,岂但目前的内忧外患,不成问题,就是中华民国,整个被人家政府了,我们也自有光复旧物,还我河山的一日。所以我们虽然在这'救国'二字极不景气的时候,我们还是要揭起'报纸救国'的大旗。因为我们认定了,只有祷祝这种大众化报纸的新起,那才是中华民国的根本救星。"③

邹韬奋目睹了"华北事变"的发生,陆续在《大众生活》杂志上发表了《华北问题》《所谓的"三大原则"》《我们的三大原则》等社论。

---

① 张之华. 邹韬奋[M]. 北京:人民日报出版社,1998:12.
② 张一拓.《大公报》于"九一八"事件后所提言论立场浅析[J]."九一八"研究,2018.
③ "报纸救国"[N]. 世界日报,1935-11-14.

139

在《我们的三大原则》中，邹韬奋指出面对日本向中国政府提出的"三大原则"，中国民众也向政府提出三大原则："（一）坚决收回东北失地；（二）恢复革命外交；（三）恢复民众运动和言论自由。"他认为："中国要从死里求生，是整个民族争生存的问题，必须由整个民族的大众共同起来奋斗的，必须用整个民族的大众力量来作殊死战。民族运动受着压迫，大众的力量从何运用？言论自由受着压迫，大众成了一大群瞎子聋子，国事虽危迫万分，他们在报纸上所知道的是平静无事，或谣传纷纭，不知所从，大众的力量又从何起来？"[①] 言外之意，国家要想动员民众拯救国难必须依靠报纸，报纸又一次与救国联系起来。

七七事变发生后，抗日救亡的报刊遍布全国各地和国外华侨聚集区，总数有1000余种，各种的发行量一般超过万份，上海更是成为当时全国抗日救国的宣传中心，爱国报刊层出不穷。邹韬奋、陆诒、范长江、徐铸成、顾执中等新闻界人士参加了上海文化界救亡协会，该协会统一领导上海文化界的抗日救亡活动，并创办了《立报》《救国周刊》《国民》《新学时》等刊物，开展救亡宣传工作。可以看到，在民族危亡的严峻时刻，广大报人继维新变法、辛亥革命、五四运动之后，再次掀起了办报高潮，重新担起了"新闻救国""言论报国"的历史责任。

其次，新闻学界也转变了此前纯粹的学术研究旨趣，将新闻学研究与抗日救国相联系。"华北事变"后，中国的民族危机进一步加重，全国抗日救亡运动进入新的高潮。为了呼应这股浪潮，1936年元旦，北平和天津的新闻界人士成了"平津新闻学会"，在宣言中表示把"努力研讨，如何使新闻事业，能适应现今民族和国家的需要"作为学会的中心任务之一。平津新闻学会本着"新闻救国"的宗旨，向国民政府提出了四个最低限度的请求：

（一）切实开放言禁，使报纸对于救国大计，施政得失，得尽量贡献其坦白质直的意见。所有现行之新闻检查，及一切与此目的

[①] 邹韬奋. 韬奋文集（第1卷）[M]. 北京：生活·读书·新知三联书店，1956：105—106.

第四章　抗战时期任白涛的新闻思想

相反之特别法制，均应全部废止，不得再行沿用。（二）应切实保障报馆，及从事报业者之安全，非依法定程序，不得有停邮、封闭、逮捕，或任何加害之处分。（三）无论中央或地方当局，不得利用其政治上之权威，迫令报纸为图一人一派之宣传。（四）以前未依正当程序，非法处分之报馆或记者，应一律撤销其处分。倘其被处分之原因，由于维护公众利益，则政府并应追惩非法加害之官吏，及酌量赔偿非法处分所致之损害。

学会认定新闻事业与"国难"关系密切，"国难"本身并不可怕，但是"政府尚不许国民尽量贡献其救亡图存的意见，这在国家，才具有万劫不复的危惧，在当局自身难辞百身莫赎的罪责，因此我们不特地望政府，应速从消极的，接受前项要求，不要摧残舆论，一再蒙蔽全国国民之耳目。并且应从积极的设法扶植力量贫薄，环境险恶，现阶段的中国新闻事业，来上下合作，打开当前危迫艰难的国运"。[①]

1936年到1937年5月，燕京大学新闻学系相继举办了第五届和第六届学术讨论会。第五届讨论会的主题是"国难与新闻事业"，"把新闻事业与国难问题直接联系起来进行大规模的学术讨论，是近代以来新闻学界的第一次"。[②] 会上，不少新闻学者都对时局与新闻学研究的关系发表了演讲。《大公报》总编辑王芸生对国难中的新闻事业提出了以下要求："第一要平常化。不矜奇，不立异，老老实实，平平常常的，一切循平常轨道而行，直接养成坚实的舆论，间接促进社会的坚实风气。第二要雪耻。并不是打倒帝国主义式的雪耻，而是雪报界本身之耻。新闻记者要努力做一个社会上的好人，把新闻事业做成好人的事业。第三要有国家意识。中国新闻界应该把他的报做成中国人的报，一切以国家利益为前提，不当汉奸，不采访家国家利益的新闻，不登无条件替人家作宣传的外国电。"中央政治学校新闻系主任马星野则认为国家应该从

[①] 贺逸文. 平津新闻学会史料 [J]. 新闻研究资料，1981（1）.
[②] 庄廷江. "战时新闻学"研究（1936—1945）[M]. 武汉：湖北人民出版社，2014：14.

军事、经济和意见这三个方面进行总动员之准备。马星野着重提到中国意见的准备有三点不足："一是物力,中国的宣传工具不足;二是组织,中国对内外宣传机关之统一与统制均感缺乏;三是人力,要训练新闻人才,组织全国新闻记者。只有从这三个方面进行准备才能打好宣传战。"①

第六届学术讨论会的主题是"今日中国报界的使命",有三个方面的内容:"第一,新闻教育机关对于报界的使命;第二,中国新闻界对于国家的使命;第三,中国新闻界在国际间的使命。燕大新闻学系主任梁士纯表示,这两年的谈论会主题具有连续性,而今年的主题比去年更加具体。他认为在此救亡图存之际,中国报界除了做到传达正确消息、建立公正舆论的任务,还应该负起特殊的使命:第一要提高人民的爱国心,第二要促成全国真正的统一,第三要促进一切建设的工作,第四要协进国际的宣传和联络,第五要争取言论的自由。"②

综上所述,在国难日益严重之时,新闻业界首先将工作重心转移到"新闻救国"的层面上来,在这个过程中涌现出一大批爱国报刊和报人,他们共同扛起了"新闻救国""言论报国"的旗帜。新闻业界的转变进一步带动了新闻学界的转变。以平津新闻学会、燕京大学新闻学系学术讨论会为代表的学界组织也把新闻学研究与现实联系起来。他们将对国难的讨论升华到"使命"的高度,使得"新闻救国"的理念进入学者的思想深处,也正是在这样的历史背景条件下,战时新闻学研究开始兴起。

三、任白涛长期重视新闻宣传研究

除了中国社会环境的剧变,任白涛能够在抗战时期出版三本战时新

---

① 新闻事业与国难 [A] //第五届新闻学讨论会 [C]. 北京:燕京大学新闻学系,1936.
② 今日中国报界的使命 [A] //第六届新闻学讨论会 [C]. 北京:燕京大学新闻学系,1937.

第四章 抗战时期任白涛的新闻思想

闻学专著，得益于他长期对新闻宣传的关注与重视。早在 1914 年，任白涛就注意到了日本的对华宣传政策。这一年，日本东方通信社在中国正式成立，任白涛看不惯东方社那些带有挑拨和煽动性质的电讯。1916 年，任白涛途经上海准备东渡日本时，特地去拜访为了"二十一条案"力持正论却同时刊登东方社电讯的神州日报社社长汪允宗，同他诉说这种电讯的"毒害"。汪允宗表示在目前的情形下，因为中国没有像样的通信社，而且拍发新闻电讯，要受到官方的种种限制和阻碍，所以有些消息必须采登外国的通信社稿。诚然，当时中国的新闻通讯状况确实如汪允宗所言，但任白涛认为这是中国报界"饮鸩止渴"式的取材方法，不过归根结底，这也是北洋政府只知道一味地争夺政权，不明白日本宣传政策导致的。

任白涛深刻批判了当时北洋政府的行为："为着掩饰自己的丑行，极力限制或阻碍在受着他们的宰割的本国人的新闻电讯，而不敢限制或阻碍在做他们的捣乱引线的外国人的新闻电讯。于是遂给帝国主义的通信社——特别是日本帝国主义者的东方社——以造谣、挑拨的机会，而终于上了日本帝国主义对华的'联甲攻乙，联乙攻甲'的政策的大当，使他们的自己逐渐地、递嬗地走向没落、灭亡的道路！"[①]

对于处在北洋军阀控制下的报纸，特别是处在帝国主义势力范围的上海报纸，任白涛痛斥它们"同中国的军阀政府一样，各守地盘，各自为政，并且也不明白外人的新闻宣传的微妙的作用，和它对于自治国政治的影响等事；又在编辑技巧和编辑取材等方面，都是毫无方法和方针，只知道株守着看别家怎么便怎样——即依样画葫芦——的主义。所以比如登东方社的电讯，他也要登东方社的电讯，否则恐怕该报纸就要生出何种缺陷而碍及销场；而在以反某军阀为宗旨的报纸，更其乐意登载那种挑拨、煽动的新闻报道，那里知道这是帝国主义者故意破坏我们的国家组织的阴谋手段啊！至于那些暗中接受帝国主义津贴即甘心情愿

---

① 任白涛. 日本对华的宣传政策 [M]. 北京：商务印书馆，1940：1-2.

替帝国主义服务的报纸,更是不敢不登其主子方面发来的谣言。这样,遂使中国——特别是租界——的报纸,成了谣言制造并散布的工具,成了帝国主义的喇叭,甚至成了当前的敌军司令部的传声筒,即代敌人登载攻城略地的虚伪的、恐吓的布告"①。

之后,任白涛东渡日本修习新闻学,他一方面学习"报纸制作的理论和技术等方面的事项",另一方面则不知不觉地将兴趣转移到"帝国主义者——特别是日帝国主义者——对华的宣传政策上"。从那时起,任白涛便开始着手搜集相关资料。1919年夏,任白涛与好友王拱璧甚至停止课业,专门研究日本宣传政策,发誓与日本帝国主义为掩盖其侵华野心为目的的宣传政策斗争到底。在《应用新闻学》当中,任白涛就对日本帝国主义恶毒的新闻宣传政策发出了警告:"关于日本帝国主义者的宣传政策——即新闻政策——的利害,凶恶,我的朋友王拱璧已经说过,我现在可以不来多赘;但其实关于这个重要的事情,我所搜集的材料,老早就够大部头的专书使用了,也决不是三页两面所能写得完的。只是我在这里要简单地先说两句:拱璧说这对于中国是个比庚子赔款还大的'创痕',的系确当的话;我以为听凭帝国主义者自由地在中国的广大的境域里,借有线——尤其是无线——的电报,撒布侵略,挑拨,捣乱,诽谤,种种无谣不造,无奇不有的新闻通信,这是比听凭帝国主义者自由地在中国的许多的河流里航行,他们横撞直冲的兵舰还要利害百倍也不止的事情!再爽快点说:这是与不平等条约一样地必须赶紧把它废弃的事情!"②

1923年,戈公振前往杭州与任白涛会面,请他校阅《中国报学史》的油印稿本,并向他借阅关于中国报业的资料。任白涛当即把自己搜集到的所有资料拿出来让戈公振挑选,同时仔细阅看了《中国报学史》的稿本,并逐一写出修改意见,附在稿中。据任白涛回忆,其中最重要的

---

① 任白涛. 日本对华的宣传政策 [M]. 北京:商务印书馆,1940:1—2.
② 任白涛. 应用新闻学·三版的话 [M]. 上海:上海书店出版社,2011:1—2.

指正，就是关于帝国主义者对华宣传阴谋的事情："我并且在校阅他的稿本之前，当面向他郑重地说：'尊著《中国报学史》未曾揭发关于帝国主义者的通信社——特别是东方通信社——的宣传阴谋，实在是个最大的缺陷，请务必补充……'他不反对我说。又，他当收到我送还的稿本的时候，没有翻看我夹进去的纸片，所以在他返沪后的来信中，有'归后检书，得指示若干条，当逐条修正'之语；可是观出版后的《中国报学史》，很少叙及此事，仅抽象地概括对中国报纸花钱买宣传的事情说了几句，而对像东方社这样的阴谋宣传机关，更是噤若寒蝉。"

1926年春，戈公振致信任白涛，希望任白涛教授某大学所开设的暑期新闻学课程。任白涛发现，"通信事业"这门课的讲师竟是东方通信社的社长波多博。这样的授课安排使任白涛大吃一惊，"为避免日后的麻烦以及服从个人的良知起见"，他遂谢绝了戈公振的邀请。但是，他并没有明确告知戈公振谢绝的原因，这在他看来"没有再行絮说的必要"。从此之后，任白涛与戈公振便不再通信。①

九一八事变之后，任白涛看到了何香凝女士发表的《对时局的意见》一文，该文主张"国共重复合作抗敌"。任白涛对此提案颇有感触，他认为"第一次国共合作"失败的一个最大原因就是"帝国主义者及其雇佣的中国走狗们的阴谋宣传机关的挑拨离间"。这次任白涛没有继续沉默，他陆续实施了以下三个行动，希冀以个人之力唤醒新闻界对日本宣传政策的重视。

第一，借助报刊向国民政府建言献策。任白涛"深感到要想取缔报纸上的敌方宣传文字，非靠一种的政治力量不可，否则徒事私人间的空谈，终于得不到何种的效果"。九一八事变十天后，任白涛在《文艺新闻》上为邵力子刊登了一封电文："南京中央政委会邵力子先生：日本利用宣传策略，破我国家组织，十数年来，收效极宏。涛已在《应用新闻学》上痛切述说。近日沪报又大登入寇倭军恐吓文告。此潮不除，国

---

① 任白涛. 日本对华的宣传政策 [M]. 北京：商务印书馆，1940：4—5.

将不国，报将不报。请严令各地报纸永绝日电以杜未来无穷隐患。任白涛上。"

第二，组织新闻学者向中国新闻界发出紧急请求。在全国抗日救国的浪潮下，任白涛、黄天鹏、翁毅夫、袁殊向新闻界提出了下列请求："一、请自即日起开始永远不载用日本帝国主义之宣传机构的联合、电通各新闻社的电讯。一、请即速捐弃平日以报馆为单位的互相竞争的成见，火速组织新闻界统一新闻之供给及统一意志与态度的中心组织。一、请暂时牺牲营利的企图、义务的刊载一切抗日救国的广告。一、请严厉的减缩各种浪费的出版（如娱乐广告及游戏等）；随时发行号外；多量载用写真新闻；提早出版时间。一、请即按日发行晚报。"①

第三，发表了系统论文研究日本的宣传政策。1932年淞沪会战后，身处上海的任白涛感到研究日本宣传政策的紧迫性，遂应民智书局杨幼炯之约，在他主编的《社会导报》上发表了《日本对华的新闻政策》一文。对于此文的发表，任白涛表示："这算是我自从研究此种事项以来首次发表的较有系统的文章；虽然此文终于又落了空，但是出专书的机会，还逢不到。"②

可以发现，任白涛抗战时期新闻思想的生成经历了长达24年的积累。以九一八事变为标志，任白涛在此之前对日本帝国主义宣传政策的关注主要是思想上的，此后则将他长期对日本问题的思考落实到行为层面。等到七七事变爆发，全国人民一致抗战之时，中国终于摆脱了此前所谓的"敦睦邦交"的外交环境，任白涛也走出书斋开始进行战时新闻学研究，为战时新闻学的理论发展做出个人贡献。

---

① 文艺新闻[N]，1931—10—05.
② 任白涛. 日本对华的宣传政策[M]. 北京：商务印书馆，1940：6.

第二节 抗战时期任白涛新闻思想的主要内涵

1936—1945 年，在国家危亡之际，不少新闻学者、报人纷纷投入战时新闻宣传研究，他们希望通过这种方式挽救国家于危难，他们提出的各种理论和学说也推动了中国新闻学进入战时新闻学阶段。战时新闻学这一概念由任毕明在 1938 年出版的《战时新闻学》一书中正式提出："正如战时教育，战时经济，战时政治等等根据于战时社会的一切需要一切政策而成立的。战时社会的正常生活要求，和战时的一切政策，都是以战争胜利为中心的，因而战时新闻学，当然也以战争胜利为中心；同时，成为战争的工具的。我们所指的战争，是反抗侵略而斗争的战争。反抗侵略而斗争的战争，才是人类'正当的生活要求'。所以'战时新闻学，是反抗侵略压迫而斗争的战争的工具'。"[1]

战时新闻学之所以能够成为"文器"，其核心在于"宣传"。正如拉斯韦尔所言："现代战争必须在三个战线展开：军事战线、经济战线和宣传战线……宣传同样也是一种主动而有效的武器，它的主要功能是强化沮丧、幻灭和挑拨离间来摧毁敌人的意志力。"[2] 抗战时期，任白涛出版了《抗战时期的新闻宣传》《国际通讯的机构及其作用》《日本对华的宣传政策》三本专著并发表了部分论文，他的新闻思想也是战时新闻学的重要组成部分之一，他对战时新闻学的理论建构做出了自己的贡献。

---

[1] 任毕明. 战时新闻学 [M]. 武汉：光明书局，1938：3-4.
[2] 哈罗德·拉斯韦尔. 世界大战中的宣传技巧 [M]. 张洁，田青，译. 北京：中国人民大学出版社，2003：173.

一、对战时宣传的认识与"反败北主义"原则的提出

"宣传"是现代战争的重要组成部分。德国军事理论家克劳塞维茨在《战争论》中指出,战争最显著的特点是使用暴力,它是"迫使对方服从我方意志的一种暴力行为……暴力是一种手段,把自己的意志强加于对方才是目的。为了保证有把握地达到这个目的,就必须使对方丧失抵抗能力。从这个概念上讲,使对方丧失抵抗能力是战争行为真正的直接目的"[1]。此时的战争还限于军队之间的厮杀,其破坏能力比较有限。

不过,第一次世界大战使战争的形态发生了巨大的变化。德国军事家鲁登道夫总结和反思了第一次世界大战,提出了"总体战"理论:"总体战不单单是军队的事,它直接涉及到参战国每个人的生活和精神……战争的多种多样性时代已成为过去,而总体战却随着技术手段和数量的改善广泛深入人们的生活:由于飞机性能的改善和数量的增加,不但可投掷各种炸弹,而且可向居民散布传单和其他宣传品;由于无线电设备性能的改善和数量的增加,可向敌方进行宣传。此类变化多种多样,不一而足。世界大战中,敌军作战区域纵深的正面已扩展到数百公里宽,致使这些地区的居民全部被卷入战争。因此,今天的所谓战场就其实际意义而言,已经扩展到了作战国的全部领域。"[2] 在鲁登道夫的论述中可以发现,现代社会的战争已经不再局限于单纯的军事手段,那些不断更新的宣传手段也成了左右战局的重要因素。对此,传播学"四大奠基人"之一的拉斯韦尔对宣传有着更加清晰的认识。拉斯韦尔总结了两次世界大战,认为现代战争的三大工具是"军事压力(陆海空军的强制力),经济压力(在获取物质资源、市场、劳资权力上的冲突),宣

---

[1] 克劳塞维茨. 战争论 [M]. 王小军, 译. 西安: 陕西师范大学出版社, 2008: 4.
[2] 鲁登道夫. 总体战 [M]. 戴耀先, 译. 北京: 解放军出版社, 1988: 4—5.

第四章 抗战时期任白涛的新闻思想

传（对暗示的直接运用）"①。显然，宣传已经与军事、经济共同组成了"总体战"的三大战线。

抗战时期，新闻学不再囿于纯粹的学术领域，学者们对报纸宣传功能的强调使之成为战时的一种武器，新闻的基本功能和作用也因此发生了变化。戴元光在《现代宣传学概论》中指出，战时状态下的宣传有着自己鲜明的特征，它"直接为战争准备服务，为战争服务，为武装力量建设服务"②。"战时宣传"是相对于"平时宣传"而言的，"现代战争中的战时宣传，主要是指通过运动传播学和心理学的原理，以各种信息传播载体为媒介，对作为战争主体的人施加影响，对外瓦解敌军，对内鼓舞士气，从而达到不战而屈人之兵或小战大胜的一种战略手法"③。任白涛对宣传之于抗战的意义也有着比较清晰的认识。

第一，任白涛非常认可宣传战线是"总体战"的三大战线之一。他表示宣传古已有之，很早就被应用到战争中，"宣传是在我方和敌方对立的战争或类似战争的时候最通用的手段"。中国古代所谓的"战车千盛，兵甲百万"就是一种有力的军事宣传，而"流言蜚语"等计策也是战争宣传的一种。在近代中国，1911年的辛亥革命和1926年的北伐战争之所以能够成功，报纸的宣传威力功不可没，它们完全不亚于炮火的威力。报人将新闻宣传同军事宣传连成一体，并且把宣传攻略和炮火攻略连成一体，"这种进步的军事宣传方法，也可以说是东方数千年的历史上所不曾看见的"，其威力甚至凌驾于炮火之上。④

第二，任白涛指出宣传战线与军事战线、经济战线相辅相成、缺一不可。现代战争不仅是交战双方军事实力和经济实力的对抗，还包含交战双方的心理搏斗。宣传对战争是同炮火和金钱一样重要的事情，尤其在近代战争中，必须要三条战线协调一致："第一是军事战线；第二是

---

① 拉斯韦尔. 世界大战中的宣传技巧 [M]. 张洁, 田青, 译. 北京：中国人民大学出版社, 2003：22.
② 戴元光. 现代宣传学概论 [M]. 兰州：兰州大学出版社, 1992：287.
③ 邓佑标, 陆康. 战时宣传在现代战争中的作用及发挥 [J]. 军事记者, 2008 (5).
④ 任白涛. 抗战期间的新闻宣传 [M]. 北京：新闻研究社, 1938：13-15.

经济战线；第三是宣传战线。但这种次序也只是为图行文的便利起见，其实，三条战线同一重要；尤其是这条宣传战线，实在可说是近代世界战争的一大特色；与战事的规模振古无比同样地，这种宣传的规模也是空前的。"①

第三，战时宣传是维系己方民心士气、对敌"攻心夺志"的重要武器。鲁登道夫在对"总体战"的论述中特意强调战争中精神力量因素的重要性："精神力量在维护民族生存的斗争中是必不可少的，它可以使军民团结如一，休戚与共。"② 因此，加强本国军民的精神力量，打击敌国军民的精神士气，是现代战争中的重要环节，它得到了军方的高度重视，被提升到战略高度，又被称为"宣传战"或者"士气战"。"总体战"强调注重精神力量的观点得到了任白涛的认同，他认为战时宣传的目的和方法可以分为四种："（1）煽起自国民对于敌国的敌忾心；（2）努力维持与同盟国的友情；（3）保持与中立国的友情，尽力使它参加到己方；（4）阻丧或减削国民的志气和敌军的战意。"③

不过，在日本全面侵华时，中国面对突如其来的战争显然缺乏一定的准备，中国军队在战场上节节败退，流露出一种"败北主义"的情绪。战争之初，日本扬言要"三个月灭亡中国"。在华北战场上，日军依次对平绥线、平汉—津浦线、山西进行猛攻，中国军队虽然顽强抵抗，但太原失守后，国民党正规军陆续南下，日本基本占领了华北地区；在东南战场上，中日双方爆发了淞沪会战和南京保卫战，这些战役都以中国失败而告终，尤其是南京沦陷后，日军更是进行了惨无人道的"南京大屠杀"，给中国人民带来了巨大的民族伤痛；随着上海、南京的失陷，日军进一步朝华中和华南地区进发，分别对徐州、豫东、武汉、广州等重镇进行军事打击，此时的中国军队也无力阻止日军猛攻，最终退守至西南地区。面对日军，一些国民党部队乃至韩复榘、刘峙、李服

---

① 任白涛. 抗战期间的新闻宣传 [M]. 北京：新闻研究社，1938：15.
② 鲁登道夫. 总体战 [M]. 戴耀先，译. 北京：解放军出版社，1988：13.
③ 任白涛. 抗战期间的新闻宣传 [M]. 北京：新闻研究社，1938：15—16.

膺等国民党高级将领患上了严重的"恐日病","在很多地区,大批国民党军队的作战和退却基本上是被动的、无计划的和混乱的;在不少情况下,简直就是溃散、逃跑。它给中国社会经济和人民的生命财产所造成的损失也是极其严重的"。①

任白涛认为,中国军队的这种表现就是十足的"败北主义"行为:"败北主义,是政治学上的一个名词。它的内容:第一,是常把敌人的力量看得非常大,自己的力量看得非常小。第二,常取守势,敌若不攻或临到机会,便与敌人妥协;敌若攻时,则行退却。第三,总希望敌人内讧不一致,或敌人自己破裂。敌人若不内讧破裂时,则希望第三者来干涉,打抱不平。第四,希望敌人受意外的损失,盼天公打雷下雹子,把敌人打死。譬如对日本吧,则希望日本地震,把日本来灭亡;或自己出一员猛将把日本人杀尽。第五,希望自己一点也不牺牲,不劳而获。要知,凡是斗争没有不牺牲不损失的。第六,无斗志,虽口头宣战,但不做战争的准备。第七,主观的胜利。自举着不战则已,战则必胜;不幸而败,将来亦或胜,将来不胜,则精神上也受胜利!第八,本无斗志,到了万不得已,为维持面子起见而战,结果是失败。这就是败北主义的内容。"② 如果中国继续采取"败北主义",那只会让"敌力日大,己力日小,将民意消沉下去,战争无准备,一战则崩溃瓦解,国亡家败"③。

任白涛指出,中国不仅在军事上存在"败北主义",新闻界也存在"败北主义"的现象,而这种现象自九一八事变后就已经出现:"关于我方抵御侵略的报道,尽力抑制,而对于敌方的侵略报道,则尽力替它虚张声势,恫吓国人;这不仅在记事的本身上,即标题上也是如此。"中国新闻界的消极宣传态度在抗战之时仍然存在。虽然到处可以看见"国军浩浩荡荡"的景象,但是在报纸上却很难看见这种新闻或照片,反而

---

① 何理. 中国人民抗日战争史 [M]. 上海:上海人民出版社,2015:80−110.
② 任白涛. 抗战期间的新闻宣传 [M]. 北京:新闻研究社,1938:20−21.
③ 任白涛. 抗战期间的新闻宣传 [M]. 北京:新闻研究社,1938:25.

是"皇军浩浩荡荡"的新闻和图片经常在报纸、图画增刊和一般书报中被刊登出来:"无中生有的战事报道,每天都有,而千真万确的敌方被击落或焚毁的飞机以及俘虏的照片等,仍只让一般临时出版的书报去登载,申新两报是绝不登载的,它们所登的,几乎全是敌方的轰炸或残杀的'战绩'。"尤其令任白涛难以忍受的是,不少记者或报社"对于我方抵御侵略的情报,必待酒肉一番,才肯揭布,而对于敌方任意侵略的情报,纵然被饷以含有毒素的闭门羹也要揭布,替他宣传"。究其个中原因,固然是有不少"丧心病狂甘愿替敌方做宣传工作的败类"存在,但所谓的"汉奸记者""汉奸报"毕竟是极少数的,而最主要的原因还是报界普遍存在的"恐日病"。①

任白涛认为,报界必须要清醒地认识到"败北主义"就是"亡国主义",并且要将现有的谬误宣传重新改造一番,而改革的关键就在于要本着"反败北主义",也就是"进取主义":"第一,要知一切防御,都与进攻有关,仅知防御,绝不成功,应取攻势的防御;第二,对外要想内部一致,必得对外强硬;第三,要知自己不自救,绝无人救,即必先自救,然后人救;第四,全体民众,应监督政府,指导政府,不得绝对的尾随政府;第五,要知一切取得,必有牺牲与损失,天地间不劳而获的事,是很少的,对日应具牺牲的决心;第六,因政治支配一切,故对日不光经济绝交,还要政治绝交。"② 实际上,"反败北主义"是任白涛给中国新闻界开出的一张药方。面对长期存在的"败北主义"情绪,"反败北主义"强调积极、进取、前进的态度,而中国新闻界只有本着"反败北主义",才能在战时宣传中掌握主动权,最终依靠自己的力量获得抗战的胜利。这是战时宣传的首要原则,也是新闻工作者在战争状态下应该具备的职业素养。

---

① 任白涛. 抗战期间的新闻宣传[M]. 北京:新闻研究社,1938:18—41.
② 任白涛. 抗战期间的新闻宣传[M]. 北京:新闻研究社,1938:35—36.

二、对战时新闻报道问题的剖析与反思

战时状态下，新闻媒体是对敌攻心夺志的"文器"（与"武器"相对），其报道、指挥和领导作用则是使民众同仇敌忾、众志成城的关键。战时新闻媒体的使命和任务决定了其宣传的内容和形式应该与平时有所不同，因为它只有成为"文器"才能适应战争的需求。然而，一些主客观原因导致战时新闻报道出现了偏差，无法展现"文器"的威力。对此任白涛进行了剖析，认为战时新闻报道存在以下问题。

第一，战争报道助敌声势。任白涛指出，中国的战争新闻报道常常出现这种现象，就是将本应用大字标题登载的我方军事真实的活动，仅以寥寥数语排列在极不重要的位置，而对于敌方的一举一动或在军事行动之前所释放的"扬言""预料""企图"一类的消息，都将之放到当天报纸的头版头条。换句话说，就是掩饰我方的战绩，夸饰敌方的战绩。如下列报道：

> 十四日晨六时至八时，闸北自来水塔附近，时有炮火。华军向日军海军陆战队本部开炮攻击。八时至九时，日本海军陆战队本部以西，及北四川路日本学堂以北四分之一英里处，均曾受猛烈炮火之攻击，似系由华军阵地所发。九时至十时，江湾西北有断续炮火；远东运动场附近，有数处起火。

该报道虽然使用了"似系由华军阵地所发"的游移语句，不大令人满意，但毕竟没有掩盖住"华军向日军海军陆战队本部开炮攻击"以及炮弹射程的事实。不过，十时之后，任白涛在住所的阳台上看到了东北方敌司令部处起大火后"直冲云霄"的浓烟，"差不多可说是开战以来那方面未有的大火"。该报道对"大火"轻描淡写，任白涛指出不如改用"我军猛烈炮攻敌海军司令部，日本小学校以北一带在延烧中"之类的语句，这样不仅能引起公众的注意，也能记录中国军队所取得的战

绩。同时，不少报道的用词也受到"败北主义"的影响，从敌人手中夺回自己的土地不称"克复"而称"占领"，对于一度被敌方侵占说不定马上就要克复的土地居然使用"沦陷"或"沦亡"的字句，我军皆有枪械等先进的武器却时常使用"我军浴血应战"或"我军以血肉之躯"等文句，其小看自己、助敌声势的意图不言自明。①

第二，战地新闻泄露军情。战时新闻报道不可避免地要涉及新闻事实与军事安全等极为敏感的问题。当两者冲突时要如何取舍？任白涛认为，当它们发生矛盾时，"不可拿新闻报道来资敌，明白点说，不可泄露军情"。从九一八事变到抗战初期，因为新闻报道泄露军情的案例可谓"数不胜数"，这让前线将士吃了许多大亏：

> 姑举一例论之，前数日，有某报用实地摄影传递火线情报相号召，于无意之中，给敌人以情报，使我火线将士，处于焦头烂额的境地，几致我神妙布局，完全逆转，只为了糊涂虫一纸相片而已！战地一战壕一大炮，原不足异，假若衬托了背景，烘染了荫蔽，那么敌人便可推算地位，测知藏集，加之现代立体战术，就不难立时毁灭了。

后方民众固然渴求大量的关于前方将士保家卫国的报道，但是"战斗一方，欲知对方的状况和布置，其千方百计需求的热烈，更超乎我纯粹崇敬和观赏的情绪之上。故一篇形容尽致的战地行纪，或一纸奋勇出击的相片，我人读了看了，不过慕唏嘘罢了。若使敌人得了，便发生按图索骥的妙用，无意中便断送了我火线上的将士"②。任白涛强调，战地新闻泄露军情的行为时有发生，因此，这不是关于一两家报纸的问题，而是关于整个抗战宣传的问题。换言之，报纸泄露军情的行为应该由主持整个抗战宣传机构的人负起责任，必须要由军政当局订立条例，严格执行，才能发挥积极的效力，遏制这一行为。

---

① 任白涛. 抗战期间的新闻宣传 [M]. 北京：新闻研究社，1938：43-46.
② 任白涛. 抗战期间的新闻宣传 [M]. 北京：新闻研究社，1938：50-51.

第四章　抗战时期任白涛的新闻思想

第三，新闻报道程式化。任白涛指出战时新闻流于程式化是报道中的又一弊病，备受诟病，被戏称为新闻"八股"。关于双方炮战的新闻，报人总是像记录运动竞技点数一样，一定要写出敌方所发出的炮数，他们常常会用到"向我军某某阵地轰击，达七八百响"或是"估计昨日敌机及大炮，轰击，数在八百次以上"之类的句子。对敌方的炮声常使用"猛轰"或"猛攻"等助敌声势的词句；对我方炮击的描写不是用"还击"或是"回击"这样的字眼，便是使用"炮声隆隆"这种包括双方炮声的含混字句。关于敌机空袭的报道，一定会像饭店报账一般开出轰炸的清单，报告敌方轰炸的成绩，最为严重的，就是敌机某个炸弹投掷不中而离应炸目标只差若干米远，也要详细地报告出来，"好使敌机下次改正它的目标，免得再行糟蹋炸弹"；对于我机轰炸的成绩，常使用"我空军以任务以达，均安全返防""轰炸奏功，安然飞返""全部安返""予以重创后，安然飞返""我空军已达，乃从容飞去"这种模糊抽象的语句，而对我方空军轰炸的成绩却不进行描写。[①]

第四，新闻内容模棱两可。其中最为典型的就是敌方那些"用意甚明"的行动，中国新闻报道不知何故时常使用"用意不明"或"用意未明"的字句来做电讯的结尾，以至于读者阅读完消息之后常会产生模棱两可的感受。比如"日军十七日又派卅余人将津浦西站海关查验所之房舍占据，拟长期驻守西站，用意不明""万平县城外东北角之日军复开枪向我城内攻击，死巡警一人，伤十余人，原因及用意均不明""日机五架一队，不时在南市上空盘旋侦查，用意不明""福山口外在狼山港相近，泊有敌舰两艘，惟离岸甚近，用意不明""敌机又在南市上空出现，向西沿沪杭路驶去，用意未明"。[②] 可以发现，这些敌方行为都是用意甚明，绝对用不着推测的，使用"用意不明"或"用意未明"反而会造成新闻内容模棱两可。

[①] 任白涛. 抗战期间的新闻宣传 [M]. 北京：新闻研究社，1938：56—57.
[②] 任白涛. 抗战期间的新闻宣传 [M]. 北京：新闻研究社，1938：61—52.

155

第五，缺乏典型新闻报道。任白涛认为，不少新闻对我方军队的动向进行盲目报道，以至于泄露军情，但是对抗战有功将士的姓名和事迹却采取"秘而不宣主义"。这样就使得英勇作战的军队和将领不为人知，战场上英勇抗战杀敌的事迹也不能充分发表出来。不过，日本的新闻宣传完全与中国相反，他们对军队的动向除使用类似"扬言"或"预料"等虚张声势、声东击西等手段之外的情况，绝不会暴露其真实意图；对侵占中国某地的军队名称及其将领的姓名，必定要进行大肆宣传。① 抗战中之所以会出现民众抗战情绪不高，甚至把自己置于抗战之外，与英雄典型事迹宣传缺乏，许多英勇抗战事迹未被民众熟知有很大关系。同时，典型报道还会起到"军事激励"作用，无形中鼓舞和鞭策军队将士，因为"什么事情都须要鼓励和赞扬，军心尤其需要鼓励和赞扬"。

第六，社论立场不坚定。社论是一篇报纸的灵魂，是"报格"的体现，绝不是故意卖弄主张或舞文弄墨的场所。要想维持报格，社论的主张"万不可仿效泼妇，一口两舌，或是仿效顽童，反复无常"。下列一则《大公报》的社论则属于立场不坚定的典型："南北两战场的战事正酣，九国公约会议就要开会，各方传来不负责任的和平空气。这种空气即使出于国家的酝酿，在我们这方面，且可不必分这种心思。因为我们在战，便须专心的战，必须战下去，且必须战的像个样子，才能谈得到和。"② "否则，投降而已，还谈什么和？参加九国公约会议的美国代表团昨日声称：'不应为休战之建议，以遂日本瓦解中国中央政府之目的。'这话很要紧，我们应该加以警戒。"全面抗战爆发之后，蒋介石发表了"最后关头"的演讲，表示中国只有与日本帝国主义一战到底才能彻底挽救民族危机。该篇社论全然没有领会"最后关头"的意义，反而心存幻想把希望寄托于美国，抱着所谓"战的像个样子，才能谈得到和"的心理，违背了社论"最低限度也应该在立论和措辞上持较坚定和

---

① 任白涛. 抗战期间的新闻宣传 [M]. 北京：新闻研究社，1938：65—66.
② 任白涛. 抗战期间的新闻宣传 [M]. 北京：新闻研究社，1938：80.

第四章 抗战时期任白涛的新闻思想

客观态度"的原则。

第七，常将敌方置于新闻标题的主格。战时新闻标题制作的一个最大通病就是常将敌方置于主格位置，而很少把我方行动放在主格的地方，某种程度也犯了"败北主义"的毛病。比如，《申报》有一则标题是"津浦线敌总攻被我击破"，《大美晚报》也有一横式两行的标题"伪蒙军窥东胜被马占山击退"，这两则标题都犯了以敌方为主格的毛病。《申报》标题可改成"津浦线我击退总犯之敌"或"我军在津浦线击退总攻之敌"，《大美晚报》的标题可改为"马占山击退窥东胜伪蒙军"，这样就改成了以我方为主格。实际上，敌人气焰高涨的重要原因之一，"便是在我方报纸的记载——尤其是标题——上，过于替敌方虚张声势"。[1]

对于上述战时新闻报道中存在的问题，任白涛进行了深刻的反思。他指出应该如何"正确"地报道战时新闻才能取得良好的宣传效果。他将战时新闻报道分为"我方"与"敌方"两个方面。

对于"我方"的新闻报道，任白涛主要有以下认识：

（1）前线我军动态。但须略去防务实在情形，如阵地形式等。从前内战时，各报都尽量登载双方防务的实在情形；因为这种内战，无异叫民众观据，故报纸不妨开出舞台状况和登场角色，但在对外战争时，是不需要的。（2）亲眼看见——最低限度也要亲耳听见——的战记，不要空洞无物的闭门造车一类的东西。但遇到有前线归来一类的记事，可照前条的原则，节删或加"××"号登出，否则容易惹起泄露军情的祸端。（3）重要军事长官会见记者之类，应附带照相或题字，借以表现其人的风姿和意志。如此可收壮我士气、丧彼敌胆的效果。像"某师长会见记"这样的隐蔽对象的标题，是不对的，因为这样登载，纵有好的照相和题字，也都不能用了。但在记录谈话时，必须注意不要泄露军情。（4）伤病谈话之

---

[1] 任白涛. 抗战期间的新闻宣传 [M]. 北京：新闻研究社，1938：89-90.

157

类。虽可表白在他受伤以前的战况，但易泄露防务情形，用时务须慎重。(5) 难民谈之类。如系亲身经历、亲眼所见的，在不宜泄我方防务情形的范围内，可以采用，作为一种战时软性的记事。又，九月二十一日《立报》上登有一则虹口区的难民谈，内容是说在敌方防地的一个身衣军服的日本商人，自动营救做他邻居的某里中国居民，逃出战区；并泣告我方难民说他有一子在罗店战死，自己恐也不久于人世，言下露出无限的反帝国主义侵略战争的情绪。这种难民谈，是再好没有的。总之，凡是表露出敌方的军情，或某种弱点而足以使敌人看见气馁的一切报道，都是需要的。(6) 关于难民救济事宜的报道。内容当然要注重到具体的实惠的方法上。(7) 对于战时的救护和医疗的报道。因为除伤兵数目、受伤情形、救护方法乃至医院名称、地址等都须严守秘密，故可报道的事情，只有战士们在疗养中的生活——特别是战士们所受到的看护和慰劳的情形——以及他们对于战事的感想之类，即使受伤战士看见可以得到很多精神上的慰安，因而减少很多肉体上的苦痛的记事。(8) 遇到重要的慰劳队，比如从远方来的慰劳队，则应取该慰劳队的人物、慰劳物品、慰劳的特殊行动——如演剧、唱歌等——为记事材料。又在募集慰劳物品的团体中，难免没有假公济私之流；对于这些人的行为，也是应该暴露的。(9) 关于敌人的行凶行为，务取实见记，舍弃道听途说之谈。如系真确事实，则用"无理性有背人道"一类空话骂骂敌人，毫无用处，并且仍然算是蹈了败北主义的覆辙，宜讲求适当的报复之法，即报纸应尽量登载关于报复方法的献议，这样，才能使敌方有所畏惧。但是我方的报纸，对于这一层，总是好登载空骂，而不采取关于报复方法的献议。[1]

对于"敌方"的新闻报道，任白涛主要有以下认识：

---

[1] 任白涛. 抗战期间的新闻宣传 [M]. 北京：新闻研究社，1938：92—96.

第四章 抗战时期任白涛的新闻思想

（1）敌军军事配备及工事。在不替敌方虚张声势的范围内，须尽力报道。（2）敌方的作战计划。这是必须使大众知道的事情。在我们的报纸上曾经屡次登载从敌方军官尸体中搜得作战计划的消息，但始终没有宣布出来。（3）关于敌方死伤数目，特别是敌尸的处理等事，务必采取根据具体的事情的详细报道，避免夸大的空话。比如带有"敌众伤亡累累""敌军伤亡重大""敌军死伤愈千，遗尸满地"这一类的抽象语句的记事，多不足取；反之，如"被我击毙之敌军，查其番号为第十一、第四十三、第四十六各纵队"这样的记事是有意思的。即前者的真实性很少，甚至于还多假造，后者纵然也没有写出死伤数目，大可使读者自己推想。又就实际上说，敌军的死伤数目，除在某小城市包围歼灭之外，是很难以得知的。更特别就倭军来说，最怕人知道他们的死伤数目；但为图掩饰和隐瞒，更不能不造出虚伪死伤人名表或遗骨灰匣的件数等等以欺骗它国和自国的人。要之，关于敌方尸体数目的死伤情形的记载，实在是对敌作战时期的最有意味的新闻报道。比如以前屡次在伪满边界发生的苏日冲突，关于苏方移交日方仅仅一两具日兵尸体的事情，常做塔斯社发电的重要取材，便是这个缘故。（4）倭军对于敌人工事的破坏情形，即大炮飞机炸弹的效果。关于这些事情，务须详记，而敌方的报纸或其它战时刊物，可做良好的参考资料。（5）俘虏的姓名、人数、职位，以及审问情形、日常生活和对话、对战时的感想等，可取俘虏的家书等做报道参考材料。（6）所获敌方的战利品，务须像记账一样，详细报道，单说"战利品甚多"或"截获战利品不计其数"，是无意味的。（7）与军事有关的地方内部情形——尤其是所起的某种事变——务取实在材料，不要捕风捉影或无中生有之谈。（8）在敌方的报纸上尽量采取关于对方军事失利的种种事实。[①]

[①] 任白涛. 抗战期间的新闻宣传[M]. 北京：新闻研究社，1938：96—99.

三、战时"对敌宣传"的理论路径与应对策略

任白涛认为战时宣传的一个重要任务就是"对敌宣传",因为宣传有时候会比真实的枪炮更具杀伤力,宣传的一大功能就是控制被宣传者的行为。正如拉斯韦尔所言:"宣传,从最广泛的含义上来说,就是以操纵表述来影响人们行为的技巧。"做好对敌国军队和民众的宣传工作,不仅可以增加敌人内部的争斗,削弱敌人的战斗力,甚至能使敌人临阵倒戈,实现不战而屈人之兵的目的。因此,对敌宣传是宣传战线中最重要的任务。

那么,应该如何从理论上认识对敌宣传?任白涛认为一般意义上的对敌宣传,不外乎对敌方散布、推广我方的文字宣传(比如报纸、传单、杂文、小册、标语)和口头宣传(比如无线电广播、演讲)。但是,任白涛表示这只能算狭义的对敌宣传,而广义的对敌宣传"就是对于当前的敌人——倭寇——对我施行的种种,无孔不入,无微不至的阴谋宣传政策及其对策的研究"。至于为何要从敌人的宣传政策入手,任白涛认为日军已经攫取了中国相当广阔的土地,俘虏了相当多的民众,并且在施行军事政策的同时也在施行宣传政策。如果中国新闻界仅以敌人为宣传对象,虽然也能收到一定的宣传效果,却忽略了广大沦陷区的民众。近代以来,日本的对华宣传政策已经施行了四十余年,他们已经在中国插下了深远的根蒂,筑起了强固的基础,"若是不从根本上着手,即设法挖掘它的宣传根蒂,拆除它的宣传基础,单知从事枝节的,外表的对敌宣传,是难以见着功效的"[①]。任白涛指出日本的在华宣传网络主要由"报纸和通信社、电影、无线电广播、传单和口头传布的流言蜚语"组成,而要想取得更好的对敌宣传效果,必须要清楚日本宣传网络的运行机制。他认为日本的战时宣传主要有两种模式,其一是"麻醉宣

---

① 任白涛. 关于对敌宣传 [J]. 中国青年,1940,3(1—2).

第四章 抗战时期任白涛的新闻思想

传",其二是"造谣宣传",中国新闻界必须要明晰日本的宣传模式。

任白涛指出日本的"麻醉宣传"主要是利用国人的无知,将具备侵略性质的新闻媒介和报道进行伪装,从而达到麻痹国人神经的目的。比如,中国新闻界非常依赖国外的通讯社,虽说每家报馆都有采集新闻的能力,但自家报馆所采集的新闻数量和质量完全无法与专业通讯社相比。报馆为了填补报纸的空缺,必须刊登通讯社的稿件。久而久之,中国的新闻不仅被外国通讯社包办,就连本国的新闻消息也受他们的支配,而日本通讯社对中国的危害最为严重。据统计,到1940年,日本在中国的通讯社有80余家,七七事变之前在中国立足的就有20多家,它们几乎遍布中国的各大城市,极尽煽动、挑拨、愚弄之能事。① 对日本通讯社在中国大行其道的原因,任白涛给出了如下理由:"第一是中国自己没有能代表一国的强有力的通讯社。照现代的规例:甲国的通讯社要想往乙国发稿,必须由乙国的国家通讯社经手代发……第二是中国政治领袖常好压迫自国的新闻通信机关,而绝不敢干涉外人所设立的新闻通信机关,尤其是日帝国主义者的御用通讯社,是以他们的政府为后盾,凭借不平等条约之庇护,利用中国广大的天空,随意发报。"②

正是日本通讯社长期垄断和操纵中国的内外消息,使得中国的编辑和读者中了"麻醉宣传的毒害",以至于盲目迷信外国电讯,从而产生了"消息是外国人发的,一点也不会假"的畸形心理。③ 任白涛示意他身边就有不少被迷惑的读者。他曾经去一位朋友家中访问,在会客厅的桌子上看见了"伪华报"《顺天时报》,询问好友为何会看该报,好友表示该报"敢说话,销数甚大,单只河南一省就有数千份"。任白涛看到对方"麻醉中毒的样子,纵然给他解释也不明白,只有闭口无言了"。④ 此外,日本不仅让沦陷区的民众免费观看关于日军"胜利"事迹的电

---

① 王向远. 日本对中国的文化侵略——学者、文化人的侵华战争 [M]. 北京:昆仑出版社, 2005:252.
② 任白涛. 日本对华的宣传政策 [M]. 北京:商务印书馆,1940:114.
③ 任白涛. 国际通讯的机构及其作用 [M]. 北京:商务印书馆,1940:102-112.
④ 任白涛. 日本对华的宣传政策 [M]. 北京:商务印书馆,1940:69.

影,还拍摄了大量"封建、神怪、色情等足以挑起民族历史恶感的电影,借此麻醉,欺骗,毒害我们的民众"①。而诸如《明末遗恨》等"历史电影"由于具有更强的伪装性,还进入租界、大后方等地区进行公映,进一步麻醉中国民众。

日本的"造谣宣传"比"麻醉宣传"更胜一筹。在战时环境下,日本不少新闻媒体都抛弃了原有的客观公正的报道原则,站在自己国家的立场说话。它们常常使用"指黑为白,指鹭为鸟,指鹿为马,指兵为匪"的宣传手段,使中国成为谣言的大制造厂。日军通过故意制造诸多不利于我方抗战的新闻消息,比如捏造日军"胜利"的消息,极力制造挑拨离间我方的谣言,然后通过报纸、通信社、广播等媒介发布出来以混淆视听,而诸多不明真相的民众纷纷对日军的谣言进行传播,竟使得他们的谣言攻势取得很大的效果。比如,日本东方社就在中国惯用这种伎俩:"东方社自从设立以来,经过欧战、华盛顿会议、济案,乃至多次的中日交涉和内战等等过程,对于我国以挑拨内讧为能事,对于欧美以捏造谣言希图降低我国的国际地位,以遂其侵略的野心。要说中国的内战大半是由它挑拨而成的,也非过言。"② 不仅如此,日本还使用飞机散布传单——内容多使用简单的文字配上荒谬的图画,或者雇佣中国知识水平较低的百姓在城市中散布谣言或是替其大肆宣传,不少缺乏分辨能力的民众就成了这些谣言的传播者,以至于"造谣宣传"的威力不断增大。

任白涛正是在摸清了日本的宣传模式之后,提出了相应的对敌宣传策略:

第一,中国要巩固和完善现有的新闻宣传机构。任白涛认为中国的宣传水平弱于日本是不争的事实,为此,亟待加强与完善战时宣传体系,而最要紧的就是对报社这样的战时宣传堡垒进行巩固。因为中国的

---

① 任白涛. 关于对敌宣传 [J]. 中国青年,1940,3 (1-2).
② 任白涛. 国际通讯的机构及其作用 [M]. 北京:商务印书馆,1940:74.

第四章　抗战时期任白涛的新闻思想

报社一遇轰炸,各报的房舍不是被炸烧毁,而是被震毁破坏的。1939年5月3日到4日,日本对陪都重庆进行了大轰炸,重庆的十家大报受到不同程度的影响,为了继续发挥报纸宣传抗战的功能,各报社求同存异出版了《重庆各报联合版》。《联合版》一共存在了3个月零7天,它的出版虽然展示了中国新闻界团结奋斗、同仇敌忾的决心,却也暴露出报馆简陋、设备不足的缺陷。面对这一情形,任白涛认为必须从根本上给报馆建筑坚固的至少是耐震的房屋,把宝贵的印刷机器安装到坚固房屋的地下室内;筹设纸厂或扩大现有的纸厂,利用充足的天然原料从事大量的生产,以解决报社纸张供应不足的问题。[①]

不仅如此,中国还需要完善通讯社,以此取得国际通讯的自主权,只有"先行建立在国内有完备的通讯网的通讯机关,然后才能企图取得国际通讯网的均势"。任白涛指出,面对日本的宣传阵线,中国只有一个规模初具的中央通讯社与之抗衡。中央社创办于1924年,是国民党的官方通讯社。它于1932年进行改组,以"工业专业化""业务社会化""经营企业化"的方针为基础,希望建立起现代通讯事业。在改组之后,中央社虽然得到了部分发展,但与日本的通讯社相比仍然处于下风。中央社在战时的对外宣传上还没有采取攻势,"明白说还不能分派得力人员驻到各大通讯社的本社内,充其量只能办到代收、代译、代发的地步"[②]。因此,只有不断完备通讯社,中国才能在与日本的宣传战中占据主动。

第二,任白涛提出了消极与积极的对敌宣传原则。他认为中国新闻界虽然深受日本宣传政策的毒害,却没有打破这种现状的根本觉悟,新闻界同仁应当"摧毁日帝国主义者在中国所筑起的攻城的坚固堡垒,同时更须摧毁他们在中国所筑起的'攻心'的坚固堡垒!"为此,他提出了消极与积极两种对敌宣传原则。消极的原则主要包括:"(1) 照国际

---

① 任白涛. 关于对敌宣传 [J]. 中国青年,1940,3 (1—2).
② 任白涛. 国际通讯的机构及其作用 [M]. 北京:商务印书馆,1940:62.

间的通讯社交互收发稿件的办法，中日两方的通讯社向对方发出的稿件，各须先发交对方的通讯社，经过严格的审查之后，再行发出。如彼方不愿收发我稿，我方绝不收发彼稿。但在彼方的侵略行为未完全停止以前，此项绝不适用，须用积极的对策。（2）前项是对寻常的新闻通信而言，此外更须专设以对抗日方在国际间的虚伪宣传为目的之宣传机关。（3）与办新闻教育以培养具有新闻常识的国民尤其是具有完备资格的新闻记者。（4）如我军人都抱定蔡廷锴军长的'对外不屈服，对内不作战'的主义，对方宣传的根本效用，便算失去，自然无法或不愿再试其伎俩。"积极原则包括："（1）永不采用日方通讯社的稿件（此层希望吾报界能够应用同业公会法互相制裁，免得丧失舆论机关的尊严的地位）。（2）对于造谣有据的日方新闻记者或报纸：前者驱逐其出境或停止其发电权；后者禁卖或停邮（此层去年南京政府曾施行过，颇为功效）。（3）禁止'柜台中均为日人'的'中国报'的发行或停邮；或是对'阅读者处八年徒刑，派销者处十二年徒刑'。（4）禁止国人自办的挂羊头卖狗肉的大小报纸的发行。"[①] 任白涛提出的消极原则侧重于新闻审查，积极原则是主张中国新闻界禁止刊登日方的新闻报道。

第三，运用灵活的内容与方式进行对敌宣传。任白涛指出在对敌宣传的内容上需要灵活、有针对性，使日本军民和沦陷区的人民能得知我方抗战真相。因此，我方的报纸可以模仿日本报的宣传原则，从而达到"以报还报"的目的。具体而言，对敌宣传内容包括以下几个方面："（1）在华倭寇的溃败情形及反战情绪；（2）日本军阀财阀横征暴敛，祸国殃民的罪行；（3）在阵地拾得或在敌人尸上搜出的反战，厌战的日记和信件（应附印照片真迹）；（4）我方驳斥敌方造谣的文件；（5）敌寇或俘虏的反战反军阀的文章；（6）日本反战人物事略或传记；（7）在华俘虏的生活和谈话；（8）倭军阀财阀丑史（可用小说题材刊入副页）；（9）其他——如用'谣言攻势'来对抗敌人对我的谣言攻势等。换言

---

① 任白涛. 过去日本对华的新闻政策（续）[J]. 社会导报，1932，1（7）.

第四章 抗战时期任白涛的新闻思想

之，凡足以长敌方反战的情绪，馁敌方侵略的士气的稿件，都是此报的良好材料。"

我方的抗战电影也需要减少"败北主义"的场面，增加能够引起大后方军民兴奋的抗战胜利的场面，比如"八一三后的上海抗战，我方飞机轰炸黄浦江中敌舰'出云'及倭司令部的情形"。虽然我们的抗战电影难以进入沦陷区放映，但它却能够激起大后方民众的抗敌情绪，这仍然是对敌宣传的一种有效方式。在对敌宣传的方式上也需要多种形式进行配合。我方可以使用国语、粤闽方言、日语对南洋等地华侨和日侨同胞进行广播宣传，比如，"在华日本反战同盟"在桂南各地利用扩音机取得了较大的宣传效果，今后应该加强这样的工作，以此打破日本的虚伪宣传；利用飞机或游击队员向沦陷区的人民散布图文并茂的报纸、传单等宣传品，以免他们受到敌方伪华报的愚弄，以至于良心被麻醉，从而丧失了抗战的热情。[①]

第四，面对日本的宣传攻势，需要加强战时新闻统制。任白涛认为中国报纸在战时还多死守着"有闻必录"的过时原则，在不知不觉中成了对方的宣传工具，因此需要"不分中外报纸施以严格的检查和控制"。任伯涛所言的"严格的检查和控制"体现了对新闻自由"牺牲论"的认同，该观点的核心是接受政府对新闻自由的限制，以使新闻自由不妨碍抗战。这一观点提出的根本原因是中华民族处于生死存亡的危机当中，只能牺牲平时状态下的新闻自由，从而求得全国上下的舆论宣传高度统一、步调一致。只有如此，新闻媒体的"文器"作用才能最大化，才能保证"宣传战"的最终胜利。

对于如何加强新闻统制，任白涛提出了以下应对策略：

（1）要彻底纠正抗战期间新闻写作的作风，制定严格的战时新闻业务的标准，极力避免新闻"资敌"现象的发生。（2）就抗战影片而言，需要减少失败主义的场面，比如难民流亡情形、倭寇强迫

[①] 任白涛. 关于对敌宣传 [J]. 中国青年，1940，3 (1—2).

沦陷区民众持"膏药旗"欢迎寇兵之类，增加引起我方军民奋斗的抗战胜利的场面，以此激起民众的抗战热情。（3）对于我方民间的收音机需要进行调查，登记并加以严格的限制，除军事情报机关之外可以将之作为参考资料外，绝对禁止民间收听敌方广播。（4）在我国政治权力所及的地方，对于外国通讯社所发出的有妨碍我们的政治军事等的消息，我们的军政当局可以禁压住这种消息，不准派发出境；如果该电讯由中央社等国内新闻机构代发，必须在发稿前对电讯进行仔细的鉴别取舍工作。（5）严查造谣者及其谣言的根源，而这光靠军警和密探是全然不够的，必须训练人民群众让他们参与进来扫除谣言。①

第三节　抗战时期任白涛新闻思想的话语变化

前文已经分析了抗战时期任白涛新闻思想的主要内涵，可以发现，抗战前后任白涛的新闻思想发生了一些变化，他一方面延续了早期的新闻学研究旨趣，另一方面为了应对战时环境进行了理论重构。实际上，任白涛抗战时期的新闻思想是战时新闻学的组成部分之一，他为战时新闻学的发展做出了自己的贡献。战时新闻学研究从兴起到抗战胜利后被边缘化，前后一共历时九年（1936—1945）。作为中国新闻学术史上的重要一环，战时新闻学不仅借学术研究助力抗战，也影响了中国新闻学术的常规发展，使之"偏离"了学术研究的正常轨道。为了更好地理解与把握抗战时期任白涛的新闻思想，深化对战时新闻学的认识，本节主要分析抗战时期任白涛新闻思想的理论特点。

---

① 任白涛. 关于对敌宣传 [J]. 中国青年，1940，3（1—2）.

一、以"工具性"为中心的新闻意识

在战时新闻学兴起之前,中国新闻学的学理性意识比较明显。1918年10月,北京大学新闻学研究会正式成立,标志着中国新闻学的开端。蔡元培在学会成立时发表讲演:"凡事皆有术后有学。外国之新闻学,起于新闻发展以后。我国自新闻以来,不过数十年,则至今日而始从事于新闻学,固无足怪……民国元年以后,新闻骤增,仅北京一隅,闻有八十余种。自然淘汰之结果,其能持续至今者,较十余年之前规模大不同矣。惟其发展之道,全恃经验,如旧官僚之办事然。苟不济之以学理,则进步殆亦有限。此吾人所以提出新闻学之意也。"[①] 新闻学研究会也将"研究新闻学理,增长新闻经验,以谋新闻事业之发展"作为宗旨,研究内容则包括"新闻之范围、新闻之采集、新闻之编辑、新闻之选题、新闻通讯法、新闻纸与通讯社之组织"。这些无疑都展现出当时的新闻学人对新闻学理的重视。

此后,中国新闻学的研究成果不再以零散的论文形式出现,而是系统性的学术专著。1919年,留美归来的徐宝璜出版了《新闻学》一书,这是中国第一本新闻学理论著作,被蔡元培称为"破天荒"之作;1922年,任白涛自费出版了《应用新闻学》,是中国第一本实用新闻学专著;1923年,邵飘萍出版了《实际应用新闻学》,是中国第一本新闻采访学专著;1927年,戈公振出版了《中国报学史》,是中国新闻史研究的开端。自此,以学术研究为旨趣的中国新闻学得以建立。

在新闻学研究内容上,研究者把目光聚焦于新闻本体的认识上,开始研究新闻学的发展演变规律。任白涛对新闻学的研究包括"新闻之定义""新闻之价值""新闻事业之特质""新闻记者之定位"等。研究者的视野也越来越广阔,几乎涵盖了新闻及新闻事业所涉及的方方面面。

---

① 蔡元培. 蔡元培文集[M]. 北京:线装书局,2009:83.

任白涛不仅关注新闻本体问题，对新闻之搜材、新闻之制稿、新闻之编辑等新闻业务问题亦进行了学理性论述。这一时期的新闻学人形成了明确的学科意识。什么是新闻学、新闻学研究的对象是什么、新闻学的研究方法是什么等问题都是新闻学人所要思考的。

这一阶段的不少新闻学人都具有留学海外的背景，他们吸收了国外的新闻学思想，普遍认为新闻学是一门独立的学科，有特定的研究对象和科学的研究方法。对新闻学术化的理论探索便始于这一时期。任白涛对新闻学有这样的认识："新闻学者，实一种最名贵之应用科学也。狭义言之，乃治政治学、社会学、教育学及文学诸学者之必修学科。广义言之，无论从事何种业务者，皆不可不具此知识也。"可以看到，任白涛等新闻学人开始有意识地强调新闻学的学科地位，专门化的新闻教育与新闻学专著的出现也使新闻进入"有学"阶段，"为学问而学问"则成为该时期新闻学人的治学宗旨。

虽然战时新闻学在1936年才兴起，但九一八事变之后，中国实质上已经遭到了日本的入侵。东三省的沦陷使大量中国人猛然惊醒，而在学斋里静心研究新闻的学者们也逐渐将现实与学术相联系。尤其1935年的"华北事变"以后，中国的国难一天比一天沉重，救亡图存、保家卫国的理念成为整个中华民族的主题，新闻界人士也扛起了救亡的旗帜，他们运用报纸等媒介传播救亡理念，不断呼唤民众觉醒。同样，新闻学人也带有紧迫感和使命感，如何将新闻学研究与国难关联起来，成为他们的研究方向。在各种因素的交织下，新闻学研究也发生了相应的变化，比较明显的就是弱化了新闻学的学术性，加强了新闻学研究的政治功能。研究者将这一原则应用到了"新闻本体"这一最基本和核心的问题上，他们认为在这场空前惨烈的民族解放战争中，新闻是抗战的"文器"，"宣传战"是总体战的三大战线之一。换句话说，"新闻是反抗侵略压迫的战争工具"。

从学理上讲，新闻"工具性"观念的发端可以追溯至张友渔的新闻理论。张友渔（1898—1992）是无产阶级新闻学者，他于1927年加入

第四章　抗战时期任白涛的新闻思想

中国共产党，在学习了马克思主义著作之后，运用阶级斗争学说系统性地对新闻学进行了研究，提出了"新闻是阶级斗争的武器"这一学说。1934年，张友渔在成舍我主办的《世界日报》上发表了《论统制新闻》，指出"新闻是阶级斗争之武器，即支配阶级对于被支配阶级，在暴力的统制之外，又借新闻，来实行一种思想的统制；同时，被支配阶级，也在暴力的反抗之外，常拿新闻来作为一种反抗的工具。因而在阶级社会里，支配阶级和被支配阶级之间，必然地发生新闻的斗争（即思想言论的斗争之一形态），像必然地发生暴力的斗争一样"[①]。

作为潜在的思想资源，任白涛等战时新闻学人的思想"只不过是将这种潜藏的思想资源由'阶级'改换为'民族'；由'斗争'转换为'战争'；由'阶级斗争'的新闻统制转换为'民族战争'的新闻统制罢了"[②]。正是源于这种观念，如何最大限度地发挥新闻在战时舆论宣传中的作用，帮助抗战获得最终的胜利，成了任白涛等新闻学人关注和研究的焦点。大多数新闻学人主动抛弃了抗战之前"为学问而学问"的新闻学研究宗旨，投入了"为抗战而学问"的战时新闻学研究。这样，抗战前后新闻学研究的最显著变化就是"学理性"被淡化，"工具性"空前加强。

对于战时新闻的"工具性"，任白涛是这样认识的："在平时，我们对于报纸上的错误，大可一笑置之；但在战时——尤其是在对抗外敌侵略的民族解放的战时——因为对于一切事物，都应像战场抗敌的机关枪手的动作一样，要用极爽利的方式来一个新的清算和估定，而对于有关战时宣传者很大的报纸，更不可随便忽过。即战时的报纸，在宣传上，一有疏忽之处，那在战地的将士和后方的民众，都要感到利害的影响，决不仅是报纸的编辑取材的技术上的错误问题，换言之，不是单只关系于报纸本身的问题。"正是因为新闻仅仅是赢得战争的一种工具，任白

---

① 张友渔. 论统制新闻［N］. 世界日报，1934-03-01.
② 张育仁. 重庆抗战新闻与文化传播史［M］. 重庆：重庆出版社，2009：42.

涛对战时新闻学的研究方法只是"把极关重要的事例举出数则来检讨，来分析，来说明"，从理论和技术上研究什么是"不妥当的新闻宣传的方法"，而什么又是"妥当的新闻宣传的方法"，这样，"大可以包括住其余的一切了"。① 可以发现，任白涛对战时新闻学的认识偏离了早期新闻学"为学问而学问"的研究旨趣，他对战时新闻学的研究更多地停留在如何利用报纸的新闻宣传赢得抗战胜利这一终极目的上。正因为如此，任白涛很少对新闻宣传进行具体的概念分析和理论建构，仅仅停留在宣传的层面上，对战时的新闻业务、宣传策略等"术"的层面的研究则重视得多，即重视"新闻宣传的方法"。

需要指出的是，任白涛仅仅是偏离了早期新闻学阶段的研究路径，并不是重起炉灶建构战时新闻学的相关理论。并且这种偏离有其客观条件，是战时新闻学人面对民族危亡时迫不得已的抉择。因此，任白涛抗战时期的新闻思想是对他早期新闻思想的继承和发展，他只是借用了之前的新闻概念和理论，在此基础上进行拓展和延伸，以适应抗战宣传的需要。那么，抗战时期的新闻就不光是"以适当机敏之方法，寄兴味于多数之人者"，更是"用一切方法，从一切方面去巩固全面抗战的阵线，督促和推动这次抗战到它的'逻辑的终点'，以保障最后的胜利"。② 也就是说，新闻的基本定义并没有被彻底抛弃，而是针对战时状况进行了改写，以符合当时的国情。新闻原本的宣传功能则被进一步放大，并且与战争相联系，它能够把民众多方面地组织起来、训练起来、发动起来，使之直接或间接地为抗战服务，而在内政外交上也可以取得相应的成绩。其实，任白涛在战前就发出了报纸的威力"真是奇大无比"的感叹，它能够"上下一世的风教，左右一国的政治；推进文明，动摇思想；引起人民的新趣味，兴起国家的新事业；刺激住国际关系，博得外交上的胜利"。从这点来看，任白涛对新闻的政治功能是持赞成态度的，

---

① 任白涛. 抗战期间的新闻宣传 [M]. 北京：新闻研究社，1938：3—4.
② 任白涛. 抗战期间的新闻宣传 [M]. 北京：新闻研究社，1938：101.

只是被战争这个放大镜放大了。

综上所述,任白涛抗战前后的新闻思想确实存在着"学理性"与"工具性"的矛盾。不过,两者并没有完全割裂,不能认为他的早期新闻思想就具有绝对的"学理性",而抗战时期的新闻学思想只有纯粹的"工具性"。确切地说,任白涛抗战时期的新闻思想"学理性"下降而"工具性"凸显,这一特征也顺应了时代潮流,是承继与被承继的关系。

二、新闻自由观念转向"新闻统制"

新闻自由作为公民的一项基本权利,一直是新闻学人所努力捍卫和追求的。任白涛虽然没有对新闻自由进行集中阐述,但在他的新闻实践与思想中,仍然能体会到他对新闻自由的坚持。因为任白涛的新闻思想多源于西方,而西方的新闻理论是建立在自由新闻体制之上的,其中最能体现任白涛自由主义色彩的就是他所提出的"优秀报纸"的观点。所谓优秀报纸就是任白涛所心仪的以西方"高级报纸"为蓝本的民间报纸。"高级报纸"标榜自由独立,不依附政府的津贴而生存,其新闻报道以严肃客观著称,美国《纽约时报》、英国《泰晤士报》都是"高级报纸"的典型代表。任白涛认为,真正优秀的报纸,是超越党派,坚实地立足民间,代表民意的自由主义的报纸,这种报纸是"造成舆论之冶金炉,而运用政治之推进机也"。

任白涛的个人身份和经历也透露出一股浓厚的自由主义气息。为了出版《应用新闻学》,任白涛自己创办了中国新闻学社。按照任白涛的话,这个学社完全是个人性质的研究所,不是公共的团体。他相信,研究一门学问,要想得到点真实的成效,必须依靠个人的努力,为了维持学问的独立,绝对不承认任何方面的物质的援助;为了培养性灵的源泉,排除党伐的积习起见,绝对不参加任何党派。即使在抗战时期,任白涛虽然徘徊在国共两党之间,但他仍然保持了一种自由独立的心境进行战时新闻学的工作和研究,无意涉足党派之争。因此,"不党"和

"不私"可以说是任白涛的性格特点。观其一生，他主要是一个热衷于学术研究的自由主义知识分子。正是源于他所认同的新闻思想与自身的性格特征，任白涛在抗战前针对政府对新闻自由的打压提出了批评。他以苏联报纸为衡量"新闻自由"的标准，指出苏联的报纸虽然在形态上属于国有，但报纸上的新闻和评论却"绝对不背反人民的意思"。从本质上讲，苏联报纸仍然是人民的报纸，而国民政府不了解苏联报纸的本质，仅仅学习苏联的新闻统制方法，是万万不会成功的。[①] 至此，我们可以发现，任白涛明确反对政府对新闻自由的压制，极力主张报纸拥有新闻自由的权利。

九一八事变后，任白涛对新闻自由的看法发生了些许变化。他在1931年10月5日出版的《文艺新闻》中向中国新闻界发出了"紧急请求"。他指出，在目前全国抗日救国的潮流中，中国新闻界也需要行动起来。在他提出的五项要求中，有两项就涉及新闻统制："请自即日起开始永远不载用日本帝国主义之宣传机关的联合、电通各新闻社的电讯"，"请暂时牺牲营利的企图，义务的刊载一切抗日救国的广告"。这些要求只是任白涛有感于中国时局的变化向新闻界的建言，从他个人思想转变的角度而言仅仅是一个导火索。

1932年淞沪会战发生后，任白涛对中国新闻界自由放纵的态度感到愤慨："关于摧毁日帝国主义者在中国所筑起的攻城的坚固堡垒的工作，已有多数的国人毅然地在做着。只剩下一个要紧的'攻心'的堡垒的摧毁工作，不但没有人做，甚至于毫不知觉。几个暗中放火，井中下毒的'江北汉奸'虽有人在注意捉拿，杀而不赦，可是对于向民族心脏放火下毒的多数汉奸，不但没有人捉，并且任其所为，真是世界新闻史和政治史上未有的怪例！"正是不满于中国新闻界"任其所为"的状态，任白涛主张在面对日本的宣传攻势时采取更加严厉的新闻统制办法。在他所提到的四条积极的对日宣传策略中，有两条针对中国的报纸，两条

---

① 任白涛. 综合新闻学 [M]. 上海：上海书店出版社，1991：139.

针对在华的日本报纸。对中国报纸而言，一方面要"永不采用日方通信社的稿件，希望吾报界能够应用同业公会法互相制裁免得丧失舆论机关的尊严的地位"，另一方面则要"禁止国人自办的挂羊头卖狗肉的大小报纸的发行"；对于那些造谣有据的日本新闻记者或电报，可以实行"驱逐其出境或停止其发电权"以及"禁卖或停邮"的新闻统制方法，而对那些经营者均为日本人的"伪华报"则可以采取更为严厉的措施，"对阅读者处八年徒刑，派销者处十二年徒刑"。①

抗战爆发之后，任白涛更加倾向于实施比较严格的新闻统制办法。在他的观念之中，为了完成新闻抗战的大业，新闻界必须牺牲掉所谓的新闻自由，接受政府的新闻统制。1936年6月9日，署名为星的作者在《申报》上发表了一篇题为《如何取缔外国通信社》的评论：

> 在此非常之局面，相当之新闻统制，非不必要也。然既施统制，必求其有效。在现状之下，空隙至多。而政府对于外国报纸及通信社，过分优待，日本通讯社恃其政府后援，发电不受检查，一切越轨之行为，固无论矣。即路透、哈瓦斯等社，亦享受过度之自由，无法使之就范。除同盟社以外，其他各国通讯社，虽无恶意之造谣，然每一发电，每传一信，总以其本国利益为前提，以宣传其国之政策及各种金融商业机关之信誉；与中国利益有冲突之时，必牺牲中国之利益。虽受轻度之检查，尚呶呶不已。外国之报纸更肆无忌惮；日本为最；英美次之。欲收新闻控制之实效，此实最大问题也……是故对本国报纸相对的予以较充分之记载自由，对于外国通信社及外国人所办之报纸，施以严格之检查与控制，实政府当今之急务也。②

任白涛并不完全赞同该篇评论所说的观点，他认为"对于本国报纸的记载予以相对的解放，对于外国报纸的记载则予以严格的检查"之说

---

① 任白涛. 过去日本对华的宣传政策[J]. 1932, 1 (7).
② 如何取缔外国通信社[N]. 申报, 1936-06-09.

违背了新闻统制的原则。他表示,战时新闻统制不应该有中外之分,两者都应该受到"严格的检查和控制"。那些外报自不必说,而中国报纸还死守着"有闻必录"的过时原则,某种程度上反而充当了日本帝国主义的传声筒,因而同样需要接受政府的新闻统制。①

任白涛的上述观点与战时主流的新闻自由"牺牲论"相吻合。提出"战时新闻学"概念的任毕明也认为:"'言论自由',在新闻政策当中是一个重要的原则。不过,大家要明白,所谓'自由',并不是'自由浪漫主义'的自由,而是共同行动的自由。换言之,我们所追求的更大的自由,即民族自由的自由。在抗战期间,最大的自由,是从'抗日第一''民族利益'之下而产生的所谓自由,绝对不能超出这个范围以外。我们不能反乎法律的限制而乱登破坏别人名誉的新闻,不能在法律公安秩序之外,不负责地'有闻必录'。同样,我们此时不能破坏抗战政策的限制而有'新闻自由'。"为此,"新闻检查,即新闻统制办法之一,在各国甚至主张自由主义的英美,也有这个制度。在战时,为了一部分新闻者的幼稚,敌人谣言的散布,为保障战事胜利起见,尤不能不加紧认真。当然这个制度也会发生很大弊端,反动的统制者,像日本军阀之钳制舆论,蒙蔽大众,这是恶意的,但是如果我们相信政府当局对于国家的忠诚,并且,在根据一定标准之下去施行这个制度,我们应该认为善意的而值得心悦诚服地去拥护"②。

所谓"皮之不存,毛将焉附",新闻自由是建立在国家民族自由独立的基础之上的,如果国族不能实现自由独立,那新闻自由只能是一种奢望。因为在国家生死存亡的关键时刻,必须要从国家利益角度出发,牺牲掉平时所追求的新闻自由,接受政府的新闻统制,这样才能最大限度地发挥新闻的战斗作用,实现抗战的最终胜利。

---

① 任白涛. 国际通讯的机构及其作用 [M]. 北京:商务印书馆,1939:107-109.
② 任毕明. 战时新闻学 [M]. 北京:光明书局,1938:67-68.

三、新闻专业主义框架下的"爱国主义"话语

新闻专业主义是新闻学的核心理论思想之一,也是新闻学建立初期学人的一致诉求。新闻专业主义产生于西方国家,美国是其中的代表。19 世纪 20 年代,美国进入了"新式新闻事业"时期,经过 70 年的发展,阿道夫·奥克斯在 1896 年接管《纽约时报》以后,奠定了"只报道事实"的客观公正的新闻理念,美国新闻专业主义观念最终成形。经过西学东渐,新闻专业主义被任白涛等新闻学人吸收和借鉴,中国的新闻学研究自此发端。对于新闻专业主义的基本理念,黄旦有如下论述:"第一,报刊的主要功能是传播新闻,同时还要干预和推动社会;第二,在性质上,报刊是一个独立专业,因此,它必须是自主的,尤其在政治上不依赖任何派别,更不做政府的喉舌(所谓的新闻自由,实际上就是政府不能干涉报纸);第三,报纸的目的是为公众服务,并反映民意;第四,报纸的运转是靠自己的有效经营,尤其是广告收入;第五,报纸的约束机制是法律和职业道德自律,尤其是后者。"[①]

任白涛的早期新闻思想与此大致相同:生成动因是脱离政治,首要功能是刊载新闻,目标理念是服务社会,实现基础是职业记者,约束机制是新闻道德。可以发现,任白涛早期新闻思想的理论维度与新闻专业主义的基本理念是高度重合的,而任白涛对新闻事实的坚持尤能反映他新闻思想中的专业主义精神。任白涛认为新闻最为重要的是"事件之真相",因为"新闻事务,虽尚迅速,然于事件之真相,决不可稍涉模糊。如事件关乎个人、团体,则更须特加慎重,万一误传,斯报纸之信用将不免根本破坏。不宁惟是,一旦揭载失实,纵随时更正,其效力亦难与揭载时相埒也。他如人名、地名,所关似小,实则一有疏忽,亦足伤报

[①] 黄旦. 传者图像:新闻专业主义的建构与消解 [M]. 上海:复旦大学出版社,2005:32.

纸之信用"①。他的这一观点其实与阿道夫·奥克斯时期的《纽约时报》的"只报道事实"的观念有异曲同工之妙，二者都是对新闻"真实、全面、客观、公正"的不懈追求。

不过，当战争爆发时，平时状态下的"新闻"逐步让位于战时状态下的"宣传"，虽然两者的联系非常紧密，但新闻与宣传毕竟有所不同。宣传者为了达成自己的意图，就会运用相应的手段传播有利于己方的信息，其目的在于使受者的态度朝宣传者的方向转化。因此，战时的媒体作为政府的喉舌机关，必然要向民众宣传我方必胜的信念，以鼓舞民众，增强士气，获得最终的胜利。其实，从"新闻"到"宣传"转变的过程就是向大众传播爱国主义的过程，而爱国主义指的就是对祖国的忠诚、热爱的思想和深厚的情感，其中暗含着一种随时准备以行动保卫祖国并从各方面支持祖国的观念和行为。有研究指出，战时新闻报道情况复杂，"它已不单单是新闻媒介的专业理想和政府政治力量或者经济力量的冲突，而是上升到了专业主义和爱国主义的冲突，这一冲突既蕴含了政治意识形态的复杂因素，也包含了人性内在的复杂要求的冲突，是多种因素综合作用的结果"②。因此，在这场关系到中华民族生死存亡的抗日战争中，"爱国主义"先行的观念一定程度上给新闻的"专业主义"造成了冲击。

那么，任白涛是如何看待"专业主义"和"爱国主义"的关系的呢？对此，我们可以先来看看任白涛对于日本对华新闻宣传的态度。日本在中国操办汉文报刊由来已久，早在1901年，《顺天时报》就无视中国主权，其对华报道以"造谣生事，混淆视听，欺骗民众，搅乱中国为乐事"，引起中国读者极大的不满。随后，日本几家大的新闻机构也陆续在中国设立了分支机构，有的甚至以压制中国人民的排日抗日舆论、制造所谓的亲日和善为宗旨。九一八事变后日本占领整个东北、七七事

---

① 任白涛. 应用新闻学 [M]. 上海：上海书店出版社，2011：24.
② 喻璐. 从战时新闻传播看专业主义与爱国主义的冲突 [J]. 新闻传播，2015 (7).

第四章 抗战时期任白涛的新闻思想

变后日本全面侵华,日本各通讯社也纷纷涌入中国,利用强有力的新闻机构对中国进行文化侵略。日本在对华宣传上几乎丧失了专业主义精神,将宣传分为"正面宣传"与"反面宣传"。"正面宣传"属于虚张声势类,主要对日本的侵略成果、军事战略等进行吹嘘;"反面宣传"则是"把败说胜,把胜说败,或是称你为我,称我为你,若是以日本语来表现,可说是一种'马鹿宣传',因为它的指兵为匪一类的伎俩,是同指鹿为马一样的"①,可谓用心险恶。日本对华新闻宣传罔顾事实、颠倒黑白,极尽煽动、挑拨、愚弄之能事,完全失去了新闻专业主义精神。

面对日本丧失了专业主义精神的新闻宣传,任白涛认为中国的报纸绝不能效仿日本用谎言对抗谎言,而是必须依靠真凭实据进行反击。他指出"像欧洲战时各国那样的以敌方的真实为绝对的虚伪、以己方的虚伪为绝对的真实的方法,即专门造作谣言的方法,是不足取的;而且就现今来说,那些方法,也都可说成了过时的货色;不但效果很小,并且足以长敌人的气焰,馁己方的意志,故在现今,更不可用。尤其是像法国那样的用科学方法制造敌人残虐照相和绘图的方法,这虽然得到一时的效果,不免留存永久的臭名;在另一方面更大足以降低被利用的报纸的报格和信誉"②。因为中国的抗战是正义的战争,日本战争则是非正义的侵略性质的战争,所以中国的战时新闻报道没有必要使用谎言,必须坚持以事实说话,坚守住专业主义精神。如果中国的新闻宣传一味地夸耀胜利掩饰败北,不敢正视自己军事上的失误,"将本应该用大字标题登载的我方军事真实的活动,却仅以寥寥数语,排列到极不重要的地位",实际上就犯下了"败北主义"的错误。违背了新闻真实性原则的报道虽然能够在短期内取得一定的效用,但是长期虚假宣传的结果,会让民众乃至军队将现实的不利与报道的有利进行对立,使得他们产生无

---

① 任白涛. 国际通讯的机构及其作用 [M]. 北京:商务印书馆,1939:63—64.
② 任白涛. 抗战期间的新闻宣传 [M]. 北京:新闻研究社,1938:16.

所适从之感，最终影响到对战争的态度。因此，战时中国的新闻宣传仍然需要专业主义的引领。

不过，战时状态下的新闻报道与平时是有区别的，特别是和爱国主义发生激烈的冲突时该如何进行平衡？任白涛认为战时宣传尤其涉及军事宣传时"也有万不得已的一事，就是纵然一开真实凭据来宣传，对于有隐秘必要的事情，也是应该隐秘的；纵在事实上不能永久秘而不宣，但暂时的隐秘，是必要的"。也就是说，战时新闻宣传要尽可能地融合专业主义和爱国主义，消除两者之间的矛盾，实现它们的利益一致性。这就需要战时的报人注重报道的方式和方法，"在'名正言顺'，'理直气壮'的原则之下去做为国为民的宣传工作，是一定会收得美满的效果的"①。

可以看出，即使在战时条件下，任白涛仍旧认为报纸要坚持专业主义精神。作为正义的一方，中国新闻界完全没有理由用谎言对抗谎言，只需要报道事实就能够在对日宣传战线中给予日军痛击，毕竟谎言无论怎么重复都不可能成为真理。不过，在国家和民族危急的时刻，战时新闻报道不可避免地要与政府的宣传口径保持一致，其中所展现的爱国主义精神势必会冲击新闻的专业主义。针对这一情况，报人要注意新闻宣传的方式与策略，将两者有机结合，找到专业主义与爱国主义的平衡点。

---

① 任白涛. 抗战期间的新闻宣传［M］. 北京：新闻研究社，1938：17—18.

第五章 任白涛新闻思想的评价与重估

本书前两章对任白涛的新闻思想进行了较为全面、系统的阐释，但本书的研究目的并不仅限于此。梁启超曾指出："历史的目的，在将过去真实事，予以新意义或新价值，就是把过去的事情，重新估价，以供现代人活动之资鉴。"①

本书在绪论中就指出学界对任白涛的认识和评价并不完全一致。因此，对任白涛的新闻思想进行价值重估，重新审视他在新闻史学上的地位就是本章讨论的重点。正如科林伍德所说的"一切历史都是思想史"，我们只有全面、公正、客观地认识历史上的新闻人，才能不断推进和完善中国新闻史的研究进程。

第一节 任白涛新闻思想的评价

一、促成早期的新闻学科观念

1834年1月，《东西洋考每月统记传》刊登了《新闻纸略论》一文，这篇文章虽只是简单介绍了西方报纸的产生、现状和出版自由等，

---

① 梁启超. 饮冰室合集（专集99）[M]. 北京：中华书局，1989：5.

却标志着中国近代新闻学研究的开端。1918年北京大学新闻学研究会成立以前，中国的报人已经发表了百余篇关于新闻学的专论，然而这一长达84年的新闻学研究阶段并没有让中国新闻学朝着现代化方向迈进，而是仍然处于萌芽状态。

总体来看，当时的研究呈现出以下几点特征。第一，研究对象限于"新闻纸"，没有形成明确的"新闻学"意识。这一阶段的新闻学研究主要集中在报刊作用、新闻自由、新闻舆论、新闻价值、新闻业务等方面，在具体的研究过程中，这些概念并没有被清晰地界定。研究者对上述概念的认知只是在对"新闻纸"的介绍过程中间接生成的，并不是从新闻学的内在理路和基本规律出发，"新闻学"一词在众多新闻学专论中也很少被提及，没有形成明确的"新闻学"意识。第二，新闻学研究主体的非专业化。近代以来，早期新闻学研究者的主要身份是报人，并不是新闻学者。比如王韬、康有为、梁启超、孙中山等人都是优秀的报刊政论家，具有丰富的办报经验，只不过他们对报刊的认识是与救亡图存相联系的，报刊往往被纳入政治体系，具有明显的功利色彩，导致新闻的学理性难以凸显。第三，新闻学研究的理论程度较为浅显。当时研究者撰写新闻学专论是普遍的新闻学研究模式，一篇文章少则几百字，多则千余字，往往涉及新闻学的方方面面，很难对新闻学进行深入的阐述。比如王韬的《论各省会城宜设新报馆》对新报的认知也只有三言两语，"知地方机宜""知讼狱之曲直""辅教化之不及"。[1] 客观来看，这一阶段的研究对新闻学的相关概念进行了一定的普及，为中国新闻学的发轫起到了铺垫作用，但就新闻学研究的科学化、体系化、理论化而言收效甚微。

20世纪20年代，中国新闻事业得到了快速发展，社会上对新闻人才的需求量激增，加之新闻学"孕育期"为其提供了一定的理论准备，共同催生了专业的新闻学研究与新闻教育。在新闻学草创阶段，一批专

---

[1] 李秀云. 中国新闻学术史（1834—1949）[M]. 北京：新华出版社，2004：73-75.

第五章　任白涛新闻思想的评价与重估

门的学术著作得以出版，徐宝璜、任白涛、邵飘萍、戈公振分别从新闻理论、新闻业务、新闻史的角度构建了新闻学的理论体系。他们本着"为学术而学术"的精神，开始了学院化的理论探索。任白涛等人"诹远以师长"，其著作吸收了大量西方新闻学的观点，具有比较明确的新闻学科意识，他们的研究"以新闻为本位"，告别了长久以来支配中国新闻界的"政论本位"观念，使新闻学回归到对新闻现象及规律进行探索的学术研究轨道上。

新闻学研究与新闻教育是互相促进、互相发展的关系。中国的新闻教育始于1918年成立的北京大学新闻学研究会，随着五四运动的爆发，中国正式开始了院系式的新闻教育。从1920年到1927年，我国高等新闻院校系科先后约有12所，主要集中在北京和上海两地，因为这两地是新闻业高度发达的地方。在北京，除了有开中国新闻教育先河的北京大学新闻学研究会，还有1923年创立的北京平民大学报学系、1924年创办的燕京大学新闻系和北京民国大学报学系；在上海也有不少新闻系科成立，如1920年成立的圣约翰大学报学系、1925年成立的上海南方大学报学系和国民大学报学系，以及1926年成立的沪江大学、大夏大学和光华大学报学系。除此之外，厦门大学也于1922年成立了新闻学系。[①] 有研究指出，中国早期新闻教育的一个特点是"洋为中用，注重本土经验"。因为当时采用的第一批新闻学教材是徐宝璜的《新闻学》、邵飘萍的《实际应用新闻学》、戈公振的《中国报学史》，它们共同推动了中国新闻学的发展。[②]

事实上，任白涛的《应用新闻学》也得到了广泛关注并进入大学成为新闻学教材，同样推动了早期新闻学的发展。民国时期，任白涛的《应用新闻学》一共出版过6个版本，在抗战以前的新闻教育快速发展期再版过三次，出版逾万册，这些都足以显示该书的学术质量与商业价

---

① 方汉奇. 中国新闻事业通史（第2卷）[M]. 北京：中国人民大学出版社，1996：254—258.
② 陈昌凤. 中美新闻教育传承与流变 [M]. 北京：中国广播电视出版社，2006：72.

值。通常情况下，任白涛还没来得及对书中的一些错误进行订正，亚东图书馆就以"难以应市"进行回应。正因为如此，有的新闻学者争着以任白涛的《应用新闻学》为"底本"，而"留美专考新闻学"的伍超甚至公然抄袭，这也成了中国新闻史上一桩有名的"公案"。种种事例都表明任白涛的《应用新闻学》具有足够的时代影响力。

任白涛虽然没有进入大学任教，但他的《应用新闻学》却进入大学被作为早期新闻学教材。《应用新闻学》出版之后，上海圣约翰大学新闻系就来信询问价目，表示"敝校图书馆现需购阅"该书。任白涛当即寄书一册作为赠送，书到后，圣约翰大学又来信并附一元汇票一张，希望"再购一册为敝校新闻科诸生参考之用"。尔后，燕京大学新闻系在1923年1月也去信任白涛，表示"敝校新闻科组织粗有端倪，尚未就绪；俟稍有秩序，再为领教。至贵社所刊《应用新闻学》一书，极为欢迎，以先睹为快也"[①]。《应用新闻学》的热销再次证明了任白涛的影响力，不仅使他的新闻思想得到了传播，也促进了早期新闻学的发展，给尚处于幼稚时期的新闻学带来了发展的动力。

如果说任白涛的《应用新闻学》推动了20世纪20年代中国新闻学的发展，那么他的另一本力作《综合新闻学》在延续这一目的的同时，则向中国引介并传播了较为前沿的新闻学研究成果。当时，西方新闻学研究处于世界领先地位，因此，英、美、日、德等国的新闻学观点与新闻学理论在该书中都有明显的体现。从这一点来讲，任白涛甚至可以说是民国时期最博识的新闻学者。《综合新闻学》的出版为中国新闻学的发展提供了理论参考，进一步推动了中国新闻学的建设。综合来看，任白涛有以下一些突出的理论贡献：

第一，任白涛系统引介了新闻心理学理论，为新闻心理学在中国的发展奠定了基础。任白涛认为，新闻事业与"做它的真正的主人的读者大众的心"有着非常密切的联系，因此新闻事业心理的研究已经成为新

---

① 任白涛. 综合新闻学 [M]. 上海：上海书店出版社，1991：47-49.

闻业本质研究的一种，与新闻史和新闻技术的研究同等重要。[①] 他引介了日本新闻学者杉山荣的《新闻心理学》与小野秀雄的《报纸与读者》，相关内容可见表 5-1：

表 5-1　任白涛对于新闻心理学的引介内容

第一卷第五章　新闻事业心理	一、新闻事业心理是什么？
	二、感觉过程与新闻事业
	三、表象过程与新闻事业
	四、感情过程与新闻事业
	五、意志过程与新闻事业
	六、知觉过程、判断过程与新闻事业
	七、大众心理的诸特征
	八、传达方法与效果的关系
第一卷第六章　报纸与读者	一、报纸与读者及读者相互间的关系
	二、报纸的媒介机能
	三、报纸的诱导机能
	四、关于公众成立的诸家意见
	五、读者群之观念的分类
	六、读者形成的公众人数及其种类

不过，任白涛并没有满足于简单的引介，而是给出了自己的见解。他不赞成小野秀雄以"理智"和"感情"的二分法将读者进行严格的区分，因为理智的读者具备感情，而感情的读者也拥有理智，所以对两者的划分要采取"兼收并蓄"的办法，在外患或革命的非常时期，"报纸宜偏重于感情"，在复兴或建设的平常时期，"报纸宜偏重理智"。[②]

第二，任白涛注意到新闻学与传播学[③]的关系，并将传播学的相关

[①] 任白涛. 新闻事业心理研究的重要性 [J]. 文汇丛刊，1947（1）.
[②] 任白涛. 综合新闻学 [M]. 上海：上海书店出版社，1991：185-232.
[③] 任白涛的新闻学研究涉及了传播学的相关概念，但确切地说传播学产生于 20 世纪 30—40 年代的美国，这里为了方便叙述故采用传播学。

概念融入新闻学研究，扩大了新闻学的理论视野。在长年的新闻学研究中，任白涛开始思考新闻报道产生的根源问题，紧接着第一卷"总论"，在第二卷"原始的公告形态与通信方法"中，任白涛系统引介了日本新闻学者小山荣三的文章，其内容见表5－2：

表5－2 任白涛对传播学的引介

第一章 研究的范围与方法	
第二章 新闻发达之交通的先行条件	一、交通的发生及其功用、形态。二、新闻报道发生的主要动因。三、交通设施的变迁：（1）原始的交通手段及通信媒介人（2）文字发明以后（3）最初的邮政：（A）波斯的驿递制度（B）古代墨西哥和印度的驿递制度（C）中国旧时的驿递制度
第三章 原始新闻报道的主观性	一、凭主观去认识一切对象的原始人。二、最初的新闻统制者——魔术师。三、从记号和图形进化到文字。四、使用文字后的情报搜集法
第四章 原始的公告形态	一、口头。二、文字、记号、记标：（1）文字（2）记号（3）肉体记号（4）地图和狩猎报告的记号：（A）地图（B）狩猎报告（5）年代记（6）文件和书信的记号：（A）战斗记（B）狩猎记（C）请愿书（D）传记（E）求救状（F）家信和情书（7）利用物体本身的公告法：（A）标木（B）刻棒法（C）结绳
第五章 原始时代的通信方法	一、听觉通信。二、视觉通信：（1）动作信号（2）烽火信号：（A）烽火信号的起源（B）古代欧洲的烽火起源（C）古代中国的烽火起源（D）古代日本·高丽的烽火起源（3）烟信号（4）毛毡信号。三、动物通信：（1）鸽（2）鹰和犬

任白涛根据小山荣三的论文并结合自己的理解，指出"交通是观念或有物体的移动行为；是克服时间、空间之意思的活动；是使零乱无序的社会成为同心协力的社会之有机的活动；是使精神和物质的流通、分配成为可能的要件"。他认为新闻报道产生的根本原因在于"交通"的变化，一切文化和经济事象，只要是社会的产物，其动态的基础缺少了交通概念是不成立的。任白涛对"交通"观念的引进在无意识中探索了新闻学与传播学融合的可能性。①

---

① 任白涛. 综合新闻学[M]. 上海：上海书店出版社，1991：235－356.

第三，任白涛注意到媒介技术与新闻学之间的关系，其思想维度已经在无意识之间触及媒介环境学的层面。他在第三卷第七章"现代的高速度通信机关及其作用"中详尽阐述了现代新闻事业，见表5-3：

表5-3 任白涛对传播媒介的认识

一、电报电话	（A）电视和电话的由来（B）中国电报费的昂贵及对新闻电的疏忽（C）中国电信建设的经过及现状（D）改进中国电信事业的几个要点（E）今日的发电技术（F）华文打字电报问题
二、摄影电报	（A）摄影电报的发明及现状（B）摄影电报的原理及诸方式（C）摄影电报的效用
三、无线电广播	（A）无线电广播的来历（B）无线电广播的功用（C）在中国的广播事业（D）在列邦的新闻广播
四、电视	（1）电视之父——白阿德（2）什么是电视
五、飞机	（1）初次的飞行实验（2）新闻事业与飞机（3）世界主要航空路线：（A）中国（B）英国（C）法国（D）德国（E）美国（F）荷兰（G）苏联

任白涛认为近代生活的基调是机械文明，而机械文明的核心标志是"速力"，也可以称之为速力文明。现代新闻事业不仅以速力为生命，更"可说速力文明是由新闻事业鞭策科学的产物"。可以发现，任白涛的研究焦点已经注意到媒介技术，尤其是现代化的媒介技术对新闻事业乃至现代文明的影响，开始探讨两者之间的互动。他虽然没有详细阐释媒介技术对社会文化会产生何种影响，但他提出的"电视新闻"等概念在当时具有一定的前瞻性，为中国新闻学的发展提供了媒介技术研究的理论向度。[①]

二、围绕战时宣传的初步理论建构

1937年，日本发动全面侵华战争。面对这场空前严重的民族危机，中国新闻学术界也迅速行动起来。1936年，燕京大学新闻学系就开展

---

① 任白涛. 综合新闻学 [M]. 上海：上海书店出版社，1991：535-736.

了"国难与新闻事业"的学术研讨会,将新闻与救国联系起来;同年,燕大新闻学系主任梁士纯出版了第一部战时新闻学专著《战时的舆论及其统制》,这标志着"为学术而学术"的新闻理论研究过渡到了"为抗战而学术"的战时新闻学研究上来,不少爱国新闻人也纷纷投身于战时新闻学研究。不过,"由于研究者教育背景、政治背景、职业背景等的不同,战时新闻学者不能成为一个严格意义上的学派,他们只是一个有着大致相同的研究动机和研究理念的松散群体"①。作为战时新闻学人群体中的一员,任白涛也将自己长期以来的研究成果理论化和系统化,围绕战时宣传进行了初步的理论建构,为抗日宣传战线的最终胜利贡献了自己的一份力量。总体来讲,任白涛对战时新闻学的理论贡献主要有以下两个方面:

第一,从时间维度而言,任白涛在抗战初期就迅速转向了以"新闻救国"为旨趣的战时新闻学研究,对抗战初期新闻宣传的问题进行了深入的剖析,并提出了相应的宣传策略,给当时尚处于混沌状态的战时宣传提供了理论指导。任白涛对新闻学研究具有相当浓厚的兴趣与敏锐的洞察力,正是这种性格特征使他不仅成为中国新闻学的开创者之一,也成为新闻学脱离原本的理论框架,围绕战时特殊状态进行理论重构的重要人物。

1938年,任白涛出版了《抗战时期的新闻宣传》一书,剖析了当时中国新闻宣传存在的乱象,并给出了相应的指导。实际上,任白涛摸清了战时新闻学的理论要害,也明白宣传之于战争的重要性。因此,任白涛在战时的新闻思想可以一言以蔽之,那就是"以宣传为本位"的新闻思想。他继承和发扬了张友渔"新闻是阶级斗争的武器"的学说,其核心理念是强调新闻的工具理性,认为在这场事关国族生死存亡的战争中,新闻学必须要发挥其战斗作用,成为战场上有力的宣传武器。他进一步强调,宣传的真正目的,乃是要使这个宣传的效力至少等于炮火的

---

① 庄廷江. "战时新闻学"研究(1936—1945)[M]. 武汉:湖北人民出版社,2014:34.

效力，即筑起炮火堡垒的同时，还须筑起宣传堡垒。

这本书出版的时间虽然是在抗战发生一年以后，且在任白涛之前也有几部战时新闻学专著出版，但该书在抗战初期的新闻界仍然具有一定的影响力。就该书对战时新闻界的影响力而言，民国文化人祝秀侠给出了侧面的印证。祝秀侠指出，中国自抗战以来，一切力量都以服务抗战为第一要务，而如何发挥抗战的新闻宣传力量，必须有赖于新闻学者及新闻工作者的研讨和实践。无可讳言的是，抗战以来的报纸还没有尽到最大的责任，在汗牛充栋的战时小册子中关于新闻学一类的书籍也屈指可数。不过，令祝氏感到欣慰的是，任白涛的小册子"意见正确，举例周详，实在是关于抗战新闻宣传问题的好书"[①]。

第二，从专著出版的数量与类型而言，任白涛对战时新闻学理论的多样性发展有一定的促进作用。有研究指出，抗战时期的中国新闻界出版了31种战时新闻学专著。[②] 但是，经过笔者比对，该研究只选取了任白涛的《抗战时期的新闻宣传》（1938），而忽略了《国际通讯的机构及其作用》（1939）和《日本对华的宣传政策》（1940）。因此，战时新闻学专著共有33种，任白涛一人就占了三种。任白涛的理论视野也比较开阔，分别从不同侧面分析和研究了战时新闻学的相关问题。

《抗战时期的新闻宣传》主要从理论与实践层面对抗战初期中国新闻宣传存在的问题进行了深层次的剖析，并提出了相应的宣传策略；《国际通讯的机构及其作用》主要分析了战时各国通讯社，比如路透社、哈瓦斯社、美联社等对华运用的宣传策略，尤其对日本的东方社、电通社、日联社、同盟社等通讯机构进行了深入的研究，是唯一一本研究国际通讯社的战时新闻学专著；《日本对华的宣传政策》详细分析了自清末甲午海战至抗战时期日本对华宣传的动因、计划以及实施阴谋宣传的机构，为中国实施反宣传策略提供了理论参考，这也是唯一一本系统论

---

① 祝秀侠. 介绍两本抗战新闻学 [J]. 新战线，1938（2）.
② 庄廷江. "战时新闻学"研究（1936—1945）[M]. 武汉：湖北人民出版社，2014：32.

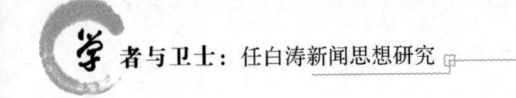

述日本对华宣传政策的专著。

任白涛的理论视野虽然呈现出多样性，但主题是明确的、集中的，主要以宣传为中心展开，这是战时新闻学的核心理论命题。战时新闻学是根据战时社会的一切需要、一切政策产生的，而战时社会的正当生活要求和战时的一切政策都是以战争胜利为中心的。因而，战时新闻学也是以战争胜利为根本目的的，它是为了反抗侵略压迫而展开斗争的战争的工具。为了达成战争胜利这一根本目的，战时新闻学的核心主要围绕宣传进行理论建构，宣传战是总体战的三大战线之一，可见宣传在战争中的重要性。可以发现，任白涛以战时宣传为中心所开展的初步的理论建构为战时新闻学做了一定的理论贡献。

第二节　任白涛新闻思想的重估

前文分析了任白涛早期的新闻思想，梳理了他对早期新闻学的理论贡献与建构过程。在对比研究中，可以看到任白涛新闻思想的核心观点与其他三位学人相比并无太大差异（戈公振的新闻史学观念稍有例外）。既然如此，任白涛为何会被学术研究"边缘化"？本节将尝试对这一问题进行分析。

一、"社会圈子"的区隔："学院派"与"民间派"的现实际遇

波兰学者兹纳涅茨基在其著作《知识人的社会角色》中引入了"知识人"的概念，他所说的"知识人"是一群具有专业知识的社会人。他认为知识是历史地成长起来的，是无数人类个体的各种文化活动的凝结物。这样就把原本研究"知识—社会"互动的理论视角引向了"知识人—社会"的角度。每一个知识人都能够参与社会体系，而与他进行社

第五章　任白涛新闻思想的评价与重估

会互动的一群人就组成了"社会圈子",这个圈子则是由具备共同价值观的复合体凝聚而成的。"被某一社会圈子所需要、其自我具备圈子里扮演的角色所需要的品质的人,具有确定的社会地位,也就是说,他的社会圈子授予他一定的权利,并在必要时强化这些权利以反对圈子内外的个体。"① 那些具备专门新闻知识的学者也是知识人的一种类型,因此我们可以运用兹纳涅茨基提出的"知识人—社会"的视角去分析社会因素对任白涛的影响。

其实,早在1918年任白涛就完成了《应用新闻学》的书稿,就在他四处寻求出版却连遭碰壁时,1919年徐宝璜出版了他的《新闻学》,成为第一本国人自撰新闻学专著。任白涛在接连被拒的情况下,不得已以"中国新闻学社"的名义自费出版了200本《应用新闻学》。此时已经是1922年,距离书稿完成已经过去4年多的时间,非常遗憾地失去了中国新闻学"头生儿"的机会。反观徐宝璜,他正式写作《新闻学》书稿的时间是1918年,而在出版之前,其书稿的部分章节已经在《东方杂志》《北京大学日刊》《新中国》上连载,至于《新闻学》正式出版之时已经是第四版。同样是著书立作,缘何两者的现实际遇竟如此悬殊?循着这一逻辑,有必要对各位学者的身份、地位以及成书过程进行一番检视,以剖析知识人背后的社会制约因素。

徐宝璜(1894—1930),江西九江人。他早年在北京大学求学,于1912年考取了官费留学生资格。留美期间,徐宝璜先后进入纽约州立林业工程学院和密歇根大学进修。因为对报学颇有兴趣,他在密歇根大学加入了一个报纸工作者的培训项目,学到了不少报学理论,也积累了不少报刊实践经验,并获得了该项目的结业证书。1917年,北大校长蔡元培聘请徐宝璜为教授,此时23岁的徐宝璜成了北大文科教授中最年轻的一位。徐宝璜除了本职工作,还兼任《北京大学日刊》编辑处主

---

① 弗洛里安·兹纳涅茨基. 知识人的社会角色[M]. 郏斌祥,译. 南京:译林出版社,2000:8-12.

任，并成为蔡元培的得力助手，帮助蔡处理日常事务。1918年，在蔡元培和徐宝璜的计划下，北大准备组建"新闻研究会"（后改为新闻学研究会）："为输灌新闻知识，培养人才起见，闻本校将于下学期设一新闻研究会。研究新闻之采集、编辑、造题及通信，并新闻纸之组织等事"。随后，徐宝璜被聘为该会的导师。1919年，新闻学研究会进入实际工作阶段，徐宝璜被聘为该会的副会长，成为事实上的领导者，主管研究会的一切具体事务。在此期间，徐宝璜还创立了会刊并任主任，《新闻周刊》也成为中国第一份新闻学刊物。①

为了配合新闻学研究会的工作，徐宝璜开始编撰新闻学讲义。1918年9月，《东方杂志》陆续连载了徐宝璜的《新闻学大意》，一共有七章，分别是"发凡""新闻之采集""新闻之编辑""新闻之造题""新闻之通信""报馆之组织""新闻通信社之组织"，此结构大致为《新闻学》一书的基本框架。1919年3月，《北京大学日刊》发表了徐宝璜的《新闻纸之社论》和《新闻纸之广告》两章内容。1919年11月，《新中国》刊登了徐宝璜的《新闻学之重要》《新闻纸之职务及尽职之方法》《新闻之定义》《新闻之精采》《新闻之价值》。② 等到1919年12月《新闻学》正式出版之时，徐宝璜已经将其修改了四稿。该书出版之后，对中国新闻学研究和新闻教育而言意义非凡，也得到了不少名家的赞誉。蔡元培誉其为中国新闻界"破天荒"之作，符鼎升、邵飘萍也对徐宝璜的贡献表示钦佩。邵飘萍还在《京报》上发表书评："《新闻学》以前中国无专门研究新闻学之书籍，有之自先生始，虽仅五六万字，以言简精当，则无出其右者。在中国新闻学史上，有不可抹灭之价值，无此书，人且不知新闻为学，他无论矣。"③ 徐宝璜及其《新闻学》的历史地位可见一斑。

---

① 邓绍根. 百年奠基：论徐宝璜新闻传播教育的历史贡献和遗产［J］. 出版发行研究，2018（10）.

② 王颖吉. 徐宝璜《新闻学》成书过程及版本的若干问题的考析［J］. 新闻与传播研究，2006（3）.

③ 吴廷俊. 中国新闻史新修［M］. 上海：复旦大学出版社，2008：193.

第五章　任白涛新闻思想的评价与重估

邵飘萍（1886—1926），浙江金华人。邵飘萍在清末就已经涉足新闻业，被聘为《申报》特约通讯员，负责金华一带的通讯。民国初年，邵飘萍担任《汉民日报》的主编，因屡次发表反袁言论而入狱三次。《汉民日报》被当局查封后，邵飘萍出走日本。在日本，邵飘萍结识了不少革命派和新闻界人士，比如黄克强、张友鸾、章士钊、潘公弼等。虽然身处异国他乡，邵飘萍也没有放弃新闻事业，他在日本和同学一起创办了东京通讯社，该社也较早向中国揭露了"二十一条案"，引起了国内舆论的强烈反响。1915年，邵飘萍应上海新闻界之邀回国，为沪上各大报撰文。邵飘萍在上海新闻界的活动引起了史量才的注意，他不惜花费重金聘请邵飘萍担任《申报》驻京特派记者。[1] 1918年7月，邵飘萍在北京创办了新闻编译社，这是国人自办通讯社的开端；10月，他又创办《京报》，主张言论自由、为民请命，不久之后该报影响力大增；他还写下了251篇共计22万字的通讯文章。从1912年到1918年，邵飘萍已经在新闻界摸爬滚打了7个年头，他不仅积累了大量的人脉，还在北京新闻界拥有了一席之地。

当时，蔡元培与徐宝璜计划成立北京大学新闻学研究会。获悉此事的邵飘萍主动去信蔡元培，"去年之春，蔡校长有增设新闻演讲会之计划，余乃致书以促其成。比得蔡先生复书，极承奖嘉"。因此，邵飘萍对北京大学新闻学研究会有促成之功，他也被聘为该会的导师。他每周去研究会授课一小时，翌年则增为两小时，主讲新闻业务，成为该会的主要演讲者。从1923年开始，邵飘萍在办报之余又重登讲坛，先后受聘于平民大学报学系、国立政法大学政治系，讲授新闻采访课。可以说邵飘萍不仅是报业巨擘，也是学院教授。《实际应用新闻学》的底稿则是他在北京大学新闻学研究会和平民大学的讲义，成书时间不过一月而已。但是，该书甫一出版就受到众多名家隆誉。黄炎培为该书题写了书名，顾维钧、颜惠庆、汤尔和、江庸、路透社伊文思、王正廷、黄郛、

---

[1] 邓绍根. 邵飘萍与北京大学新闻学研究会[J]. 新闻爱好者，2008（12）.

蒋梦麟、张东荪、徐宝璜为其作序,孙洪伊、冯玉祥为其题词。由此观之,《实际应用新闻学》作为一本一月速成之作,邵飘萍的身份地位着实为其增色不少。

戈公振(1890—1935),江苏东台人。据戴元光主编的《20世纪中国新闻学与传播学·新闻史学史卷》记载,戈公振于民国初年进入新闻界,担任《东台日报》的图画编辑。1913年,戈公振与狄楚青相识,开始了长达15年的《时报》工作生涯。在《时报》工作期间,他在不同的岗位上工作过,最后成为《时报》的总编辑,并代理狄楚青主持报馆实际事务。戈公振对《时报》的革新做出了重要贡献,其中最突出的就是创办《图画时报》,开创了我国报纸现代画刊的先河。戈公振发起组织和主持的"上海新闻记者联合会"和"上海报学社"在当时的新闻界影响很大。他不仅浸淫报界多年,还涉足新闻教育,先后在上海国民大学、南方大学、大夏大学、复旦大学新闻系以及杭州暑期报学讲习所教授新闻学课程,是早期中国新闻教育的骨干。

1927年11月,商务印书馆出版了戈公振的《中国报学史》。该书详细勾勒了中国新闻事业发展的历史脉络,被称为中国新闻史研究的奠基之作,对中国新闻界的影响颇为深远。戈公振提出了"报学史"概念,主张将报刊史作为独立的研究对象加以系统的研究,推动了新闻史学科的独立。《中国报学史》在民国时期具有很大的影响力,再版5次,并被日本学者小林保曾译为《支那新闻学史》在东京出版,这也是民国时期唯一拥有外译本的新闻史学专著。[1] 戈公振的《中国报学史》与方汉奇的《中国新闻事业通史》也被学界誉为中国新闻史研究的两座山峰。

再看任白涛,他的现实际遇着实比以上三人差了不少。他本来在1918年就完成了书稿,并打算在日本江户出版,但是中国的"五七国

---

[1] 戴元光,主编;徐培汀,著. 20世纪中国新闻学与传播学·新闻史学史卷[M]. 上海:复旦大学出版社,2001:239-241.

第五章 任白涛新闻思想的评价与重估

耻"恰逢日本庆祝太子冠礼,于是任白涛与好友王拱璧放下手中课业,与其他中国留日学生一起举行了大规模的示威活动,暂时搁置了《应用新闻学》的出版计划。1921 年,任白涛回国之后便向各大书局投稿,"可是得到的回敬,却是一样味道的闭门羹"。在难以出版的情况下,任白涛创办了"中国新闻学社"这一带有个人研究性质的组织,并以该学社的名义自费出版了 200 本。该书的出版可以看作任白涛的个人行为,他甚至做起了发行人,并请求胡适在北大出版部的代售橱里代售。[①] 虽然《应用新闻学》的出版让任白涛"受过多少闷气,经过多少难关",但这毕竟了却了他的一桩心事:"此区区十万言之册子,吾实用去六七寒暑,其间吾固非无别为,而吾之精神,殆无时无刻而不寄托于此书。至于湖居之年余,则又此书所销磨。吾自问后悔成分,已减至零数,可告无憾于读者矣。然而浅学如吾,时虞不逮,吾今后唯一之希望,是在大雅宏达之教诲耳。"[②] 不过,仔细揣摩此言,仍能体会到任白涛复杂而微妙的心境。

但令任白涛意想不到的是,《应用新闻学》出版后不久他便卷入了一场纠纷。1925 年 1 月,商务印书馆出版了伍超的《新闻学大纲》。随后,李民治在《现代评论》上发表了一篇书评,他在对比了任著《应用新闻学》和伍著《新闻学大纲》之后,发现两书至少有十分之七相同。他指出:

> 任君全书用文言,伍君前半似用白话,而后半则用文言。用文言则文字乃与任书同,连"之"字都不改为"的"字了。间有掉字而者,其结果文字比任君者必稍逊。任书不主张"直行文字用西式标点附带中式之圈",伍书也同此主张,字句全同,惟改任书文末句"殊不可为也"。但任书实行其主张,书中只是圈点两种,而伍

[①] 耿去志. 胡适遗稿及秘藏书信(26)[M]. 合肥:黄山书社,1994:152-154.
[②] 任白涛. 应用新闻学[M]. 上海:上海书店出版社,2011:1-2.

书则完全西式标点附带中式之圈者,自相矛盾如此。[①]

李民治因此断定"伍君抄任君的"。

知道这一情况后,任白涛立即致函商务印书馆,却没有得到对方的回应。此时,胡适与任白涛的会面起到了关键作用。任白涛向胡适诉说了此事,胡适也从《现代评论》上得悉这桩"怪事"。胡适与商务印书馆的王云五有师生之谊,在胡适的周旋下,王云五终于给任白涛回信:

> 敝馆前收外稿《新闻学大纲》一书,因有与大作雷同之处;嗣经发觉,即已停止发行;以后亦断断不再发行!

新闻史上的一桩"公案"这才了结。尔后,在胡适的介绍下,任白涛与亚东图书馆的主持人汪孟邹相识,在该馆的支持下,《应用新闻学》不断再版。

通过对上述学者身份、地位与成书过程的分析可以发现,徐宝璜、邵飘萍和戈公振都具备"学院派"的背景,他们同属一个"社会圈子"。徐宝璜作为纯正的学院派自不必说,邵飘萍与戈公振虽然不属于正统的学院派,但与学院派联系紧密,他们两人曾在多所大学教授新闻学,拥有丰富的执教经历。邵、戈二人更是浮沉报界十余年,属于业界翘楚。邵飘萍在北京新闻界地位甚高,戈公振在上海新闻界也拥有一席之地,其身份背景为他们的学术研究提供了不少"便利"。这种"便利"不光指的是学术研究过程中所获得的支持与帮助,还超越了纯粹学术研究的范畴,包括书籍的出版与发行等。因此,他们三人的专著出版都十分顺利,并没有出现任白涛式的经历。

同时,他们三人同为学界中人,因而更有凝聚力,这使得他们彼此之间可以互相提携(徐宝璜与邵飘萍就是极好的事例),也更能获得学界的认可。实际上,他们的"学院派"圈子形成了一种壁垒,更好地保障了共同体成员之间的学术利益,而把不属于本派别的人排除在外。与

---

① 李民治. 出版界的怪事[J]. 现代评论,1925,1(25).

第五章 任白涛新闻思想的评价与重估

徐、邵、戈三人相比，任白涛的学术处境与身份地位是远不能及的。他只不过在民初短暂做过报馆的通讯员，虽然有留日学习新闻学的背景，但回国之后并没能进入大学体制，其与报界的联系也是若即若离。一无身份背景、二无学院派经历的任白涛基本上属于"民间派"的新闻学者。他虽然具备专业的新闻知识，却不属于徐宝璜等人的社会圈子。社会人如果没有社会圈子的合作，就明显地不可能执行他的角色，也就很难获得圈子中人的认可。①

进一步而言，伍超抄袭任白涛的事件更加表明了"学院派"的强势地位。有学者指出："个人著作的权威性来自原创性、出版社的合法地位及声望、名人作序、再版次数、发行数量等因素。"② 任白涛虽然出版了中国第二本国人自撰新闻学专著，但该书缺乏相应的"合法性"，它既没有专门的出版机构承印，也缺乏名人作序。在这种情况下，伍超才能肆无忌惮地将之改头换面。与任著新闻学相比，伍著新闻学恰好补齐了它的短板。《新闻学大纲》有孙中山作序（很有可能是伪作或赝品），并由商务印书馆出版，故两书内容虽高度雷同，但伍著却比任著更具合法性。如果没有胡适对王云五进行游说，这件事最终可能会不了了之。同时，伍超与任白涛的身份差距虽不至云泥，但伍超的确超过任白涛，"伍后来曾到北京从事新闻教育事业，一度担任北京某大学新闻系系主任之职"③。两人之间的纠葛依旧是"学院派"与"民间派"的延续。因此，任白涛虽然继徐宝璜之后出版了中国第二本国人自撰新闻学专著，但学院派对学术研究而言更有话语权，既然任白涛之作与学界利益不符，自然难以得到学界同仁的广泛认同。"学院派"学者的强势与"民间派"学者的弱势由此可见一斑。

---

① 弗洛里安·兹纳涅茨基. 知识人的社会角色 [M]. 郑斌祥，译. 南京：译林出版社，2000：11.
② 陈立新. 从"新闻价值"一节看任白涛与伍超之版权纷争 [J]. 国际新闻界，2012 (1).
③ 刘家林. 新闻学史上的一桩公案 [J]. 新闻爱好者，1995 (5).

二、公共阐释视域下"中国话语"在各自文本中的呈现

科林伍德曾言"一切历史都是思想史"。他认为历史不可能是完全客观的,历史在写作过程中会掺杂作者的主观因素。这一论断引发了学界从历史本体论朝向历史认识论的转变,作者的主观因素会对历史记录产生影响得到了不少学者的认同。斯金纳也指出:"理解文本的前提在于掌握文本试图传达的意涵,以及希望这一意涵怎样被理解。为了理解一个文本,我们至少必须理解考察对象的意图,以及与之相伴随的意欲的沟通行为。"[1] 斯金纳所言的文本(作者)与读者的沟通行为其实指涉了阐释学的层面。阐释学(Hermeneutics)又可以称为诠释学、解释学、释义学,它是"具有历史性、整体性和循环性特征的意义的理解与解释之方法论学说"[2]。阐释学的中心问题是"意义的理解与解释",它的研究对象主要是文本及与文本有关的事件和活动。

2017年,中国学术界提出了"公共阐释"理论,对西方日益走向相对主义与虚无主义道路的阐释学进行了修正与发展。张江认为阐释是一种公共行为,所谓公共阐释是"阐释者以普遍的历史前提为基点,以文本为意义对象,以公共理性生产有边界约束,且可公度的有效阐释"[3]。公共阐释理论试图建构"理解的主体—被理解的对象(文本)—阐释者"这样一个互相融合的多方共同体,使得公共理性活动在此领域内展开。阐释有三个层次,分别是个体阐释、公共阐释、公理阐释。个体阐释是个人发表的意见与看法;公共阐释是被社会公认的解释,它属于公共接受的价值、标准和解释体系;公理阐释比公共阐释更上一层,它已经成为规律、理论与方法论。个人阐释只有进入公共阐释

---

[1] 丁耘,陈新. 思想史研究:思想史的元问题[M]. 桂林:广西师范大学出版社,2005:76.
[2] 潘德荣. 诠释学导论[M]. 桂林:广西师范大学出版社,2015:5.
[3] 张江. 公共阐释论纲[J]. 学术研究,2017(6).

第五章　任白涛新闻思想的评价与重估

的层面才会被社会广泛接受，具备一定的社会影响力。①

实际上，任白涛被历史"选择"抑或"疏离"的过程（当然是相对于其他三位学者而言）也是他的新闻学说被公共接受与否的过程。对此我们可以借助阐释学的理论视角进行分析。新闻学作为舶来品，它的大致面貌为何，可能只存在于任白涛等学科建立者的想象之中，其建构过程完全是一个"横看成岭侧成峰"的事情。而在后辈的追认中，徐宝璜的《新闻学》被奉为新闻理论的开端，邵飘萍的《实际应用新闻学》被奉为新闻业务的开端，戈公振的《中国报学史》被奉为新闻史的开端，新闻理论、新闻业务、新闻史三驾马车共同构建了中国新闻学的学科体系，也是在这一追认过程中，任白涛的《应用新闻学》渐渐被主流疏离。为此，我们只有回归各自的文本，发掘作者的根本意图，才能更好地理解这一"选择"与"疏离"的过程。

徐宝璜在《新闻学》自序里开宗明义地阐明了自己的宗旨："吾国之报纸，现多徘徊歧路，即已入迷途者，亦复不少。此书发刊之意，希望能导其正当之方向而行，为新闻界开一新生面。"可见徐宝璜的根本出发点在于吾国报纸进入歧路，从而急需导正报业。《新闻学》作为导正报业的指南，虽然"取材于西籍者不少，然西籍中亦无完善之书，或为历史之记述，或为一方之研究。至能令人读之而窥全豹者，尚未一见也。本书虽仍不完备，然对于新闻学之重要问题，则皆为有系统之说明；而讨论新闻纸之性质与其职务，及新闻之定义与其价值，自信所言，颇多为西方学者所未言及者"②。因而，徐宝璜的理论路径是从新闻学的基本概念出发，而他阐述这些基本概念时不仅吸收了西方观点，又本着中国立场。

徐宝璜对新闻理论的阐述主要集中在《新闻学》的前五章。作为中国新闻学的开山之作，徐宝璜首先表明了新闻学研究的重要性：

---

① 朱孝远. 宗教改革史研究中的公共阐释学 [J]. 历史研究，2018（1）.
② 徐宝璜. 新闻学·自序 [M]. 长春：时代文艺出版社，2009.

自各国民权发达以来，国内大事，多视舆论为转移，而舆论又隐为新闻纸所操纵，如是新闻纸之势力，益不可侮矣。至其为祸为福，则视乎人能善用耳……如不善用之，则可以颠倒是非，播撒谣言，无事生端，小事化大，败坏个人之名誉，引起国内之政争，扰乱国际之和平，推而极之，不让于洪水猛兽。美国各著名大学，近均设立新闻学专科，传输相当之知识，养成相当之人才，即因有见于斯学之非常重要也。①

从社会效用而言，新闻纸的职务重大，它能够供给新闻，代表舆论，创造舆论，灌输知识，提供道德，振兴商业。因此，新闻事业是神圣的事业，而新闻记者对社会负有重大的责任，如果"颠倒是非，博官猎贿，或专以致富为目的而办新闻纸者，乃新闻事业之罪人也"。尔后，徐宝璜才分别对"新闻之定义""新闻之精彩""新闻之价值"进行了阐述。

可以发现，徐宝璜是从社会的角度来认识报纸的，他首先给出正确的报纸社会效用应该怎样，然后以此为示范再阐述吾国报业应当如何，这一逻辑贯穿了徐宝璜著作的整体框架。比如，他在谈论新闻之定义时，指出"新闻须为事实，此理极明，无待解释，故凡凭空杜撰闭门捏造之消息，均非新闻"。随后，他对中国的"有闻必录"进行了批判，"此吾国报纸之一普通之口头禅，且常引为护身符者也，其实绝无意义"。又如，他在论述新闻之价值时，首先指出新闻价值与发生及登载相隔的距离为反比，相隔的距离越短，新闻价值越大，美国各大报纸为了缩短距离多发行各地特版，随后才以上海的《时报》为例进行说明。除了新闻理论部分，徐宝璜也在编辑、组织、营业三个板块贯彻了"先进/欧美—后进/中国"的模式。事实上，徐宝璜并不介意"吾国报业之落后"，他正是希望通过引进西方先进之学说导正报业。因此，西方如何，中国亦如何，只要中国亦步亦趋，那报业就可以回归正途。

---

① 徐宝璜. 新闻学 [M]. 长春：时代文艺出版社，2009：1—2.

相较于正统学院派出身的徐宝璜，邵飘萍的《实际应用新闻学》带有明显的业界风格。邵飘萍坦言他对新闻之学"愧未深造"，而此书也是西方学说与十余年来的实地经历共同促成的，因此理论极其浅显，"乃希望有志青年，取法乎上，勉为其难"。以新闻采访闻名京城的邵飘萍对新闻学的想象也是由记者而始的。他在"赘言"中表明了编述此书的用意："以我国新闻界所最需要者，为各种外交记者（访员，Reporter）之人才，故专就新闻材料采集方法具体说明，为养成外交记者人才之助。"[①] 显而易见，邵飘萍的逻辑起点同样基于中国报业的立场。他在正文中继续写道：

> 我国新闻事业所以幼稚腐败之原因，固由于政治上、社会上一切设备均尚未脱离幼稚腐败之可怜境域。报纸为一切事物之缩影，自不能单独发展而不受环境之束缚。惟报纸自身内容之幼稚腐败，于可能的范围以内，有急须加以改良者，第一应注意之点即为新闻。[②]

邵飘萍认为中国报纸的内容最为幼稚腐败的就是"新闻材料之缺乏"与"所载新闻之不确"，而改良中国报业的根本就在于"新闻之材料"。它的获取又全靠外交记者之活动，因此"外交记者之养成，尤为改良报纸之根本的根本"。

基于此种架构，邵飘萍在顶层设计时最先论述的就是"外交记者之地位"。在他看来，外交记者地位尊崇，远有莫理循利用《泰晤士报》的势力获得远驾各国公使之上的权力，近有外交记者在巴黎和会、华盛顿会议上与代表公使们的各种角力，因此"外交记者（访员）所处之地位为社会、国家、世界之耳目。人类各种新事实之表现，皆难逃耳目之鉴察，其取作材料，载诸报纸，发为批评，则犹之耳目所闻见者转达于脑府。无耳目，则脑府顿失其功用，于此可以知外交记者所负之务任及

[①] 邵飘萍. 邵飘萍新闻学论集 [M]. 北京：北京大学出版社，2008：3.
[②] 邵飘萍. 邵飘萍新闻学论集 [M]. 北京：北京大学出版社，2008：15.

其地位何如矣"①。

当然，邵飘萍在具体展开论述时不忘以西方作比，他在"西方记者—中国记者"的逻辑框架下，将新闻价值、采访心得、采访方法等理论、业务问题铺陈开来。比如，在论述"外交记者之资格与准备"时，指出欧美、日本等新闻事业发达国家的记者必须具备一二门专门的学问，那么中国记者也应该如此，并且还要谙熟几国外语。又如，他在讲到"外交记者之分类"时，同样以先进各国对记者的划分标准来比照中国，希望中国新闻界能够以此为参照进行改进。至此，以记者为重心的中国新闻学建构完成。及至文章的"余白"章节，邵飘萍仍然不忘强调中国话语。"愚与我国新闻界之关系"只是介绍邵飘萍的记者经历，看似与文章不搭，实则可以看作他写作动机的倒置，以此与"赘言"形成互文，中国新闻界在他的文本中的分量不言而喻。

戈公振的《中国报学史》作为新闻史之开端，他在自序中开宗明义地表示：

> 以记者为职业，在我国有时实较他国为难。盖社会上未认识记者之地位如何尊严，军政界中人为尤甚；而就记者自身言之，亦多不明了其责任之所在，而思有以引起人之尊严者。欲除此敝，非倡导报学不可。

可以看到，戈公振的逻辑起点同样是以吾国报业为开端。与徐宝璜类似，戈公振也认为报纸与社会是互相联系的：

> 夫社会为有机体之组织，报纸之于社会，犹人类维系生命之血，血行停滞，则立陷于死状；思想不交通，则公共意识无由见，而社会不能存在。有报纸，则各个分子之意见与消息，可以互换而融化，而后能公同动作，如身之使臂，臂之使指然。②

---

① 邵飘萍. 邵飘萍新闻学论集［M］. 北京：北京大学出版社，2008：16.
② 戈公振. 中国报学史［M］. 台北：台湾学生书局，1983：1.

因此，报纸应该具备正确的社会效用。虽然徐、戈二人的出发点类似，但分析路径却大相径庭。戈公振是从报纸角度界定新闻，他认为"报纸者，报告新闻，揭载评论，定期为公众而刊行者也"，而报纸最主要的特征是"公告性"，"公告性之一物，可以解释为由新闻一般性之特色而来。故报纸之原质，直可谓为新闻"。戈公振对新闻的认识与他的研究视角密切相连，"此种研究乃用历史的眼光，注重实际需要，非用哲学家之态度以讨论概念之自身也"。[①] 由此观之，徐、戈二人虽然都以改善吾国报业为考量，但徐宝璜用"哲学家之态度"注重当下，戈公振则以"历史的眼光"来寻求答案。

从这个意义上讲，中国报刊自然成为戈公振研究的中心。他认为中国现代新闻事业的落后与历史息息相关。中国的官报虽然是世界最早的报纸，但从文化上而言对中国毫无影响效果，"官报之唯一目的，为遏止人民干预国政，遂造成人民间一种'不识不知顺帝之则'之心理；于是中国之文化，不能不因此而入于黑暗状态矣"。究其不发达的原因，"盖西人之官报乃与民阅，而我国乃与官阅也"。[②] 至此，我们大致可以明白戈公振的理论逻辑，他是以历史眼光来分辨中西报业的差距，但最终目的仍然在于导正中国报业。因此，他在论述"外报初创时期"时认为："外报于编辑、发行、印刷诸方面，均较中国报纸胜一筹，销数不多而甚有势力，著论纪事，均有素养，且无论规模大小，能继续经营，渐趋稳固。是则中国报纸所宜效法者也。"[③] 他在分析"民国成立以后"的报纸时指出：

> 就报界自身言，亦知经济独立之重要，而积极改良营业方法；知注意社会心理，而积极改良编辑方法。不过自本国言之，似比较的有进步；若与欧美之进步率相比较，则其进步将等于零。至此，

[①] 戈公振. 中国报学史 [M]. 长沙：岳麓书社，2011：5-6.
[②] 戈公振. 中国报学史 [M]. 长沙：岳麓书社，2011：55-56.
[③] 戈公振. 中国报学史 [M]. 长沙：岳麓书社，2011：97.

> 吾不能不希望我国报纸之觉悟，吾更不能不希望我国报界之努力！①

那么，我们再来看看任白涛是如何建构他想象中的新闻学的。任白涛对新闻学的展开路径是从欧美发达国家的报纸开始的：

> 距今百五十年前，英吉利政治家巴克氏，于议会遥指新闻记者席而呼曰"彼处有宪法上第四之威力"，考英国宪法，执行国家最高政务之三要素，为皇室、政府、议会。巴氏盖以新闻记者在宪法上虽未明定其权限，实则具有宪法上之一威力者也。夫报纸之威力，既于君权方盛、议会万能之十八世纪之英国，博如斯之定评。若民主思潮澎湃冲激之二十世纪之报纸，于重大威力之上，更加重大之使命焉，概可知矣。世人又谓假令孟德斯鸠生于今日，决不仅唱三权分立之学说，良以监视三权，俾不陨越，而对于凡百社会之向上发展，又复丁宁恳切，指导诱掖，以操持思想界之主权者，固有赫赫之报纸在也。

在任白涛的思想中，报纸的威力是不分国界的，既然报纸在欧美等国能够产生如此重要的影响，那它在中国同样也能如此。只不过，今日中国的舆论被少数枭雄所左右，民本政治受到侵害，因而需要通过报纸与记者之努力健全民本政治。从这个角度而言，欧美报纸为现世之代表和模范，而日本报纸在形式上也有可取之处，"故本书之取材，以英美为主、以日本为副。同时我报界之劣点，亦一一由反面映出，不言自明，其针锋相对、不得不言者，自不能不言之"。② 可以发现，任白涛并不是从吾国报业的角度进行切入的，而是以欧美报纸的视角为发端。虽然任白涛的目的是"改善与我们休戚相关的中国的新闻事业"，但是以"英美为主—日本为副"的模式造成了"中国话语"的薄弱，而他也承认"对于与我们休戚相关的中国的新闻事业，说的未免过少"。

---

① 戈公振. 中国报学史 [M]. 长沙：岳麓书社，2011：169.
② 任白涛. 应用新闻学 [M]. 上海：上海书店出版社，2011：1-3.

第五章　任白涛新闻思想的评价与重估

沿着这一逻辑路径，任白涛最先论述的就是"新闻事业与新闻记者"，因为它们是实现民本政治的根本，而"新闻事业特质之第一应述者，则社会之公共机关是已"，记者则是"无冕之帝王、社会之师表"，也只有确保新闻事业和新闻记者的"公关性"，才能避免民本政治受到官僚政治的摧残。正是基于"去中国化"的语境，任白涛进而认为国家与民族属于人类的一部分，因此，在"维护一国家或一民族之福利，同时更须顾及全人类之福利。其凡足为吾人类福利之障碍者，皆当努力排除之，是又现代报纸中所应具之绝大要素也"。[1] 可以看到，任白涛理想中的报纸是消除了地域、民族、国家区隔的，既然报纸并无中西之分，他继续以此立场对"新闻社之组织及报纸之制作"进行论述。在他看来，新闻社与报纸制作在中西双方都应该大致相同，新闻社包括编辑部、印刷部、营业部，报纸制作的手续包括材料之搜集、文稿之制作、纸面之编辑。"去中国化"语境的报刊研究思路在任白涛的"总论"中已经初步形成，其继而对报刊制作的各个方面，比如搜材、制稿、编辑（包括因为篇幅限制而去除的经营）进行详细阐述。甚至在"余录"的写作中，任白涛也回应了他的立场。在该章中，他选择了密苏里大学新闻学院院长威廉博士的来华演讲。此演讲名为《世界的新闻学》，任白涛认为"新闻学之要谛，于此三数千言中抉发净尽，实本书之天然绝妙之结论也"[2]。相比于邵飘萍在"余白"章节中所言的"愚与我国新闻界之关系"，任白涛的立场不言而喻。

通过爬梳他们的文本可以发现，徐宝璜、邵飘萍、戈公振三位学者的个体阐释立场相同，都是以中国报业为根本出发点，徐宝璜立足理论，邵飘萍立足业务，戈公振立足历史，三人分别从各自的研究路径建构新闻学。他们承认中国新闻界落后于西方发达国家，因此将西方新闻界作为自己效仿的对象，在新闻的各个环节进行分析对比，在"先进/

---

[1]　任白涛. 应用新闻学 [M]. 上海：上海书店出版社，2011：4—5.
[2]　任白涛. 应用新闻学 [M]. 上海：上海书店出版社，2011：125.

欧美—后进/中国"的模式下建立了"中国"立场的新闻学。反观任白涛，他对新闻学的阐释与徐宝璜等人有所不同。任白涛虽然也在于导正中国报业，但其出发点与三人不同。他以西方报纸为切入点，认为报纸是实现民本政治的有效手段，而当前中国的境域在于舆论不健全，因此需要通过报纸与记者之努力健全民本政治。他将西方报纸作为中国的模范，那作为后进之中国自然没有太多提及的必要，中国只需要学习就好，以此建构了"去中国化"倾向的新闻学。因此，从个体阐释层面而言，徐宝璜、邵飘萍、戈公振具有相同的价值取向，任白涛则与他们不同，其中的焦点就在于"中国话语"的凸显程度。

个体阐释要想被更多的人接受是有限制的，"为语言共同体和更广大公众所理解和接受，个体阐释上升为公共阐释；反之，则流落于私人阐释，最终被淹没和淘汰"[①]。张江认为个体阐释的公共约束主要有四个方面，分别是人类的共在、语言的公共性、集体经验和确定语境。任白涛等人的著作作为意义公开的、面向大众的文本，并没有所谓的"私人语言"，它们都具备人类共在与语言公共性这种广泛的理解基础。那么，我们需要对约束个体阐释的集体经验与确定语境进行考察。事实上，这两者与斯金纳所言的特定社会语境相吻合。斯金纳认为对作者意图的分析应该放置在特定的时代，即要考察更为广泛的社会语境，从而防止"时代误置"造成的理解偏差。

一方面，集体经验构造了个体阐释的原初形态。个体的发展离不开集体，民族的发展和奋斗过程则决定了大多数人的文化心理，这种文化心理在民族意识的发展中不断得到继承与强化，潜藏于大众内心的意识起到了起始性作用，决定了阐释的原始基调。从这一意义而言，集体经验与集体记忆是能够画上等号的。法国社会学家莫里斯·哈布瓦赫认为记忆也是具有社会框架的，他在此基础上提出了集体记忆的概念。他认为："人们通常正是在社会之中才获得了他们的记忆的。也正是在社会

---

① 张江. 公共阐释论纲[J]. 学术研究，2017 (6).

第五章　任白涛新闻思想的评价与重估

中,他们才能进行回忆、识别和对记忆加以定位……正是在这个意义上,存在着一个所谓的集体记忆和记忆的社会框架;从而,我们的个体思想将自身置于这些框架内,并汇入到能够回忆的记忆中去。"① 近代以来,国人脑海里留存的是不断遭受西方列强入侵的集体记忆,从而形成了大多人的认知框架。在这样的框架中,徐、邵、戈三人的著作当然更容易得到社会的认同,而任白涛的学说由于"中国话语"的缺失,使其难以获得社会的共鸣。

另一方面,阐释生成的确定语境要求个体阐释是可共享的阐释。阐释的根本目的是互相交流,交流的前提则需要主体间的共享理解。在确定的语境之下,阐释并不是随意的,它是具备历史性的。其实,语境对意义的制约不仅是语言学上的,还是社会层面的,特定的历史、社会、文化因素会规制人们对意义的理解,而这也是斯金纳主张从历史之中研究人物思想的原因之一。那么,20世纪20年代前后的社会语境是一种什么状态？当时,中国反西方、反帝国主义的民族主义情绪与日俱增,这成为当时人普遍的心理特征。巴黎和会的外交失败对中国人民的打击异常巨大。和会要求把德国在山东的利益让给日本,这让中国人忽然陷入沮丧和愤慨。1919年5月,国人的情绪变成了愤怒,他们开始抗议卖国贼和西方列强的决定。② 随后,五四运动的爆发以及马列主义的传入使国人对西方国家的反感心理加剧,强烈的民族主义情绪开始在20世纪20年代的民众中蔓延开来。

因此,在中西方日益对立的社会语境之下,徐、邵、戈三位学者的思想因为具备非常明确的"中国话语",不断得到社会与公众的阐释,进而从个体阐释层面进入公共阐释层面。而任白涛的新闻学说带有一定的"去中国化"倾向,与特定的历史语境冲突,显然从社会心理层面难以被广泛接受。不过,这也绝不是说任白涛的新闻思想只停留在个体阐

---

① 莫里斯·哈布瓦赫. 论集体记忆 [M]. 毕然,郭金华,译. 上海:上海人民出版社,2002:68-69.

② 周策纵. 五四运动史 [M]. 长沙:岳麓书社,1999:132-135.

释层面，而只是与其他三位学者相比被"边缘化"而已，实际上他的理论学说对早期新闻学的发展仍然具有重要的历史意义。其实，任白涛对新闻学的建构具有浪漫主义色彩，他认为报纸不应该受到国族限制，有中西之别，新闻学应该是纯粹的科学。从这点来看，任白涛所设想的新闻学研究是"去立场化"的，恰巧符合了当时学术研究的旨趣。只不过，在20世纪20年代的中国，民族主义的盛行倾向于"中国立场"的新闻学，"去中国化"语境的新闻学被搁置在公共阐释的框架之外，而在历史的"选择"与"疏离"之间，任白涛的新闻思想也处于中国新闻学术史上的"灰色地带"。对于任白涛的研究旨趣，朱至刚这样评价："也许此类对'科学'执着的人物真该生在如今日这样大可从容论道的承平年代吧。"[①]

[①] 朱至刚. 取向与取舍："学科"角度下的早期中国新闻学[J]. 新闻与传播研究，2015（9）.

结　语

随着民国初年新闻职业化的发展以及多元社会思潮的东渐，任白涛进入新闻行业并留学日本学习新闻学，成为最早一批研究新闻学的中国学者。他于1922年出版的《应用新闻学》一书为中国新闻学的建立做出了较大的历史贡献。但是，任白涛在学术研究中长期被"边缘化"，以至于我们无法整体把握他的新闻思想及其在中国新闻学建立初期的学术状况。因此，研究任白涛的新闻思想不仅可以管窥20世纪20年代中国新闻学研究的基本面向，也能深化中国新闻传播思想史的研究空间。本书开篇便提出了三个关键问题：作为早期新闻学人一员的任白涛为何会被"边缘化"、任白涛的早期新闻思想及其对中国新闻学的建立所做的理论贡献、任白涛在抗战时期的新闻思想及对战时新闻学的贡献。通过对史料的整理和分析，笔者认为当前学界对任白涛新闻思想的评述还存在新的释读空间。

一、任白涛被学术研究"边缘化"的问题

在中国新闻史中，任白涛虽然常常与徐宝璜、邵飘萍、戈公振等"彪炳千秋"的人物并列，但他好似徐宝璜等人的"陪衬"，其人物形象也模糊不清，就像身处云端难以触碰实体。因此，我们有必要重新认识任白涛，对他缘何会被学术研究"边缘化"进行讨论。

一方面，任白涛与徐宝璜等人的身份地位是有差别的，他们并不属于同一个"社会圈子"。徐宝璜等人拥有"学院派"的背景，他们对新

闻学更有话语权，他们之间形成了一种壁垒，能够更好地保障共同体成员的学术利益，把不属于本派别的人排除在外，而作为"民间学者"的任白涛很难融入他们的圈子，自然难以得到学界的广泛认同。

另一方面，任白涛与徐宝璜等人建构新闻学的立场是不同的。从阐释学的视角出发，徐宝璜、邵飘萍、戈公振三位学者的个体阐释具有相似性。他们都以"中国报业"为根本出发点，徐宝璜立足理论、邵飘萍立足业务、戈公振立足历史，三人分别从各自的研究路径建构新闻学。任白涛则将"西方报业"作为中国的模范，导致文本中的"中国话语"比较薄弱，其新闻学具有"去中国化"的倾向。任白涛"去中国化"倾向的新闻学与中西方日益对立的社会语境是较难相融的，很难从个体阐释层面进入公共阐释层面，因此与社会主流话语具有一定的隔阂。不论在当时的历史境域下，还是在后世对前辈学者的追认中，这些游离于学术话语之外的因素或多或少地影响了任白涛，使得他在早期新闻学人群体中并不突出。不过，笔者在详细分析了任白涛的新闻思想后发现，他对中国新闻学同样做出了相当重要的理论贡献。

二、任白涛对早期新闻学的贡献问题

与之前的新闻学研究相比，1918年的新闻学研究特征可以概括为"以新闻为本位"，而任白涛正是处在这样的历史方位之中。作为中国新闻学的早期开拓者之一，任白涛建构新闻学的原因主要有以下三点：其一是民初新闻界存在诸多缺陷，其二是日本对中国进行文化侵略，其三是列邦新闻学研究日新月盛。正是看到了中国新闻学的落后，任白涛才产生了研究新闻学的冲动。他东渡日本求学，接受了较为专业的新闻教育，阅读西方新闻学著作，考察现代化的新闻事业，其对新闻的认识脱离了感性层面，上升到学理层面。于是，任白涛开始以学理化的视角探索新闻的本质规律。

首先，任白涛阐述了新闻学的核心概念。通过对相关概念的分析，可以发现它们主要是围绕"趣味性"与"实益性"展开的,也表明中国早期新闻学受到了美国趣味主义与日本实益主义的影响。其次,任白涛对新闻学的研究对象展开了论述。初时,他认为新闻学的研究对象主要是"报纸",随着研究的深入,任白涛指出当前新闻学的研究对象太过狭窄。作为20世纪30年代"集纳运动"的参与者之一,他表示新闻学应该革新为集纳学,其研究对象应该扩展为具有"公告性"的一切媒介形式,这也与现今新闻学的研究对象较为接近。最后,任白涛明确提出新闻学的研究方法。他反对以"知识堆积"为目的的研究方式,主张新闻学要采用"体系化"的研究方法。从中可见任白涛的新闻学术观念呈现出明显的学科化倾向,他与徐宝璜等人一起打破了"新闻无学"的既有观念,推动了新闻"由术入学"的进程。

任白涛的早期新闻思想是一套动态的观念,具有一定的层次和维度,也是早期新闻学的重要理论组成。第一,任白涛"新闻本位"思想的形成与报纸和政治的分离直接相关,当报纸从政治的框架中剥离出来后,其功能发生了巨大的转变。任白涛表示"报纸为满足人类共同的兴趣起见,故传播'最新'之事实"。他主张"事实"与"意见"不能混为一谈,必须严格分离,这预示着"政论本位"向"新闻本位"的变化。第二,民初自由经济、民主政治、市民群体得到了较快发展,这些因素促进了报刊的大众化进程,加之中国古代"公共"观念和近现代报刊"文人论政"传统的影响,新闻事业也改变了为政党服务的理念。任白涛对报业有一个基本的定位,认为新闻事业是社会的公共机关,它的首要性质就是"公共性",并据此指出新闻事业"绝对当以公众为本位"。第三,随着报业的繁荣,新闻专业人才的需求量日益增长,而为了保障新闻事业的发展,具有"职业化"意识的记者是个中关键。在任白涛的思想观念中,如果缺少"优秀之记者"则难以获得"优秀之报纸",也不能形成"优秀之民本政治"。换句话说,职业记者是实现"新闻本位"的基础要素。第四,当新闻业快速发展和记者职业意识萌生后,新闻职业道德规范遂成为新闻行业的一项约束机制。为了保证记者能够完成他们应尽的义务,任白涛尤其重视记者新闻道德的培养,他从新闻活动的主体角度详细阐述了新闻道德的重要性,并引入了威廉博士的《新闻记者信条》,强调记者应该遵守新闻道德。

另外,任白涛在新闻业务领域所做出的理论贡献也值得重视。在邵飘萍《实际应用新闻学》出版之前,任白涛就从"新闻写作""新闻编辑""新闻采访"三个方面系统论述了新闻业务,对早期新闻业务研究的贡献是巨大的。所以,就新闻业务领域而言,任白涛的历史功绩并不逊色于邵飘萍,他也应该具有开创之功。

三、任白涛对战时新闻学的贡献问题

七七事变后,全国的有生力量都集中于抗战,新闻界也扛起了"新闻救国"的旗帜,不少新闻人将新闻与国难相联系,提出了较为理论化和系统化的新闻学说,围绕抗战进行了理论建构,中国新闻学进入战时新闻学阶段。面对国族的剧变,任白涛也积极投入战时新闻学研究,开始"为抗战而学问"。他在抗战时期出版了《抗战时期的新闻宣传》(1938)、《国际通讯的机构及其作用》(1939)、《日本对华的宣传政策》(1940)三本战时新闻学专著,围绕战时宣传进行了初步的理论建构。

第一,任白涛非常重视宣传在抗战中的作用,因为宣传战线与军事战线、经济战线相辅相成,缺一不可,"尤其是这条宣传战线,实在可说是近代世界战争的一大特色;与战事的规模振古无比同样地,这种宣传的规模也是空前的"。面对抗战以来新闻界的"败北主义"情绪,任白涛强调新闻宣传要本着"反败北主义"的原则。"反败北主义"强调积极、进取、前进的态度,而中国新闻界只有本着"反败北主义"原则,才能在战时宣传中取得主动权,依靠自己的力量获得抗战的最终胜利。这是任白涛主张的战时宣传的首要原则。

第二,任白涛对战时宣传中的问题进行了剖析与反思。他总结了战时新闻报道存在的问题:"战争报道助敌声势、战地新闻泄露军情、新闻报道程式化、新闻内容模棱两可、缺乏典型新闻报道、社论立场不坚定、常将敌方置于新闻标题的主格。"为了解决这些问题，他提出了针对敌我双方的新闻报道方式。

第三，任白涛提出了战时"对敌宣传"的理论路径和应对策略。任白涛认为日本的战时宣传主要有两种模式：一是"麻醉宣传"，二是"造谣宣传"。中国新闻界只有明晰日本的宣传模式，才能进行有针对性的宣传。他提出的对敌宣传策略包括巩固和完善现有的新闻宣传机构，主张消极与积极的对敌宣传原则，运用灵活的内容与方式进行对敌宣传，加强现有的战时新闻统制。

当然，由于战争的影响，任白涛的新闻学研究也"偏离"了原本的学术轨道。他在战时的新闻思想主要有以下特征：重视宣传的应用层面而忽视学理层面，凸显了以"工具性"为中心的新闻意识；新闻界必须接受政府的"新闻统制"以完成抗战大业，适度放弃原来的新闻自由观念；中国新闻界不能以谎言对抗谎言，需要保持新闻专业主义与爱国主义的平衡。

四、对新闻传播思想史研究的思考

葛兆光认为，在思想史研究中除了"精英思想史"，还存在"一般思想史"，既有精英辈出的时代，亦有相对平庸的时代。经典思想史是将精英思想连缀成线，但此间也许有上百年的空缺，即福柯所言的历史的"断裂"。而且，对经典和精英的历史叙述往往在于后人的"回溯性追认"，这可以比作对历史"遗珠"的打捞过程。

具体到新闻传播思想史，后世学者对任白涛等人的追认也经历了这一打捞过程。由于历史原因，大陆学者对中国新闻史的研究路径以"革命范式"为先导。及至1981年，方汉奇的《中国近代报刊史》始讨论徐、邵二人的资产阶级新闻学研究。1988年的《中国现代新闻史简编》则肯定了戈公振的历史贡献。直到1994年的《中国新闻传播学说史》，任白涛才以新闻学者的身份与徐宝璜等人并列。只不过，在后辈学人的追认中，徐、邵、戈三人最终脱颖而出，成为中国新闻学鼻祖式的人物，任白涛则在历史的筛选机制中成为"陪衬式"的人物，其光彩较三人黯淡不少。

当然，这里所言的"一般"只是一个相对的概念。实际上，任白涛自然也属于精英群体的一员，只不过他代表的是在当时没有明确的政治身份、社会名望并不显著、亦没有进入学院体制的那类"独立学人"。因此，相较于备受后世尊崇的徐宝璜等人，以任白涛为代表的新闻人可谓"一般"。但是，在清末民初，尤其在五四前后那个思想狂飙、百家争鸣的时代环境下，两者的区别也许没有"后观"视域下那么明显，他们的思想共同构筑了那个时代。

因此，除了具备开创新闻学之功的徐宝璜等人，以政治身份、党派之别来建构各自立场的新闻理论的瞿秋白、马星野等人，以自由独立却又名声俱隆的张季鸾、胡政之等人，民国新闻史上还有一群如任白涛式的新闻人，比如周孝庵（《最新实验新闻学》）、陶良鹤（《最新应用新闻学》）、李公凡（《基础新闻学》）等，他们可谓史述中的"一般"新闻人。但是，通过研究任白涛及其新闻思想可以发现，他的新闻思想与徐宝璜等人并无本质差异，他们共同推进了中国新闻学的进程。为此，我们的眼光不仅要放在"精英"新闻人身上，还要注意到"一般"新闻人在中国新闻史上的活动轨迹，挖掘他们的新闻思想，评析他们对中国新闻学的贡献，这也是本书从特殊个案到一般问题的理论探讨。

参考文献

一、近代文献史料

任白涛. 应用新闻学 [M]. 上海：上海书店出版社，2011（1922年初版）.
任白涛. 综合新闻学 [M]. 上海：上海书店出版社，1991（1941年初版）.
任白涛. 抗战期间的新闻宣传 [M]. 北京：新闻研究社，1938.
任白涛. 国际通讯的机构及其作用 [M]. 商务印书馆，1939.
任白涛. 日本对华的宣传政策 [M]. 北京：商务印书馆，1940.
任白涛. 地方报之编辑 [J]. 东方杂志，1921，18（17）.
任白涛. 轮转印刷机之发明与变迁 [J]. 艺光汇刊，1930，1.
任白涛. 过去日本对华的新闻政策 [J]. 社会导报，1932，1（5—7）.
任白涛. 看日本一天的无线电播音 [J]. 现代，1935，6（2）.
任白涛. 我仍然是个集纳主义者 [J]. 文艺大路，1935，2（1）.
任白涛. 从监牢式的私塾跳入学堂 [J]. 青年界，1935，7（1）.
任白涛. 爱读切合身心和生活的书 [J]. 青年界，1935，8（1）.
任白涛. 我的一段记者生活的实录 [J]. 青年界，1936，9（3）.
任白涛. 列邦的新闻学研究机关 [J]. 中山文化教育馆季刊，1937，4（2）.
任白涛. 什么叫集纳主义 [J]. 自修大学，1937，1（9）.
任白涛. 关于对敌宣传 [J]. 中国青年，1940，3（1—2）.
任白涛. 新闻学的对象和研究方法 [J]. 中国青年，1941，4（4）.
任白涛. 新闻事业心理研究的重要性 [J]. 文汇丛刊，1947，1.

任白涛.《综合新闻学》搁浅记［J］. 春秋，1949，6（2）.

任白涛. 东京朝日新闻之解剖［N］. 申报·星期增刊，1922－12－31，1923－1－7，1923－1－14.

任白涛. 新闻学研究者向中国新闻界紧急请求［N］. 文艺新闻，1931－10－05.

中国第二历史档案馆. 中华民国史档案资料汇编（第五辑第二编文化）［M］. 南京：江苏古籍出版社，1998.

中共中央文献研究室. 周恩来早期文集［M］. 北京：中央文献出版社，1998.

中国社会科学院近代史研究所中华民国史组. 胡适来往书信选［M］. 北京：中华书局，1979.

中华民国史事纪要编辑委员会. 中华民国史事纪要（初稿）［M］. 台北：中华民国史料研究中心，1989.

中国人民政治协商会议湖北省委员会文史资料研究委员会. 湖北文史资料（第15辑）［M］. 武汉：湖北省财政学校出版社，1986.

南方局党史资料编辑小组. 南方局党史资料·统一战线工作［M］. 重庆：重庆出版社，1990.

南方局党史资料编辑小组. 南方局党史资料·文化工作［M］. 重庆：重庆出版社，1990.

重庆文史资料委员会. 重庆文史资料选辑［M］. 重庆：重庆人民出版社，1981.

"四八"被难烈士纪念册［M］. 中共代表团，1946.

一二九运动资料［M］. 北京：人民出版社，1981.

卜少夫. 战地记者讲话［M］. 贵阳：文通书局，1942.

曹用先. 新闻学［M］. 上海：商务印书馆，1934.

蔡元培. 蔡元培文集［M］. 北京：线装书局，2009.

程其恒. 战时中国报业［M］. 桂林：铭真出版社，1944.

成舍我. "报纸救国"［N］. 世界日报，1935－11－14.

参考文献

杜绍文. 战时报学讲话［M］. 北京：战地图书出版社，1941.

戈公振. 中国报学史［M］. 长沙：岳麓书社，2011.

郭沫若. 战时宣传工作［M］. 北京：青年书店，1938.

黄远生. 远生遗著［M］. 上海：商务印书馆，1920.

黄天鹏. 新闻学名论集［M］. 上海：上海联合书店，1929.

黄天鹏. 新闻学概要［M］. 上海：中华书局，1934.

李公凡. 基础新闻学［M］. 北京：复兴书局，1936.

李民治. 出版界的怪事［J］. 现代评论，1925，1（25）.

梁士纯. 战时的舆论及其统制［M］. 北京：燕京大学新闻系，1936.

刘光炎. 战时新闻记者的基本训练［M］. 上海：独立出版社，1940.

马星野. 新闻自由论［M］. 南京：中央日报社，1948.

南阳市地方史志编纂委员会. 南阳市志［M］. 郑州：河南人民出版社，1989.

任毕明. 战时新闻学［M］. 武汉：光明书局，1938.

邵飘萍. 邵飘萍新闻学论集［M］. 北京：北京大学出版社，2008.

孙义慈. 战时新闻检查的理论与实际［M］. 北京：战时新闻检查局，1941.

陶良鹤. 最新应用新闻学［M］. 上海：复旦大学新闻学会，1930.

田玉振. 战时新闻工作的途径［M］. 北京：新闻出版社，1944.

王新常. 抗战与新闻事业［M］. 长沙：商务印书馆，1938.

王韬. 弢园尺牍［M］. 北京：中华书局，1959.

王拱璧. 王拱璧文集［M］. 开封：河南大学出版社，1991.

伍超. 新闻学大纲［M］. 上海：商务印书馆，1925.

徐宝璜. 新闻学［M］. 长春：时代文艺出版社，2009.

燕京大学新闻学系. 第五届新闻学讨论会·新闻事业与国难［M］. 北京：燕京大学新闻学系，1936.

燕京大学新闻学系. 第六届新闻学讨论会·今日中国报界的使命［M］. 北京：燕京大学新闻学系，1937.

袁殊. 学校新闻讲话［M］. 上海：湖风书局，1932.

袁殊. 记者道［M］. 上海：群力书店，1936.

啸一（袁殊）. 集纳正名［N］. 文艺新闻，1932－06－20.

阳翰笙. 阳翰笙选集［M］. 成都：四川文艺出版社，1989.

张静庐. 中国的新闻记者与新闻纸［M］. 上海：现代书局，1932.

张友渔. 新闻之理论与现象［M］. 山西：中外语文学会，1936.

张友鸾. 战时新闻纸［M］. 中山：中山文化教育馆，1938.

张季鸾. 季鸾文存［M］. 北京：大公报馆，1944.

张之华. 中国新闻事业史文选［M］. 北京：中国人民大学出版社，1999.

周孝庵. 最新实验新闻学［M］. 北京：时事新报馆，1930.

邹韬奋. 韬奋全集［M］. 上海：上海人民出版社，2015.

赵占元. 国防新闻事业之统制［M］. 上海：汗血书店，1937.

赵超构. 战时各国宣传方案［M］. 上海：独立出版社，1938.

中国青年记者学会. 战时新闻工作入门［M］. 北京：生活书店，1939.

祝秀侠. 介绍两本抗战新闻学［J］. 新战线，1938，2（2）.

二、译著

马克思，恩格斯. 马克思恩格斯文集［M］. 中共中央编译局，译. 北京：人民出版社，2009.

马克斯·舍勒. 知识社会学问题［M］. 艾彦，译. 北京：华夏出版社，2000.

卡尔·曼海姆. 知识社会学［M］. 李安宅，译. 北京：中华书局，1946.

卡尔·曼海姆. 意识形态与乌托邦［M］. 黎鸣，李书崇，译. 北京：商务印书馆，2000.

克劳塞维茨. 战争论［M］. 王小军，译. 西安：陕西师范大学出版社，2008.

鲁登道夫. 总体战［M］. 戴耀先，译. 北京：解放军出版社，1988.

诺夫乔伊. 存在巨链：对一个观念的历史的研究［M］. 张传有，高秉江，译. 南昌：江西教育出版社，2002.

费正清. 剑桥中国晚清史（1800—1911）［M］. 中国社会科学院历史研究所编译室，译. 北京：中国社会科学出版社，1985.

费正清. 剑桥中华民国史（1912—1949）［M］. 中国社会科学院历史研究所编译室，译. 北京：中国社会科学出版社，1994.

徐中约. 中国近代史［M］. 计秋枫，朱庆葆，译. 香港：香港中文大学出版社，2002.

周策纵. 五四运动史［M］. 陈永明，译. 长沙：岳麓书社，1999.

柯文. 在中国发现历史：中国中心观在美国的兴起［M］. 林同奇，译. 北京：中华书局，2002.

迈克尔·埃默里，埃德温·埃默里，南希·罗伯茨. 美国新闻史：大众传播媒介解释史［M］. 展江，殷文，译. 北京：新华出版社，2001.

弗雷德里克·西伯特，西奥多·彼得森，威尔伯·施拉姆. 传媒的四种理论［M］. 戴鑫，译. 北京：中国人民大学出版社，2008.

迈克尔·舒德森. 新闻的力量［M］. 刘艺娉，译. 北京：华夏出版社，2011.

哈罗德·拉斯韦尔. 世界大战中的宣传技巧［M］. 张洁，田青，译. 北京：中国人民大学出版社，2003.

泰勒. 职业社会学［M］. 张逢沛，译. 台北：复兴书局，1972.

罗伯特·默顿. 社会理论与社会结构［M］. 唐少杰，译. 南京：译林出版社，2006.

大卫·科泽. 仪式、政治与权力［M］. 王海洲，译. 南京：江苏人民出版社，2014.

本尼迪克特·安德森. 想象的共同体：民族主义的起源与散布［M］. 吴叡人，译. 上海：上海人民出版社，2011.

科恩. 论民主［M］. 聂崇信，朱秀贤，译. 北京：商务印书馆，1988.

克利福德·格尔茨. 文化的解释［M］. 韩莉，译. 南京：译林出版社，

2008.

井上清，铃木正四. 日本近现代史 [M]. 杨辉，译. 北京：商务印书馆，1959.

新井直之，内川芳美. 日本新闻事业史 [M]. 张国良，译. 北京：新华出版社，1986.

山本文雄. 日本大众传媒史 [M]. 诸葛蔚东，译. 桂林：广西师范大学出版社，2007.

高桥强，王永祥. 留学日本时期的周恩来 [M]. 北京：中央文献出版社，2001.

日本近代日本思想史研究会. 近代日本思想史 [M]. 那庚辰，译. 北京：商务印书馆，1992.

约翰·弥尔顿. 论出版自由 [M]. 吴之椿，译. 北京：商务印书馆，1958.

安东尼·吉登斯. 政治学、社会学与社会理论 [M]. 何雪松，赵方杜，译. 上海：格致出版社，2015.

史密斯. 民族主义：理论，意识形态，历史 [M]. 叶江，译. 上海：上海人民出版社，2006.

厄内斯特·盖尔纳. 民族与民族主义 [M]. 韩红，译. 北京：中央编译出版社，2002.

布洛赫. 历史学家的技艺 [M]. 张和声，程郁，译. 上海：上海社会科学院出版社，1992.

爱弥尔·涂尔干. 职业伦理与公民道德 [M]. 梁敬东，付德根，译. 上海：上海人民出版社，2001.

莫里斯·哈布瓦赫. 论集体记忆 [M]. 毕然，郭金华，译. 上海：上海人民出版社，2002.

弗洛里安·兹纳涅茨基. 知识人的社会角色 [M]. 郏斌祥，译. 南京：译林出版社，2000.

三、专著

曹立新. 在统制与自由之间：战时重庆新闻史研究（1937—1945）[M]. 桂林：广西师范大学出版社，2012.

陈力丹. 世界新闻传播史[M]. 上海：上海交通大学出版社，2002.

陈丽凤，毛黎娟. 上海抗日救亡运动[M]. 上海：上海人民出版社，2000.

陈昌凤. 中美新闻教育传承与流变[M]. 北京：中国广播电视出版社，2006.

陈石安. 新闻编辑学[M]. 台北：三民书局，1945.

蔡斐. 戈公振新闻思想研究[M]. 北京：中国传媒大学出版社，2017.

戴元光，金冠军，主编；徐培汀，著. 中国传播思想史·近代卷[M]. 上海：上海交通大学出版社，2005.

戴元光，主编；童兵，林涵，著. 20世纪中国新闻学与传播学·理论新闻学卷[M]. 上海：复旦大学出版社，2001.

戴元光，主编；单波，著. 20世纪中国新闻学与传播学·应用新闻学卷[M]. 上海：复旦大学出版社，2001.

戴元光，主编；徐培汀，著. 20世纪中国新闻学与传播学·新闻史学史卷[M]. 上海：复旦大学出版社，2001.

戴元光，邵培仁，主编；何扬鸣，张健康，著. 20世纪中国新闻学与传播学·宣传学和舆论学卷[M]. 上海：复旦大学出版社，2002.

戴元光. 传播道德论[M]. 上海：上海大学出版社，2000.

戴元光. 传播学研究理论与方法[M]. 上海：复旦大学出版社，2008.

戴元光. 现代宣传学概论[M]. 兰州：兰州大学出版社，1992.

丁淦林，商娜红. 聚焦与扫描·20世纪中国新闻学与传播学研究[M]. 北京：新华出版社，2005.

丁淦林. 中国新闻事业史[M]. 武汉：武汉大学出版社，2000

丁柏铨. 中国新闻理论体系研究［M］. 北京：新华出版社，2002.

丁耘. 什么是思想史［M］. 上海：上海人民出版社，2006.

丁耘，陈新. 思想史研究：思想史的元问题［M］. 桂林：广西师范大学出版社，2005.

方汉奇. 报史与报人［M］. 北京：新华出版社，1991.

方汉奇. 中国新闻事业通史［M］. 北京：中国人民大学出版社，1992.

方汉奇. 中国近代报刊史［M］. 太原：山西人民出版社，1981.

方平. 晚清上海的公共领域（1895—1911）［M］. 上海：上海人民出版社，2007.

樊亚平. 中国新闻从业者职业认同研究（1815—1927）［M］. 北京：人民出版社，2011.

顾瑞雪. 科举废止前后的晚清社会与文学［M］. 武汉：武汉大学出版社，2015.

葛兆光. 中国思想史导论：思想史的写法［M］. 上海：复旦大学出版社，2001.

郝雨. 新闻学引论［M］. 上海：上海交通大学出版社，2005.

黄旦. 传者图像：新闻专业主义的建构与消解［M］. 上海：复旦大学出版社，2005.

黄瑚. 中国新闻事业发展史［M］. 上海：复旦大学出版社，2009.

耿云志. 西方民主在近代中国［M］. 北京：中国青年出版社，2003.

高兰. 采访心理学［M］. 西宁：青海人民出版社，2005.

何志武. 新闻采访［M］. 武汉：武汉大学出版社，2011.

何理. 抗日战争史［M］. 上海：上海人民出版社，1985.

何理. 中国人民抗日战争史［M］. 上海：上海人民出版社，2015.

何一民. 近代中国城市发展与社会变迁（1840—1949）［M］. 北京：科学出版社，2004.

胡欣. 新闻写作学［M］. 武汉：武汉大学出版社，2006.

胡正强. 中国现代媒介批评研究［M］. 北京：中国传媒大学出版

社，2010.

胡太春. 中国近代新闻思想史［M］. 太原：山西教育出版社，1987.

金冠军，戴元光，主编，戴元光，著. 中国传播思想史·现当代卷［M］. 上海：上海交通大学出版社，2005.

蓝鸿文. 范长江记者生涯研究［M］. 北京：中国人民公安大学出版社，2009.

罗福惠. 中国民族主义思想论稿［M］. 武汉：华中师范大学出版社，1996.

潘德荣. 诠释学导论［M］. 桂林：广西师范大学出版社，2015.

孙中山. 三民主义［M］. 北京：东方出版社，2014.

商娜红. 制度视野中的媒介伦理：职业主义与英美新闻自律［M］. 济南：山东人民出版社，2006.

沈殿成. 中国人留学日本百年史（1896—1996）［M］. 沈阳：辽宁教育出版社，1997.

舒新城. 中国近代教育史资料［M］. 北京：人民教育出版社，1981.

涂凌波. 现代中国新闻观念的兴起［M］. 北京：中国传媒大学出版社，2016.

唐远清. 对"新闻无学论"的辨析及反思［M］. 北京：中国广播电视出版社，2008.

梁启超. 饮冰室合集［M］. 北京：中华书局，1989.

梁启超. 清代学术概论［M］. 北京：中国书籍出版社，2006.

李瞻. 世界新闻史［M］. 台北：台湾商务印书馆，1966.

李自强. 现代中国科学主义思潮［M］. 郑州：郑州大学出版社，2001.

李金铨. 文人论政：知识分子与报刊［M］. 桂林：广西师范大学出版社，2008.

李秀云. 中国现代新闻思想史［M］. 北京：中国社会科学出版社，2007.

李秀云. 中国新闻学术史（1834—1949）［M］. 北京：新华出版社，2004.

李秀云. 留学生与中国新闻学［M］. 天津：南开大学出版社，2009.

李泽厚. 中国现代思想史论［M］. 天津：天津社会科学院出版社，2003.

李滨. 中国近代新闻思想的嬗变［M］. 北京：人民出版社，2017.

李彬. 中国新闻社会史（1815—2005）［M］. 上海：上海交通大学出版社，2007.

李建新. 中国新闻教育史论［M］. 北京：新华出版社，2003.

李春青. 道家美学与魏晋文化［M］. 北京：中国电影出版社，2008.

刘海贵. 中国现当代新闻业务史导论［M］. 上海：复旦大学出版社，2002.

刘行芳. 新闻法治与新闻伦理［M］. 郑州：郑州大学出版社，2007.

刘泱育. 中国新闻事业史纲［M］. 南京：南京师范大学出版社，2015.

刘放桐. 实用主义的研究历程［M］. 上海：复旦大学出版社，2018.

刘霄. 南阳教育文化［M］. 开封：河南大学出版社，2003.

毛泽东. 毛泽东选集［M］. 北京：人民出版社，1991.

茅盾. 茅盾散文选集［M］. 天津：百花文艺出版社，1984.

马之骕. 新闻界三老兵：曾虚白·成舍我·马星野奋斗历程［M］. 台北：经世书局，1986.

沈殿成. 中国人留学日本百年史［M］. 沈阳：辽宁教育出版社，1997.

王润泽. 北洋政府时期的新闻业及其现代化［M］. 北京：中国人民大学出版社，2010.

王继先. 坚守与徘徊：新闻人马星野研究［M］. 南京：南京师范大学出版社，2018.

王连生. 南阳思想文化［M］. 开封：河南大学出版社，2003.

王奇生. 中国留学生的历史轨迹（1872—1949）［M］. 武汉：湖北教育出版社，1992.

王蔚. 新闻真实观探究：一种历史与实践的视角［M］. 北京：中国广播电视出版社，2014.

王玉梁. 追寻价值——重读杜威［M］. 成都：四川人民出版社，1997.

王守昌，苏玉昆. 现代美国哲学［M］. 北京：人民出版社，1990.

王玉芝. 中西文化精神［M］. 昆明：云南大学出版社，2006.

王向远. 日本对中国的文化侵略——学者、文化人的侵华战争［M］. 北京：昆仑出版社，2005.

吴飞. 新闻专业主义研究［M］. 北京：中国人民大学出版社，2009.

吴廷俊. 中国新闻史新修［M］. 上海：复旦大学出版社，2008.

徐培汀. 二十世纪中国的新闻学与传播学［M］. 北京：党建读物出版社，2002.

徐培汀，裘正义. 中国新闻传播学说史［M］. 重庆：重庆出版社，1994.

徐新平. 维新派新闻思想研究［M］. 长沙：湖南人民出版社，2010.

徐宗勉. 近代中国对民主的追求［M］. 合肥：安徽人民出版社，1996.

徐小群. 民国时期的国家与社会：自由职业团体在上海的兴起［M］. 北京：新星出版社，2007.

熊月之. 中国近代民主思想史［M］. 上海：上海人民出版社，1986.

熊月之. 西学东渐与晚清社会［M］. 上海：上海人民出版社，1994.

许纪霖. 中国知识分子十论［M］. 上海：复旦大学出版社，2003.

阳海洪. 中国现代新闻思想史［M］. 长沙：湖南人民出版社，2015.

杨保军. 新闻事实论［M］. 北京：新华出版社，2001.

杨保军. 新闻真实论［M］. 北京：中国人民大学出版社，2006.

杨保军. 新闻道德论［M］. 北京：中国人民大学出版社，2010.

杨寿堪，王成兵. 实用主义在中国［M］. 北京：首都师范大学出版社，2002.

杨仁忠. 公共领域论［M］. 北京：人民出版社，2009.

杨扬. 商务印书馆：民间出版业的兴衰［M］. 上海：上海教育出版社，2000.

袁新洁. 近现代报刊"文人论政"传统研究［M］. 南昌：江西人民出版社，2009.

闫润鱼. 自由主义与近代中国 [M]. 北京：新星出版社，2007.

余英时. 士与中国文化 [M]. 上海：上海人民出版社，1987.

余家宏. 新闻文存 [M]. 北京：中国新闻出版社，1987.

姚福申. 中国编辑史 [M]. 上海：复旦大学出版社，2004.

张育仁. 自由的历险——中国自由主义新闻思想史 [M]. 昆明：云南人民出版社，2002.

张育仁. 重庆抗战新闻与文化传播史 [M]. 重庆：重庆出版社，2009.

张昆. 中外新闻传播思想史导论 [M]. 上海：复旦大学出版社，2006.

张振亭. 专业化与大众化：黄天鹏新闻思想与实践研究 [M]. 南昌：江西人民出版社，2014.

张之华. 邹韬奋 [M]. 北京：人民日报出版社，1998.

张涛甫. 报纸副刊与中国知识分子的现代转型——以《晨报副刊》为例 [M]. 桂林：广西师范大学出版社，2007.

张淑娟. 民族主义与近代中国民族理论 [M]. 北京：光明日报出版社，2011.

张宝贵. 杜威与中国 [M]. 石家庄：河北人民出版社，2001.

张国刚，乔治忠. 中国学术史 [M]. 上海：东方出版中心，2002.

张瑞强. "九一八"事变史略 [M]. 沈阳：辽宁大学出版社，2009.

张灏. 幽暗意识与民主传统 [M]. 北京：新星出版社，2010.

张晓锋. 新闻职业精神论纲 [M]. 北京：中国广播电视出版社，2011.

张忠民. 近代上海城市发展与城市综合竞争力 [M]. 上海：上海社会科学院出版社，2005.

郑保卫. 中国共产党新闻思想史 [M]. 福州：福建人民出版社，2004.

周婷婷. 中国新闻教育的初曙——以北京大学新闻学研究会为中心的考察 [M]. 武汉：华中科技大学出版社，2013.

庄廷江. "战时新闻学"研究（1936—1945）[M]. 武汉：湖北人民出版社，2014.

赵津. 中国近代经济史 [M]. 天津：南开大学出版社，2006.

赵凯，丁法章，黄芝晓. 二十世纪中国社会科学·新闻学卷［M］. 上海：上海人民出版社，2005.

赵则玲. 报界宗师：赵超构评传［M］. 杭州：浙江大学出版社，2009.

朱清河. 大众传媒公共性研究［M］. 北京：中国人民大学出版社，2017.

朱至刚. 早期中国新闻学的历史面相：从知识史的路径［M］. 厦门：厦门大学出版社，2017.

祝慈寿. 中国近代工业史［M］. 重庆：重庆出版社，1989.

钟珍维，万发云. 梁启超思想研究［M］. 海口：海南人民出版社，1986.

南阳文史资料编辑部. 南阳教育春秋［M］. 南阳：南阳市印刷厂，1993.

中共党史人物研究会. 中共党史人物传［M］. 西安：陕西人民出版社，1981.

中国史学会. 戊戌变法［M］. 上海：上海人民出版社，2000.

四、期刊论文

陈力丹. 五四时期的中国新闻学［J］. 新闻战线，1989（6）.

陈力丹. 论中国新闻学的启蒙和创立［J］. 现代传播，1996（3）.

陈立新. 从"新闻价值"一节看任白涛与伍超之版权纷争［J］. 国际新闻界，2012（1）.

陈立新. 杉村广太郎与两届世界新闻大会［J］. 新闻与传播评论，2006（1）.

陈锐，高卫红. 抗战时期以范长江为核心的记者群建构研究［J］. 内江师范学院学报，2018（11）.

程安. 任白涛［J］. 南都学坛，1992（2）.

蔡铭泽. 论抗日战争时期国民党人的新闻思想［J］. 新闻与传播研究，1998（2）.

蔡罕. 一个战时报人的新闻观察与思考——杜绍文《战时报学讲话》对战时新闻学的贡献［J］. 浙江传媒学院学报，2017（3）.

程力沛. 论邵飘萍的新闻思想及其现代意义 [J]. 编辑之友, 2011 (9).

党彦红. 浅议抗战时期中国国民党的国内宣传 [J]. 文化创新比较研究, 2018 (15).

邓绍根. 百年回望: 美国《新闻记者信条》在华传播及其影响研究 [J]. 新闻与传播研究, 2015 (1).

邓绍根. 新闻心理学在中国研究发展历史的再考察 [J]. 现代传播, 2014 (7).

邓绍根, 毛玮婷. 西方自由主义新闻理念在中国早期传播的历史考察 [J]. 新闻记者, 2015 (8).

邓绍根. 百年奠基: 论徐宝璜新闻传播教育的历史贡献和遗产 [J]. 出版发行研究, 2018 (10).

邓绍根. 师型自足高当世, 新闻佳作破天荒 [J]. 新闻与写作, 2010 (12).

邓绍根. 邵飘萍与北京大学新闻学研究会 [J]. 新闻爱好者, 2008 (12).

邓佑标, 陆康. 战时宣传在现代战争中的作用及发挥 [J]. 军事记者, 2008 (5).

段宗明. 民初新闻记者邵飘萍的政论特色及其形成原因 [J]. 广西社会科学, 2005 (3).

都海虹, 赵媛. 邵飘萍"北京特别通信"特点浅析 [J]. 新闻界, 2011.

杜胜祥. 浅论任白涛的新闻思想 [J]. 新闻爱好者, 2002 (1).

方汉奇, 曹立新. 多打深井多作个案研究——与方汉奇教授谈新闻史研究 [J]. 新闻大学, 2007 (3).

樊亚平. 从历史贡献研究到职业认同研究——新闻史人物研究的一种新视角 [J]. 国际新闻界, 2009 (8).

樊亚平, 王婷婷. 挽救国运为"体", 职业选择为"用"——范长江步入记者生涯的心路与动力因素探析 [J]. 兰州大学学报 (社会科学版), 2018 (4).

樊亚平, 李向辉. 从"超然""独立"到"新闻参战"——抗战初期范长江职业身份与新闻思想的转变 [J]. 甘肃社会科学, 2018 (2).

樊亚平，李向辉. 抗日民族统一战线下的特殊话语表达——抗战时期范长江在国统区的公开言说与话语策略［J］. 国际新闻界，2018（10）.

冯波. 由邵飘萍的新闻活动论新闻本位的回归［J］. 陕西师范大学学报（哲学社会科学版），2001（S2）.

华德韩. 邵飘萍与五四运动［J］. 中共党史研究，2001（1）.

緱晓菲. 论任白涛的女记者观［J］. 东南传播，2018（2）.

关梅. 我国"电视新闻"概念的提出及其价值［J］. 新闻界，2013（6）.

高海波. 论戈公振的传播思想［J］. 国际新闻界，2013（4）.

郝雨. 回归本义的"新闻价值"研究［J］. 上海大学学报（社会科学版），2006（6）.

胡凤. 抗战时期中国共产党新闻人才培养：以"青记"为中心的考察［J］. 现代传播，2019（8）.

胡正强. 范长江研究中的不足及其表现［J］. 青年记者，2013（12）.

胡正强. 范长江与《"抗战中的中国"丛刊》［J］. 新闻爱好者，2013（9）.

胡正强. 邵飘萍媒介批评实践与思想论略［J］. 新闻爱好者，2013（7）.

胡正强.《中国需要什么样的记者》与范长江的记者素质观［J］. 新闻爱好者，2012（21）.

贺逸文. 平津新闻学会史料［J］. 新闻研究资料，1981（1）.

何勇平. 论描述新闻记者职业化修养的三重维度［J］. 新闻界，2010（6）.

黄旦. 王韬新闻思想试论［J］. 新闻大学，1998（3）.

黄旦. 从新闻职业化看西方新闻自由思想的历史演变［J］. 浙江大学学报，2004（1）.

黄旦. 五四前后新闻思想的再认识［J］. 浙江大学学报，2000（4）.

黄旦."耳目"与"喉舌"的历史性变化：中国百年新闻思想主潮论［J］. 新闻记者，1998（10）.

黄旦，孙藜. 新闻客观性三题［J］. 新闻大学，2005（2）.

黄旦. 报纸和报馆：考察中国报刊历史的视野——以戈公振和梁启超为例［J］. 学术月刊，2020（10）.

黄文彬. 试析徐宝璜的新闻本质论［J］. 武汉大学学报（社会科学版），1991（5）.

黄丽娟. "印象派记事"之词义探析［J］. 传播与版权，2016（11）.

黄燕萍. 任白涛的"公众本位"新闻观［J］. 青年记者，2017（26）.

洪碧姬. 民主主义的分析与批评［J］. 三民主义学报，1971.

哈艳秋，王启祥. 五四时期的新闻本位思想探析［J］. 现代传播，2009（6）.

季为民. 中国特色新闻学的历史、使命和方向——关于中国新闻学创立百年的回顾思考［J］. 陕西师范大学学报（哲学社会科学版），2018（3）.

姜红. 现代中国新闻学科的合法性建构——"新闻有学无学"论争新解［J］. 新闻与传播研究，2007（1）.

姜红. "公天下"与"公共性"——20世纪初中国新闻观念中的"公"［A］//信息全球化时代的新闻报道：中国媒体的理念、制度与技术论文集［C］，2010.

靖鸣，袁志红. 言论自由是实现现代化的枢纽——戈公振的新闻自由与民主思想研究［J］. 新闻与写作，2008（12）.

蒋晓丽，闻学峰. 报纸三"工具"论——1942年以前范长江对于报纸性质和作用的认识［J］. 西南民族大学学报（人文社科版），2009（10）.

蒋忠波. 论戈公振的新闻编辑思想及其现代意义［J］. 编辑之友，2010（3）.

康虞. 戈公振新闻教育思想探源［J］. 新闻爱好者，2009（15）.

雷跃捷. 建设中国特色新闻学的命题、资源、路径与方法［J］. 现代传播，2018（10）.

雷漪. 张友鸾抗战时期的新闻写作理论与实践探微［J］. 西南农业大学学报（社会科学版），2012（1）.

李杨. "救亡压倒启蒙"？——对八十年代一种历史"元叙事"的解构分析［J］. 书屋，2002（5）.

李彬，刘海龙. 20世纪以来中国传播学发展历程回顾［J］. 现代传播，2016（1）.

李秀云. 日本实益主义新闻观的引介及其历史贡献［J］. 齐齐哈尔大学学报，2008（6）.

李秀云. 任白涛的两个"第一"［J］. 新闻爱好者，2005（1）.

李秀云. 试析杜绍文的新闻学理论建构［J］. 新闻春秋，2016（2）.

李秀云. 任白涛：中国早期新闻道德改革的倡导者［J］. 军事记者，2003（5）.

李雪梅. 邵飘萍的新闻人格魅力［J］. 新闻界，2010（5）.

李开军. 戈公振《中国报学史》分期观点探源［J］. 国际新闻界，2010（2）.

李磊. 比较新闻史学刍议［J］. 兰州大学学报，1999（1）.

李岩. 回望任白涛的新闻思想［J］. 新闻传播，2017（13）.

李浩. 任白涛应用新闻观之新闻事业心理研究［J］. 新闻研究导刊，2017（9）.

刘思达. 职业自主性与国家干预——西方职业社会学研究述评［J］. 社会学研究，2006（1）.

刘家林. 新闻学史上的一桩公案［J］. 新闻爱好者，1999（5）.

刘海龙. 中国传播研究的史前史［J］. 新闻与传播研究，2014（1）.

刘超凡. 浅析梁士纯的战时舆论观［J］. 新闻研究导刊，2019（10）.

刘晶，陈世华. 新闻专业主义起源的知识社会学批判［J］. 东岳论丛，2018（12）.

刘晓伟. 戈公振与中国古代报纸起源研究路径的形成考辨［J］. 新闻与传播研究，2016（4）.

刘威，向舒. 从馆藏文献看马星野的新闻思想［J］. 湖南大众传媒职业技术学院学报，2014（1）.

廖金英. 邵飘萍新闻职业意识的萌芽及其表现［J］. 编辑之友，2013（8）.

林溪声，童兵. "五四"新闻理念在新时期新闻改革中的承续［J］. 新闻大学，2009（2）.

吕琴. 陆诒的新闻采访思想初探［J］. 新闻研究导刊，2016（18）.

马光仁. 任白涛与新闻学研究［J］. 新闻大学，1986（13）.

宁树藩. "有闻必录"考［J］. 新闻研究资料，1986（1）.

潘忠党. 传媒的公共性与中国传媒改革的再起步［J］. 传播与社会学刊，2008（6）.

齐辉. 民国初年中国报人对世界报业的认知与思考——以戈公振世界报业考察活动为中心探讨［J］. 国际新闻界，2011（10）.

祁景莹. 二三十年代中国资产阶级的新闻记者观［J］. 新闻记者，1999（3）.

任雅婧. 试论梁士纯的战时宣传思想［J］. 新闻研究导刊，2018（7）.

邱广宏. "五四"时期我国新闻事业重大改革以及影响［J］. 兰台世界，2012（28）.

宋三平，张振亭. 论戈公振与上海《时报》"专刊"［J］. 南昌大学学报（人文社会科学版），2013（6）.

苏珊·哈克，陈波. 美国实用主义［J］. 哲学与文化，2005（7）.

特里·纳里莫，李斯颐. 中国新闻业的职业化历程——观念转换与商业化过程［J］. 新闻与传播研究，1992（3）.

童兵，徐玲英. 从"耳目喉舌"到"新闻信息"——百年来中国新闻理论核心观点演变［J］. 新闻爱好者，2016（2）.

童兵. 东渡扶桑求学对中国新闻学发展的意义［J］. 新闻界，2005（6）.

田振华. 试论徐宝璜的媒介责任观［J］. 广西大学学报（哲学社会科学版），2007（S1）.

唐海江，吴高福. 晚清报业中民间资本的若干问题［J］. 新闻大学，2002（4）.

王晓梅. 反思与重构：对中国新闻史研究和书写的一种观察［J］. 新闻与传播研究，2017（9）.

王明亮，刘佩．戈公振参与两次国际间新闻会议故事重探［J］．国际新闻界，2011（10）．

王明亮，秦汉．从记者到"新闻官"：国民党新闻管理者的职业抉择和职业悲剧——以董显光、曾虚白、马星野为中心的探讨［J］．国际新闻界，2015（10）．

王笑圆．邵飘萍和任白涛应用新闻观之比较研究［J］．今传媒，2011（5）．

王湛国．新闻学子任白涛［J］．新闻爱好者，1994（11）．

王成兵．论美国古典实用主义的基本特征［J］．学术论坛，2000（5）．

王颖吉．徐宝璜《新闻学》成书过程及版本的若干问题的考析［J］．新闻与传播研究，2006（3）．

王颖吉．析徐宝璜发表于《北京大学月刊》的三篇新闻学佚文［J］．新闻大学，2004（1）．

王晓乐，赵波．民国时期公共关系的布道者与践行者：梁士纯生平考述［J］．新闻与传播研究，2019（7）．

王张雅．浅论任毕明的战时新闻学理论［J］．新闻研究导刊，2017（14）．

吴翔．戈公振《中国报学史》的八个版本［J］．求索，2010（10）．

徐新平．论威廉新闻伦理思想及其对中国的影响［J］．湖南师范大学社会科学学报，2002（1）．

徐新平．略论徐宝璜的新闻伦理观［J］．新闻大学，2000（4）．

徐新平．论马星野新闻伦理思想［J］．湖南大学学报（社会科学版），2014（2）．

徐新平，刘炎飞．邵飘萍新闻思想述论［J］．湖南大学学报（社会科学版），2017（6）．

许金生．近代日本在华宣传与谍报机构东方通信社研究［J］．史林，2014（5）．

许鑫．晚清民国时期传媒公共性的生成与演变（1815—1949）［J］．新闻与传播研究，2011（5）．

许清茂，邵凡轩．广告如刊载得当，必不让于新闻——学习徐宝璜广告思想的一点体会［J］. 青年记者, 2014 (6).

向菊梅. 试论张友鸾的新闻实践及其新闻思想［J］. 东南传播, 2012 (2).

袁新洁. "文人论政"传统形成的原因及其主要表现［J］. 社会科学家, 2010 (1).

元青. 杜威的中国之行及其影响［J］. 近代史研究, 2001 (2).

杨舒婷. 任白涛新闻伦理思想探析［J］. 视听, 2018 (3).

杨永泉. 中国古代民本思想、民主思想之考察［J］. 南京社会科学, 2012 (7).

杨保军. 论"新闻本位"观念的实质、内容与实现［J］. 新闻知识, 2020 (2).

杨石华, 齐辉. 民国时期中国报人对新闻道德的讨论与突围［J］. 新闻与传播研究, 2016 (2).

喻璐. 从战时新闻传播看专业主义与爱国主义的冲突［J］. 新闻传播, 2015 (7).

卓南生. 新闻传播史研究的"诱惑"与"陷阱"——与中国青年谈治史的苦与乐［J］. 国际新闻界, 2002 (3).

卓南生. 从近代华文报业的演变看华文报的特征与使命［A］//首届世界华文传媒论坛论文集［C］, 2001.

郑保卫, 李玉洁. 美国新闻专业主义观念发展史的评述与反思［J］. 新闻与传播研究, 2013 (8).

郑保卫. 试论我国新闻学的学科地位及学科发展［J］. 中国人民大学学报, 2005 (2).

赵云泽, 涂凌波. "文人论政"与"新闻专业主义": 精神的区隔与认同［J］. 现代传播, 2010 (10).

赵建国, 朱颖. 上海新闻记者联欢会与近代新闻业的职业化［J］. 新闻与传播研究, 2009 (3).

朱孝远. 宗教改革史研究中的公共阐释学［J］. 历史研究, 2018 (1).

张维民, 蒲平. 新闻客观报道研究述评［J］. 新闻界, 2009 (1).

张炳旭. 抗争与妥协：任白涛《应用新闻学》出版历程考述［J］. 出版发行研究，2020（5）.

张炳旭. 邵飘萍报刊编辑思想探究——以《京报》为例［J］. 中国编辑，2020（5）.

张洁. 新闻职业化的萌芽——重读黄远生的新闻实践与新闻思想［J］. 新闻大学，2006（3）.

张忠. 民国时期民营新闻业的职业化［J］. 保定学院学报，2009（3）.

张江. 公共阐释论纲［J］. 学术研究，2017（6）.

张一拓.《大公报》于"九一八"事件后所提言论立场浅析［J］."九一八"研究，2018.

张勇. 郭沫若文化抗战思想述论［J］. 郭沫若学刊，2018（2）.

张萌. 浅析任毕明的战时新闻业务观［J］. 新闻研究导刊，2019（15）.

周光明，杨艺蓓. 从"采访"到"采访学"［J］. 人文论丛，2010（1）.

周婷婷. 徐宝璜留学美国学习新闻学考证［J］. 国际新闻界，2008（3）.

朱至刚. 取向与取舍："学科"角度下的早期中国新闻学［J］. 新闻与传播研究，2015（9）.

朱志刚. 作为方法论的"阶级"：试论1930年代初中国"新的新闻学"的缘起和展开［J］. 国际新闻界，2019（10）.

郑喜恒. 詹姆士的实用主义"实在"观［J］. 欧美研究，2011（4）.

五、学位论文

姜红. 现代中国新闻学科建构与学术思想中的科学主义（1918—1949）［D］. 上海：复旦大学，2006.

刘丽. 中国报业采访的形成——以《申报》（1872—1895）为例［D］. 上海：复旦大学，2009.

罗映纯. 近代中国新闻职业化的建构——以民国新闻教育为考察中心［D］. 广州：暨南大学，2015.

钱阳. 留日背景下的民初知识分子——作为新闻人的角色呈现 [D]. 合肥：安徽大学，2015.

邵婧婧. 杉村楚人冠新闻思想研究 [D]. 天津：天津师范大学，2011.

张凤熙. 知识的越境：中国新闻学草创期对日本新闻学的受容 [D]. 武汉：武汉大学，2018.

六、外文文献

Abbott Andrew. Status and Status Strain in the Professions [J]. American Journal of Sociology，1981.

Bleyer，W. G. Newspaper Writing and Editing [M]. Boston, New York：Houghton Mifflin Company，1913.

Christians C. et. al. Normative Theories of the Media [M]. Urbana：University of Illinois Press，2009.

Freidson，E. Professionalism Reborn：Theory, Prophecy, and Policy [M]. Cambridge：Polity Press，1994.

Hyde，G. M. Newspaper Reporting and Correspondence [M]. New York, London：D. Appleton，1912.

Munson E S, Warren C A. James Carey：A Critical Reader [M]. Minneapolis：University of Minnesota Press，1997.

Timothy B. Weston. China, Professional Journalism, and Liberal Internationalism in the Era of the First World War, Pacific Affairs [Z]，2010.

藤原惠. 新聞學を拓いた人たち—日本ジャーナリズム成立史に棹さす [J]. 関西学院大学社会学部紀要，1967（12）.

大日本新闻学会编集 [M]. 东京：大日本新闻学会出版社，1916—1919.

小野濑不二人. 最新实际新闻学 [M]. 东京：植竹书院，1915.

杉村楚人冠. 最近新闻纸学 [M]. 北京：庆应义塾出版局，1915.

附　录

一、任白涛新闻学论作概览

论著名称	发表（出版）时间	发表刊物或出版社
《地方报之编辑》	1921.09	《东方杂志》第 18 卷第 17 期
《应用新闻学》	1922.11	中国新闻学社
《东京朝日新闻之解剖》	1922.12.31—1923.01.14	《申报（星期增刊）》第 169—171 期连载
《轮转印刷机之发明与变迁》	1930.06	《艺光汇刊》第 1 册
《新闻学研究者向中国新闻界紧急请求》	1931.10.05	《文艺新闻》第 30 期
《过去日本对华的新闻政策》	1932.05.13	《社会导报》第 1 卷第 5—7 期连载
《看日本一天的无线电播音》	1935.01	《现代》第 6 卷第 2 期
《列邦的新闻学研究机关》	1937.04	《中山文化教育馆季刊》第 4 卷第 2 期
《什么叫集纳主义》	1937.05	《自修大学》第 1 卷第 9 期
《抗战期间的新闻宣传》	1938.05	北新书局
《国际通讯的机构及其作用》	1939.07	商务印书馆
《日本对华的宣传政策》	1940.01	商务印书馆
《关于对敌宣传》	1940.07	《中国青年》第 3 卷第 1—2 期
《新闻学的对象和研究方法》	1941.04	《中国青年》第 4 卷第 4 期
《综合新闻学》	1941.07	商务印书馆
《新闻事业心理研究的重要性》	1947.09	《文汇丛刊》第 1 期
《〈综合新闻学〉搁浅记》	1949.02	《春秋》第 6 卷第 2 期

二、报刊史料照片

《地方报之编辑》

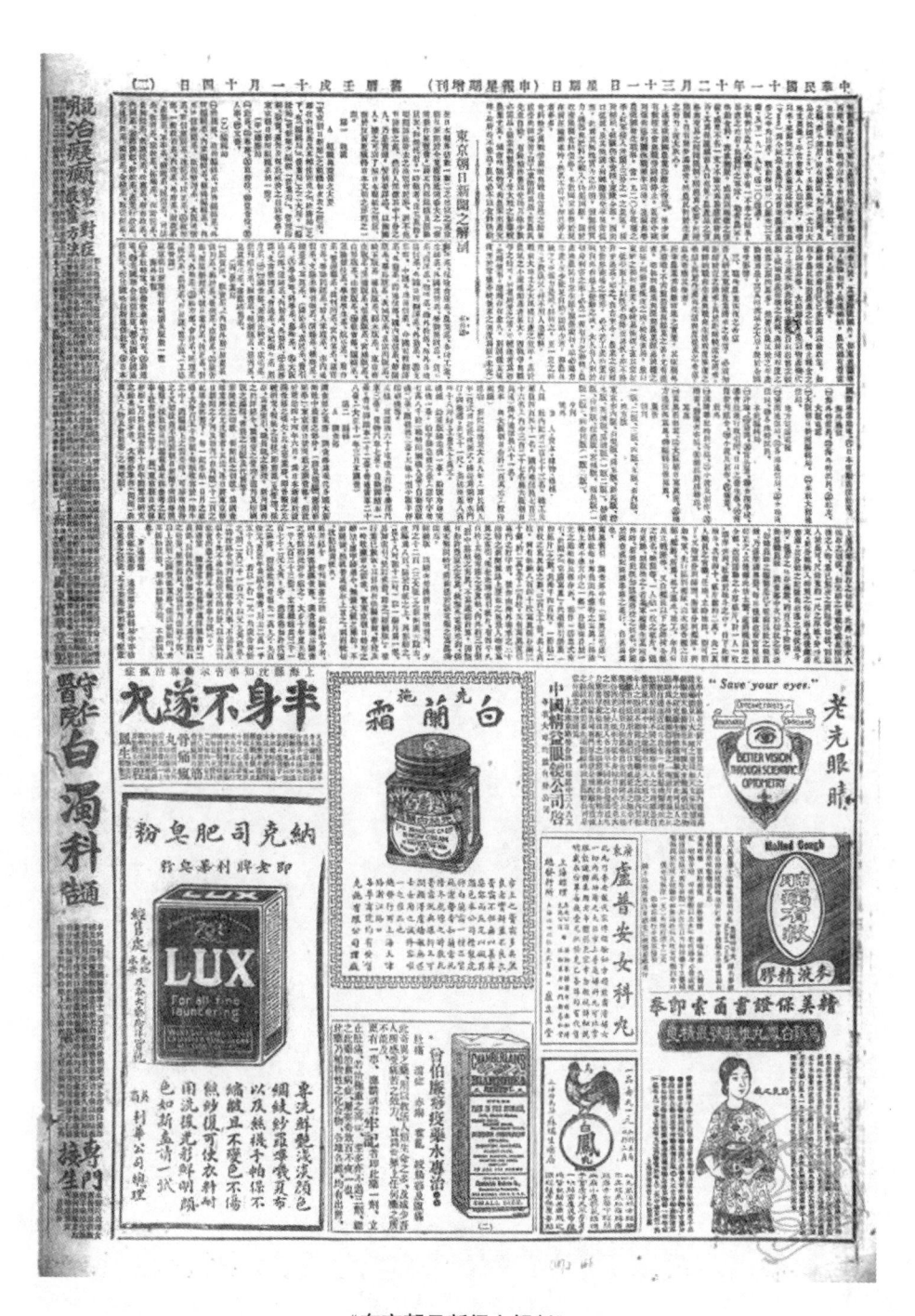

《东京朝日新闻之解剖》

《过去日本对华的新闻政策》

什麼叫集納主義

任白濤

一

Journalism 一語，中國的一般新聞學者多譯為「新聞學」或「報學」；試嗤，因為都不能包括住這一代的「茅聞科學」應有的意義，所以謂什麼不將新聞學而要稱「集納」的譯法（即所謂）是應該算正的，即以兩的解釋呢？這有兩點理由：一、Journalism 的解釋

是狹義的，現今的解釋應該是廣義的。

在一九三二年六月二十日的交換上有里納正名一文，是福着唱一致「來夫先生」的信略云：

「……

海軍人的支援，新內閣仍無法組織，例如今年廣田官員用辭職，陸軍大將宇垣一成奉命組閣，但是宇垣是接近資產階級的穩和派，向被念殺政府的意度上，就會有殺和激烈的區別，此外陸軍內部少壯軍人的念進態度，遠在上層將領之上，而上層將領間，如上面所述的宇垣派與熊本一派當然是殺好得多了。在海軍中派別的分歧比較起陸軍來，是要好得多了。這種派別的分歧，也有他必然的原因。

正如意、意法四政攏一樣，軍部整體的產生，是孕育於反對資產階級官僚和政黨，過去軍人制澳口、殺園邃房、大養毅、高橋是清等的時候，他們與資產階級的利害衝突，好像

由於內閣的組織非獲得軍人的援助不可，所以近年來經常新閣成立，新陸相必須先向軍人所攻擊的，所以宇垣复赴京準備組閣，陸軍方面即不與合作，前任海、陸軍相以擁護推薦新海、陸相為反對的手段，結果竟無法解決這困難，宇垣內閣終至流產，這是最新鮮的實例。

最後，我們要應該指明，軍部內部是充滿派別的分歧和意見的歧異。比方說，在每次政治變動的時候，海軍的態度，如熊宅比陸軍祖和得多。在我們看起來，這也是有他的原因的。大抵海軍對資產階級的依賴特別感到深切，例如三菱的遺給事業的投襯，可以說是海上王國日本的邊境，海軍將領對資產階級在

是極端的對峙着，但是在本質上，他們——軍部決不是違反資產階級的利益的，反面更可以說，他們是財閥命脈靠近的最忠實的衛士。軍部內部派系的分歧，有一大半原因，就是由他們背後的財閥在本家想互問有利害衝突的緣故，軍人與財閥的結托，如荒木大將與三井財閥、宇垣大將與鈴西財閥勾結都是很明顯的。總之，大財閥須要軍人去特他們開拓廣大的利權，而軍人也須要財閥的資金濟助。軍部不是個超社會層的東西，我們是很可相信的了。

《关于对敌宣传》

后 记

　　任白涛作为现代中国新闻传播史的主要人物之一，目前学界对他的着墨确实不多，这是促成笔者研究他的主要原因。在中国早期新闻学创立者的群像之中，任白涛的历史影像与学术贡献并没有得到学界的广泛关注，针对这个核心问题，笔者在书中进行了一些讨论。当然，这一讨论受到朱至刚教授相关著述的启发，笔者也试着把任白涛与徐宝璜、邵飘萍、戈公振等人的新闻思想作详尽的对比研究。研究发现，任白涛的新闻思想与其他三人相比并无太大差异。事实上，他们更多的是吸收西方新闻学的概念与理论，再将之进行译介，只不过在译介的过程中，徐宝璜等人将西方新闻学进行了适当的"本土化"改造，加上他们拥有"学院派"的身份，其影响力确实高过了任白涛。

　　平心而论，在新闻学的草创阶段，各位新闻学人并无可以借鉴的模板，他们几乎是根据自己的想象尝试构建"中国新闻学体系"，虽然每个人的角度各异，但殊途同归。至于任白涛在中国新闻传播史上的影响与贡献究竟如何，希望本书可以为学界对他的评价提供参考。本书在写作过程中也有遗憾，《综合新闻学》下半部并没出版，手稿现藏于上海图书馆，如果有朝一日能够整理出版，将有助于我们更加全面地理解和评价任白涛的新闻思想。

　　本书由笔者的博士学位论文修改而成。在博士求学与论文写作阶段，郝雨教授在学术上给予笔者非常多的指导。在论文答辩过程中，戴元光教授、郑涵教授、严三九教授等多位老师也给予了悉心指导。感谢妻子廖芷蘅一直以来的支持和陪伴。

在本书的写作过程中，笔者的研究生陈星雨、周洪宇、罗雨竹、袁丹婷、龙美灵、胡文静进行了文稿校对工作。希望本书的出版能够为中国新闻传播史研究提供些许助益。

黎　书

2025 年 4 月